JN318652

# 武士の絵日記

## 幕末の暮らしと住まいの風景

大岡敏昭

角川文庫
18879

# 武士の絵日記　幕末の暮らしと住まいの風景　目次

# まえがき

江戸から北に一五里ほど離れた武蔵野《むさしの》の一角に小さな城下町があった。幕末には松平《まつだいら》氏所領の忍《おし》藩一〇万石の城下（現在の埼玉県行田市《ぎょうだ》）である。そこに尾崎石城《おざきせきじょう》という下級武士がいたが、彼の書き記した「石城日記・全七巻」が残されている。

江戸時代の武士の日記については、その多くはとくに重要な社会的事象か、あるいは滅多におこらない事件などが主に記され、ふだんの暮らしにはあまり触れられていない。それを比較的多く記したものには、元禄《げんろく》期の名古屋藩下級武士が見聞した日常の出来事を記した『鸚鵡籠中記《おうむろうちゅうき》』や幕末期の桑名《くわな》藩下級武士の生活を記した『桑名日記』があり、また幕末から明治にかけての生活の移り変わりを女性の目から見た『小梅日記』がある。だが、それらの日記にしても出来事の簡単な記述に終わり、当時の具体的な暮らしの様子まではうかがうことはできない。

石城日記は絵日記である。そこには、石城の自宅、友人宅、そして寺と料亭などのさまざまな人びとの暮らしの風景が、具体的な記述と挿絵《さしえ》で丹念に書き描かれている。それはおそらく、長編の絵日記としては現在のところ発見されている中では唯一のものであろう。

この絵日記の作者、尾崎石城は江戸詰めの庄内《しょうない》藩士浅井勝右衛《あさいかつえ》の次男として生まれ、忍藩士の尾崎家の養子となった。当初は御馬廻役《おうままわりやく》一〇〇石の中級身分であったが、安政《あんせい》四年

（一八五七）の二九歳のときに上書《じょうしょ》（藩の重役に私見を書面で申しのべる）をして藩政を論じたために蟄居《ちっきょ》（家の中に閉じ込めて外出を禁止）を申し渡され、僅《わず》か一〇人扶持《ふち》の下級身分に下げられてしまった。

どのようなことを上書で論じたのかはわからないが、絵日記の中に水戸《みと》浪士の所業に共鳴している一文があることから、尊王攘夷《そんのうじょうい》の心情に近かったのかもしれない。ところが忍藩は水戸と対立する親藩であったから、このような家臣の動きには抑圧的であった。

石城はそのような純真な青年武士の気概を持つ一方で、文才と画才にも優れていた。多くの随筆と詩を書き、また軸物《じくもの》絵、屛風《びょうぶ》絵、襖《ふすま》絵なども描いている。友人知人からの注文も多くあり、中には行灯《あんどん》の絵も頼まれている。禄《ろく》を大きく下げられたが、それらの仕事と読み書きの手習いなどで生計を立てていた。

彼は妹夫婦の家に同居する独《ひと》り身であった。妹の名は邦子《くにこ》、その夫は進《すすむ》といい、石城と同じく扶持取りの下級武士である。おそらく養子に入った家を追い出され、そこに身を寄せていたのであろう。

本名は隼之助《はやのすけ》という。石城とは字《あざな》であり、ほかに襄山《じょうざん》、貞幹《ていかん》、華頂《かちょう》、永慶《えいけい》などの画号を持つ。華頂とは父の故郷である庄内藩名山の花頂山《かちょうざん》から、襄山とは中国唐山《とうざん》の地名から取っている。

絵日記は三三歳になった文久《ぶんきゅう》元年（一八六一）から翌二年までの一七八日間の暮らしを記したものである。その間の年末には、二か月前の過酒《かしゅ》による不行《ふぎょう》を理由にまたもや閉戸《へいこ》

（戸を閉じて自宅謹慎《きんしん》をさせる）を命ぜられ、度重なる不当な咎《とが》めに彼の無念さがところどころに出てくる。しかしながらそのことにも屈せず、本人は至っておおらかで日々の生活を淡々と生きている。

そのような石城と彼を取り巻く人びととの暮らしの様子を挿絵入りの日記として書いているのであるが、それは愉快で楽しく、また和《なご》やかである。その挿絵は画才に優れていたとはいえ、実にうまくて、思わず吹き出してしまうような場面も多いが、それは作者の人柄がにじみ出ているからであろう。

われわれは江戸時代の人びとの生活を封建的身分制の中で恐々と生き、近代からみて遅れた社会であると思いがちであったが、しかしその風景はどうもちがうようである。この絵日記からは、下級武士たちの暮らしがどのようなものであったか、そしてどのような価値観をもって生きていたかを、具体的に、しかも視覚的に知ることができる。そこには、暮らしと生き方において、金銭物欲的で利己的な価値観がはびこる自己中心的な現代の社会的風潮とは異なり、きわめて心豊かな暮らしの風景を多く見出《みいだ》すのである。

そこから現代人が見失ってしまったものを再発見し、すこしでも本当の豊かな未来への示唆が得られればと思う。

# 一　石城の七日間

## 武士の身分

まず絵日記の初めの七日間をみるが、その前に武士の身分について簡単に触れておこう。

当時の武士の身分は大きく知行取《ちぎょうど》りと扶持取《ふちど》りに分かれていた。前者は中上級の身分であり、禄高《ろくだか》何石といって知行（土地）が与えられ、その年貢によって生活を賄《まかな》っていた。その武士を家中《かちゅう》、侍《さむらい》、士分《しぶん》などと称した。禄高の巾《はば》は広く、中級武士で五〇石から二〇〇石台、そして上級の三〇〇石台から数千石台まであった。たとえば百石取りの場合、年貢率は藩によって異なるが、だいたい五つ（割）～八つ（割）であったから、仮に六つとすると六〇石の実収入となる。忍《おし》藩もそれに近いであろう。この米の一部を金に換え、身のまわりの雑貨や食材などを買っていた。

一方、後者は下級の身分であり、何人扶持といって俸禄米《ほうろくまい》が給せられた。その武士を上は徒《かち》、給人《きゅうじん》、足軽《あしがる》、中間《ちゅうげん》、下は小人《こびと》、同心《どうしん》などと称した。これも俸禄の巾は広く、下はたった二～三人扶持から上は二〇人扶持前後まであった。たとえば人数の多い一〇人扶持の場合、一年に食べる一〇人分の米が支給される。一人一日五合として計算すると年に一石八斗となり、一〇人分だから一八石となる。また切米《きりまい》として現米を年俸として支給される場合もあり、それは扶持数に加算された。たとえば、五石二人扶持とは年に切米五石と二人扶持（三石六斗）の計八石六斗の米が支給される。江戸時代の中ごろになると、知行取りの武士は村の知行に赴《おもむ》くことはなく、しだいに扶持取りと同じように年貢米相当の俸禄米が給せられるようになる。

前にのべたように石城《せきじょう》は当初一〇〇石の知行取りであったから、その実収入は六〇石ほどとなり、現在の標準米一石を六万三〇〇〇円として単純計算すれば年収三七八万円となる。それが一〇人扶持の年収一一三万円に下げられてしまった。きわめて大きな格下げであったことがわかる。

さらに身分に相応する数多くの役職もあった。それは藩によって異なるが、だいたい上級は家老、奉行、御勘定頭《おかんじょうがしら》、中級は番頭《ばんかしら》、寄合衆《よりあいしゅう》、御目付《おめつけ》、御用人《ごようにん》、御馬廻《おうままわり》、下級は元方《もとかた》改役《あらためやく》、御鉄砲、御小姓《おこしょう》、表坊主《おもてぼうず》などであった。

このように武士の身分は細かく細分化されていたが、その身分や禄高は家禄として固定的なものと考えられてきた。しかし実態はそうではなかった。この尾崎石城もそうであるが、その降格はとくに幕末に頻発したようである。

たとえば、信州飯田《しんしゅういいだ》藩のN家一代目当主は長屋に住む足軽身分であったが、その後の明《めい》和《わ》三年（一七六六）に小頭役《こがしらやく》から氷餅方《こおりもちかた》に昇進した。下級武士の扶持取りから中級武士の知行取りへの出世である。住まいも長屋から庭付きの戸建《こだて》（一戸ごとに独立して建つ家）に移り住んだ。そして二代目当主のときに下目《したため》付《つけ》に、さらに文化《ぶんか》二年（一八〇五）に町手代に昇進する。出世はその後も順調につづき、三代目当主の天保《てんぽう》四年（一八三三）に山奉行、天保六年（一八三五）には上郷《かみごう》代官となる。上級武士への昇進である。だが安政《あんせい》五年（一八五八）、身に覚えのない職務不正の理由から突然蟄居《ちっきょ》を申し渡され、身分は下士《かし》の坊主格に一挙に下げられてしまった。家も一代目当主が住んでいたもとの長屋に戻るという悲運の経過をたどっている（N家に残る『家の記』より）。

## 六月の日記

さて絵日記をみると、毎日実に頻繁に多くの友人知人と会っている。そのことは、彼らもまたふだんは家にいたことになる。石城は一〇人扶持に下げられ、登城《とじょう》勤務はまだしていないようであるが、友人知人たちも七日間で一、二度の少ない登城であった。

ところで、これからみる絵日記の月日は陰暦であり、よって現代の陽暦より約一か月ほど早くなる。たとえば、つぎにみる六月は現代の暦でいえば七月ごろである。

**文久《ぶんきゅう》元年辛酉《かのととり》 夏帰藩後日劄《にっさつ》（江都《えど》から帰った後、今日一日を書きしるす）**

**六月十五日　壬申《みずのえさる》　曇微雨**

「起出《おきいで》て拝畢《はいひつ》（拝み終わる）。久しく見さりし間《あいだ》に近隣も岸の老父死去し、西田文太《にしだぶんた》右衛門《えもん》引越《ひっこし》、其跡《そのあと》へ小山皆右衛門《こやまみなえもん》うつりぬ。庭前ハ草とも弥《や》ましに（一面に）茂りて茅《ぼう》茨《し》（茅《かや》屋根）きらすをえし（さえぎる）。尭舜《ぎょうしゅん》の代のさま又原憲《げんけん》が家にも似たりいと（きわめて）物くさし（無精なり）。髪月代《かみさかやき》して津田《つだ》に至る。からし壱《ひと》つ持参。午後憲明《けんめい》来る。午後仮寝《かりね》ス。井狩貢《いかりみつぐ》、高垣半助《たかがきはんすけ》来る。夜、龍源寺《りゅうげんじ》に至る。さくらつけ持参。和尚　幷《ならびに》大蔵寺《ぞうじ》隠居も仏参御免《ぶつさんごめん》と相成候《あいなりそうろう》よし。一同《いちどう》と会《かい》し、四ツ（一〇時）過《すぎ》まで語談《ごだん》してかへる。

午飯《ごはん》焼貝、夕食志《しじ》、み汁、さけ」

石城はしばらく江都（江戸）にいた。江戸には石城が生まれ育った浅井《あさい》家を継いだ兄の家族と母がいっしょに暮らしていたので、おそらく上書による咎《とが》めの蟄居が終わり、無念の心を癒《いや》し、気分を変えるためにそこを訪ねたのであろう。その後、久しぶりに忍城下の自宅に戻るが、すでに養子先の家を追い出されているので、そこは居候先の妹の邦子《くにこ》夫婦の家である。帰ってみると近隣の老父は亡くなり、知人もどこかへ移り、知らない人が入居していた。まさに浦島《うらしま》の風景であった。

家の庭には雑草が生い茂り、茅葺きの屋根を覆《おお》い隠すほどという。庭の手入れは、居候ゆえに石城の当番であったとみられ、それをすこしの間怠《おこた》ってきたが、季節は夏であって雑草が急にはびこってしまったのであろう。その風景は尭舜《ぎょうしゅん》や原憲《げんけん》の家にも似て、きわめて無精なるさまだと記す。この尭と舜とは中国古代の伝説上の名帝であり、徳が高く、質素な生活をしたとされる。また原憲とは孔子《こうし》の弟子で、仕官はせずに清貧の暮らしをつづけ、家も雨漏《も》りのする粗末なあばら家であったという。

彼はさっそく月代《さかやき》（頭頂）を剃《そ》り、髪結《かみゆ》いをして友人の津田宅に辛子《からし》のみやげを持って帰藩の挨拶に行く。午後の仮寝の後に憲明、井狩貢、高垣半助たちが訪ねてくる。津田は寄合衆一〇〇石の中級武士、井狩は御鉄砲二〇人扶持、高垣は御徒六石弐人扶持、ともに下級武士の仲間たちである。そして憲明とは龍源寺の若い和尚であった。その夜に、みやげのさくら漬けを持って龍源寺を訪ねる。ちょうど和尚と大蔵寺の隠居がいたが、二人は

図１　龍源寺の酒宴

仏参すなわち仏へのお勤めを後回しにして石城と一〇時ごろまでなごやかに語り合う。仏《ほとけ》ほったらかしの風景であった。その日の昼飯は焼貝であり、それは干し貝を焼いたものか、または焼蛤《やきはまぐり》かもしれない。夕飯はしじみの味噌汁に酒であった。それらの食事は妹邦子の料理であろう。

**六月十六日　癸酉《みずのとり》　巳碑《みひ》（一〇時）後晴**

「追々《おいおい》つかれ出てねむし。朝大蔵寺に至りて皆語談し、午後ハ花壇、庭の草を苅《かる》、夕方畢《おわ》る。柴田《しばた》はゝ来る。夜また龍源寺へ遊ふ。大蔵寺、越中《えっちゅう》や政にてさけ、政二郎《まさじろう》予にとて酒肴《さかな》持参。四ツ（一〇時）過に至りて帰る。朝食つミいれ汁、午飯とうふ、夕食おなし」

石城は龍源寺だけでなく、近くの大蔵寺にもよく行く。この日も午前中は大蔵寺の和尚たちと語り合い、午後は家の花壇や庭の草取りをし、夜にはまた龍源寺を訪ねる。その風景が図1である。午前に会った大蔵寺の和尚もきており、石城（隼之助《はやのすけ》）と越中や政二郎、それに良啓《りょうけい》とで酒宴が開かれている。真ん中の木具膳《きぐぜん》（膳の両側の足を板でつくったもの）に酒の肴を置き、それをそれぞれの取り皿に入れて酒を飲んでいる。蒸し暑いのか、うちわであおいで涼を採る。

越中や政二郎とは町人であり、良啓とは大蔵寺の手作（見習い僧）である。今夜の酒と肴は政二郎が持参したものという。石城の帰藩を祝うためであろう。このような身分の垣根を越えた酒宴や集まりは、これからみていくように頻繁におこなわれていたのである。

ところで柴田の母とは同居する義弟の実母であり、近くに住んでいるらしく、度々訪ねてくる。

さて今日の朝食はつみ入れ汁であった。それは摘入《つみい》れ汁ともいい、魚肉のすり身を適宜にまるめて汁の中で茹《ゆ》でたものである。前日の昼食は焼貝、夕食はしじみであり、内陸部なのに魚介類をよく食べていた。

**六月十七日　甲戌《きのえいぬ》　晴　進《すすむ》当番**

「今日より案を出し、筆硯《ひっけん》につく。季蔵《きぞう》手本したしむ。写《うつ》し物弐葉《ものによう》かり張《はり》かく。宮崎平蔵《みやざきへいぞう》、河合勇《かわいいさむ》来る。勇に今泉への状たのむ。大蔵寺に遊ふ。午後仮寝。高垣、井狩来る。夕、庭前に水を撒《ま》く。朝食午房《ごぼう》汁、午飯茄子漬《なすづけ》、夕食松魚《まつぎょ》ふし。夕方より井狩へ招かれ

図2　井狩宅の酒宴

ゆく。酒肴出《で》つ。五ツ（八時）過《すぎ》まで酌《しゃく》てかへる。午房、泥鰌《どじょう》、奴《やっこ》とうふ」

義弟の進は当番で登城している。今日より構想して筆と硯《すずり》に向かい、写し物（文章や絵を書き写す）の絵二枚を仕上げたところへ宮崎平蔵と河合勇がやってきた。宮崎は御馬廻役六六石取りの中級武士であり、河合は小普《こぶ》請《しん》一〇人扶持の下級武士である。しばらくして大蔵寺を訪ねるが、午後には高垣と井狩がやってきた。今日の朝食は牛蒡《ごぼう》汁、昼食は茄子漬、夕食は松魚《まつぎょ》ふし、すなわち鰹節《かつおぶし》であった。鰹節の切り口は松の年輪に似ていることから松魚ふしと称したらしい。それは元気な子どもを生んで育てるという願いが込められていた。ちょうど妹の邦子に赤ちゃんが生まれたので、その意味もあったのであろう。

夕食を食べた後に、井狩宅に招かれた。その風景が図2である。料理は牛蒡、どじょう、奴豆腐であった。朝食も牛蒡汁であったが、また牛蒡の料理が出た。とにかく牛蒡は野菜の中でもよく食べられたらしい。そしてどじょうと奴豆腐である。奴豆腐とは四角に切った豆腐のことで、それも江戸時代によく食べられていた。

それらの料理は大きな長方形の平膳《ひらぜん》（折敷《おしき》ともいう）の上の大鉢と大皿に盛られている。やはりそれを各自の取り皿に入れて食べている。石城と井狩が向かい合って酌を交わし、その廻りには、井狩の家内と娘、それに二、三歳の子どももいる。そしてさらに、そのそばには、井狩の娘の友達とみられる六平太《ろくへいた》の娘も同席している。家族全体で石城を歓迎している様子がうかがえ、和やかで微笑ましい風景であった。その部屋は手前がぬれ縁とみられることから座敷であろう。

**六月十八日　乙亥《きのとい》　晴**

「朝、人見甚兵衛《ひとみじんべえ》来る。夕、仁右衛門《にえもん》来る。季蔵、小弥太《こやた》手習い。午後仮寝ス。夕、高垣に遊ふ。早く臥《ふ》ス。午飯八《はち》はいとうふ、夕食同。大黒屋中二郎《だいこくやちゅうじろう》桃持参」

**六月十九日　丙子《ひのえね》　晴冷如秋気**

「小弥太、鉄三郎《てつさぶろう》手習。髪月代。夕、青山又蔵《あおやままたぞう》来る。同道《どうどう》ニ而《て》中屋《なかや》に遊《あそ》ふ。途《と》（途中）、金毘羅《こんぴら》御供所に立寄《たちより》、篤雲《とくうん》に逢《あ》ふ。中屋ニて夜ニ入《いり》まて酌《しゃく》。塩引奴とうふ、さけ、三百文。夫《それ》より岡村《おかむら》に遊ふ。同人不快。越智新右衛門《おちしんえもん》、土屋《つちや》仁右衛門会す」

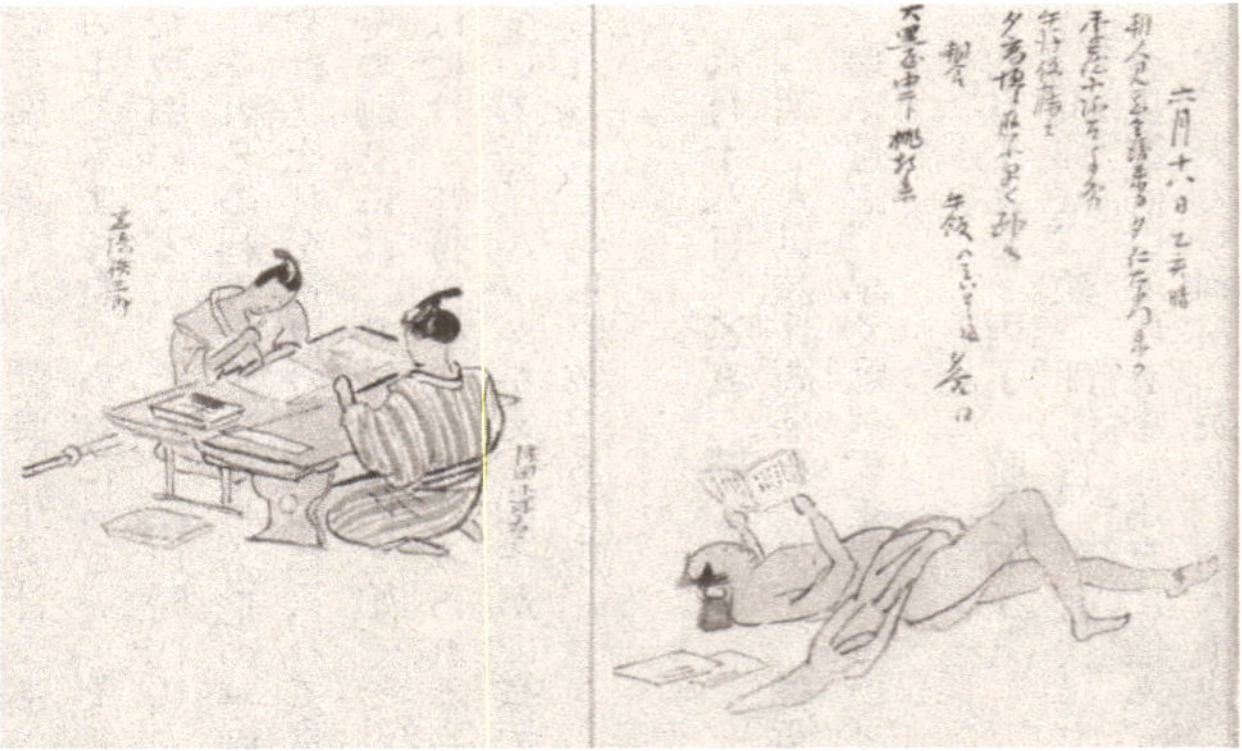

図3　自宅の手習い

石城は文才と画才に優れ、友人知人から軸物絵、襖絵、行灯絵などを頼まれていたが、子どもたちにも手習いを教えていた。一八日は季蔵と小弥太がきており、翌日の一九日は小弥太と鉄三郎がくる。小弥太とは友人の津田、鉄三郎とは同じく友人の宮崎のそれぞれの息子であった。図3はその風景である。文《ふ》机《づくえ》を並べてせっせと習字をしているようだ。髷《まげ》の感じからして一三、四歳の元服前であろうか。石城は、そのそばで暑いのか着物の裾をめくり上げて読書にふける。その姿はすこし怠惰《たいだ》な感じもするが、悠長で愉快である。

## 千客万来

それにしてもよく人がやってくる。一八日は人見甚兵衛と土屋仁右衛門、それに大黒屋中二郎である。仁右衛門とは元方改役一四人扶持の下級武士で、かなりの年上だが、石城

図4　岡村宅の集まり

とはとても仲がよい。また中二郎とは料亭大《おお》利楼《とねろう》の若主人であり、今日は桃を持参してくれた。このように仲のよい町人たちも石城の家をよく訪ねていた。またその逆に、友人宅や料亭、そして寺にもよく行く。

一九日は、一〇〇石取りの中級武士の友人青山又蔵が夕方に訪ねてきたが、彼と連れ立って酒店の中屋で夜まで酒を飲み、その後、一人で友人の岡村の家を訪ねる。この岡村とは、岡村荘七郎《そうしちろう》のことで、禄高はわからないが、下級武士のようである。石城は彼ともとくに仲がよい。

その岡村宅の風景が図4である。岡村は座敷とみられる部屋の柱にもたれて何かを考え込んでいる。絵日記には同人不快とあり、深刻な様子がうかがえる。そこには越智新右衛門がおり、後からきたのか、土屋仁右衛門もぬれ縁に腰をかけて話しに加わっている。石城を含めて三人が岡村の真剣な相談に乗っているようにも見える。
ところで、このようなぬれ縁は図2の井狩宅の座敷にもあったが、江戸時代の武士の家には必ず設けられていた。ぬれ縁の歴史は古い。源流は平安時代の寝殿造《しんでんづくり》までさかのぼる。当時はそれを簀子《すのこ》と称した。それを縁《えん》と呼ぶようになったのは室町時代である。
それにしても、よく豆腐を食べる。一八日の昼飯と夕飯も豆腐である。その豆腐は八杯《はちはい》豆腐と記す。それは豆腐料理の一つで、水四杯、醤油《しょうゆ》二杯、酒二杯の割合でつくった汁で拍子木《ひょうしぎ》に似たかたちの豆腐を煮たものであり、江戸時代庶民の人気料理であったという。

**六月二十日　丁丑《ひのとうし》　晴**

「朝、新勇太郎《あらたゆうたろう》、高垣半助、篤雲、宮崎平蔵来る。午後、大蔵寺に遊ふ。津坂東作《つさかとうさく》来る。夕、龍源寺に遊ふ。夫《それ》より津田に遊ふ。朝食茶つけ、午後同、夕食同」

**六月廿一日　戊寅《つちのえとら》**

「朝拝後《はいご》、運平《うんぺい》方へ至り、暫《しばら》く語談し、夫《それ》より忠治《ちゅうじ》宅、龍源寺にゆく。夫より髪結《かみゆい》に至り、月代《さかやき》なす。憲明同道ニ而《て》同人部《へ》やニ至る。温飩《うどん》馳走《ちそう》ニなる。今日、江戸への状、岡《おか》実《みのる》、浅井、多賀《たが》等《など》認《したためる》、麦こかし弐袋多賀浅井へ送る。夕方ハ東作同道ニ而《て》行田《ぎょうだ》に遊ふ。途《と》、笹岡善三郎《ささおかぜんざぶろう》三月初《はじめ》国はね（引っ越し）仮宅《かりたく》へ立寄《たちよる》、大黒屋ニ至る。早速《さっそく》さけ出《で》、あけもの、しそ茄子《なす》。爰《ここ》ニて大分《だいぶ》酔《よう》、夫より丸やへ状たのミ、長徳寺《ちょうとくじ》に行《いき》しに和尚又直《なお》

図5　龍源寺で食事

し（口直《くちなお》し）にしめもの出ス。予《よ》、酔中《ようなか》、殊《こと》ニ直し（口直し）をたしまされハ（たしなまされハの書き間ちがい）早々に辞しけるに、東作のすゝめにて大利《おおとね》の楼《ろう》に登る。玉子やき、茶碗台、くるきなす甘煮、八百文。大《おおい》に酔《よう》てかへる。そのさま図のことし」

二〇日の朝は多くの友人たちが訪れ、午後になって大蔵寺と龍源寺を訪問する。石城はこの二つの寺を毎日のように訪ねるが、寺の和尚たちとも仲がよかった。ただしその寺へは石城だけが行くのではなく、多くの武士や町人たちもよく集まる。それは男たちだけではなく、若い娘や中年の女たちもである。寺はさまざまな人びとが日常的に寄り合う場所であった。この日は三食ともに茶漬けですましている。

図5は、二一日にまた訪れた龍源寺の風景

である。そこは囲炉裏《いろり》のある座敷であり、外にはぬれ縁がある。後ろは間口一間の床の間があって、二幅対《にふくつい》（二つで一組の掛け軸）が掛けられ、花瓶に花を生けている。その右手は押入れであろう。囲炉裏のそばには文机があり、若い和尚の憲明が先ほどまで読み書きをしていたようだ。

石城は温飩《うどん》をご馳走になる。それは煮込みのうどんではなく、茹《ゆ》でたうどんを麺《めん》つゆにつけて食べているようだ。この憲明には赤子がおり、うどんをわが子の口に入れているさまが愛らしくて微笑ましい。うどんの歴史は古い。すでに中世において貴族たちが宴会で集まったときにうどんを食べたことが貴族日記に度々出てくる。さらに入麺《にゅうめん》と冷麺《れいめん》もある。うどんは古来からご馳走の一つであった。

このように友人宅や寺を頻繁に訪ねては、そこで何かとご馳走になることの多い石城であるが、人へもすることはきちんとする。おおらかな一方で几帳面なところもあった。それは三、四日に一度は月代《さかやき》を剃《そ》って髪を結《ゆ》い、身だしなみはきちんとする。そして知人や友人たち、それに江戸の兄や母にも絶えず手紙を出し、また贈り物もよくする。この日は友人の多賀と兄の浅井家に手紙に添えて「麦こかし」二袋を贈った。それは麦こがしともいい、大麦を炒《い》って粉にし、それに砂糖を混ぜたもので、お湯で溶《と》いて食べる素朴なお菓子である。

## 酒好きの石城

図6　料亭大利楼

石城はとくに酒が好きであった。この日も何度もはしごをしている。まず夕方になって、友人の津坂東作といっしょに行田の町屋にでかけるが、そこはよく行く大利楼であった。さっそくに酒を飲み、肴に揚げ物、そして茄子をしそでくるんだしそ茄子を食べた後、近くにある長徳寺の篤雲和尚を訪ねる。彼はこの和尚ともとても仲がよい。和尚は口直しのために「しめもの」、すなわちしめ鯖《さば》らしき肴と酒で彼らをもてなす。しかしかなり酔っていたのであろう、和尚に口直しをたしなめられて早々と寺を辞するが、東作の勧めでふたたび大利楼の料亭に行く。その風景が図6である。

左の絵はまず最初に行ったときの風景である。東作と平膳を間にして向か

図7　土屋宅の集い

い合う。二本差しをそばに置き、上半身裸の飲み合いである。その横に大利楼の女房が二人に酌をする。左にいるのは若主人の中二郎で、一八日に桃を届けてくれた。

つぎに右の絵は、ふたたび訪れたときの風景である。部屋の向こうに長火鉢があることから、そこは主人の部屋かもしれない。大利楼主人（大清《おおきよ》）のおごりの一席であろうか。主人は上半身裸で悦にいっているようだ。後に友人の人見甚兵衛も加わっていた。

この日の大利楼の料理は、玉子焼、茶碗蒸し、くるき茄子の甘煮であり、その値段は酒とで八〇〇文と記す。これは現在ではどのくらいの価格になるのか。それを米価と比較すると凡《およ》そのことがわかる。いまの標準米一石を約六万三〇〇〇円としてみれば、当時は米一石を銀五六匁《もんめ》ぐらいで買えた。とすると、一両は銀六〇匁であるからして六万七〇〇〇円ほどになる。その一両は四〇〇〇文であるから、一文は約一六円ぐらいに相当する。よって約一万三〇〇〇円ぐらいにはなろう。二人は大いに酔って帰った。

六月廿二日　己卯《つちのとう》　晴

「大蔵寺に遊ふ。午後仮寝ス。夕、龍源寺より岡村、土屋に遊ふ。九ッ（一二時）前かへる」

今日も大蔵寺と龍源寺に行き、その後に友人の岡村荘七郎の家を訪ね、さらに彼といっしょに土屋仁右衛門宅を訪問する。その風景が図7である。

皆が集まった部屋は茶の間のようで、ぬれ縁が庭の方へとつづく。茶の間の後ろに見えるのは水屋で、その上に植木鉢が置かれている。また柱にはへちまのかたちをした籠《かご》が掛けられているが、その中に花瓶を入れて花を生けるのであろう。茶の間とぬれ縁との間の鴨居《かもい》からは風鈴が吊るされてさわやかに風にゆれる。なかなか風流なたたずまいである。

小さな角火鉢を囲んで主人の土屋と石城と岡村、そして新勇太郎もきている。角火鉢のそばには饅頭《まんじゅう》が置かれ、それを食べながらお茶を飲んでいる様子。土屋仁右衛門と新勇太郎は絵に見る風貌からして、六〇歳ぐらいの高齢のようだ。そのとき石城は三三歳であるから、かなりの年の差を越えたつき合いであった。夜の一二時ごろまでつづいた穏やかな語らいの風景であった。

さてこれまで、絵日記の最初の七日間の暮らしの風景をみてきたが、毎日、実に多くの友人たちと会っている。その平均は五、六人、多い日は八、九人にもなる。このような暮らしは最初の七日間だけではなく、二年間の絵日記全体でみられることから、当時はそれだけ人と人との交わりが密接であったといえる。

そこで以下に、石城の自宅、友人宅の暮らしの風景などをもうすこし詳しくみていくが、その前に石城たちが暮らした城下町はどのようなものであったかをつぎにみてみよう。

# 二　石城たちが暮らした城下町

## 城下町の風景

江戸時代の城下町は約三百もあった。それは金沢、仙台藩のように武士町人合わせて約一二万人が住む大きな城下町から東北の亀田《かめだ》藩のような四千人程度の小さな城下町までさまざまである。多いのは一万人前後が住む城下町であるが、石城《せきじょう》たちが暮らした忍《おし》藩の城下町もそのくらいであった。

城下町の立地は、東日本は川の流域につくられた河岸段丘《かがんだんきゅう》、西日本は海に面した河口《かこう》デルタが多い。図8に石城たちが暮らした幕末の城下町を示しているが、それは広い沼を要害（とりでの堀）としてつくられた。武蔵野《むさしの》の内陸部に立地する城下町はこのようなかたちが多い。また彦根《ひこね》、膳所《ぜぜ》、諏訪《すわ》藩などの城下町は湖に面している。よって日本の城下町は、河岸段丘と河口デルタに加えて湖と沼に面した湖沼《こぬま》型も多く存在した。

忍藩の城下町の大きさは約一・五キロ四方である。中央にかなり広い沼（堀）があって、その中のいくつもの曲輪《くるわ》（平場の島）と城とで城郭《じょうかく》がつくられていたが、このような城下町は全国的にも珍しい。城下町と外をつなぐ街道は四方に延び、それに沿って町人地と武士地が張りついているので、城下町全体のかたちはアメーバー状となっている。

城下町の中をみると、城郭と沼（堀）の廻りに武士の居住地が設けられている。城郭に一番近いところに上級武士、その外側に中級武士、さらにその外の城下町の縁《ふち》に下級武士が住んだ。その居住地は撤兵隊《てっぺいたい》、足軽組などと称され、外からの敵にたいする防衛の役割

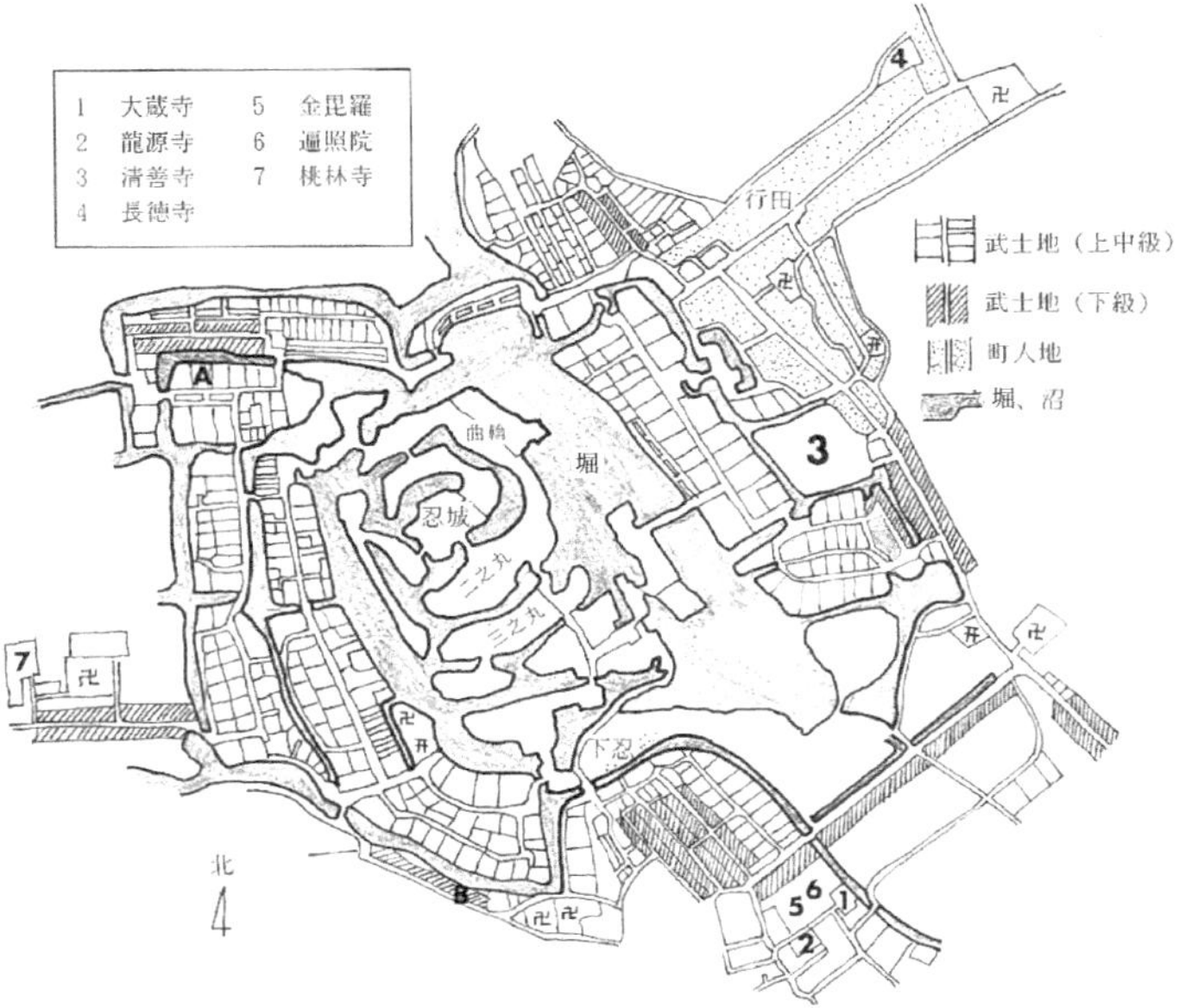


図8　石城たちが暮らした城下町（行田市博物館所蔵絵図より）

を担っていた。このような身分による同心円状の武士地のつくり方は全国どの城下町にも共通する。

この城下町にどれほどの人びとが住んでいたのか。明治四年（一八七一）の士族名簿には士族と卒族を合わせて一二五五人がいた。それよりもすこし前の石城たちが暮らした文久《ぶんきゅう》時代もこれぐらいであったと思われる。この人数を戸数とみなせば、一戸あたりの家族人数を五、六人として計算すると、武士の家族全体の総人数は約七〇〇〇人ほどになろう。それに町人、職人、寺人などの家族も少なくとも武士家族の人数ぐらいは住んでいたであろうから、合わせて一万四〇〇〇人ほどはいたものとみられる。

では石城はどこに住んでいたのか。幕末ごろにつくられた城下町絵図には、中上級の武士に限ってその宅地割りが記され、そこに住む武士の氏名が記載されている。しかしながら下級武士の居住地にはそれがない。よって残念ながらその場所はわからないが、推測すればつぎのようになる。

居候先の義弟は石城と同じく下級武士であり、彼はその家から大蔵寺《だいぞうじ》と龍源寺《りゅうげんじ》に毎日のように出かけていた。その二つの寺は城下町の南端にたがいに近接して建っている。よってその辺《あた》りの下級武士の居住地の一角ではなかったか。絵日記でも、自宅は龍源寺に近いところとのべている。よく訪ねる友人の土屋仁右衛門《つちやにえもん》や岡村荘七郎《おかむらそうしちろう》の家もおそらくこの辺りであろう。石城は中級武士の宮崎平蔵《みやざきへいぞう》、青山又蔵《あおやままたぞう》とも親交を密にしていたが、彼らの家は城下町絵図に記載されている。その場所は、宮崎宅は城下町の西にあり、青山宅は南西にある。いずれも石城の自宅からはすぐに行ける距離であった。石城も一〇人扶持に下げられる前は一〇〇石取りの中級武士であったから、この辺りに住んでいたのかもしれない。

またよく飲みに行く料亭の山本屋《やまもと》と大利楼《おおとねろう》は行田町《ぎょうだまち》という町人地にあったから、そこは城下町の右上にある。石城の自宅とみられるところからは七、八百メートルほどしかない。前にみた六月二一日は料亭の大利楼から仲のよい篤雲《とくうん》和尚の長徳寺《ちょうとくじ》を訪ねたが、その寺は町人地の北に隣接している。

町人地は行田町に集中し、ほかにもところどころに小さな地域の町人地があったとみられる。それらの広さは武士の居住地に比べてきわめて狭い。町人地の表通りには町屋が並び、表通りから路次《ろじ》で入った裏側の空間（会所《かいしょ》または裏庭という）には下層の町人職人たちが住む小さな長屋があったであろう。そのような町人地には武士家族人数と同じくらいの町人家族が暮らしていた。よってその人口密度は相当に高いものであった。

町人地への入口には木戸《きど》（門）があり、そのそばには人の出入りを監視する自身番所もあったであろう。それは町ごとに設けられ、町務をする町代や町内警備をする番人の詰所である。また武士が住む居住地にも出入りを監視する木戸があった。しかし実際には、武士たちは町人地をよく訪ね、また町人たちも同じように武士の家や寺を訪ね、お互いの居住地を頻繁に往来していた。そしてそこに暮らす人びとは、この城下町に生まれ育った者ばかりではなく、石城や妹の邦子《くにこ》のようにほかの土地から移ってきた者も少なくはない。それは寺の和尚や町人たちにしても同じである。しかも武士の禄高《ろくだか》は常に変動し、それにともなって住む家もよく変わっていた。したがって江戸時代の城下町は現在の都市ほどではないが、やはり多くの人びとが出入りしていたのである。

# 三　自宅の風景

石城《せきじょう》は妹夫婦の家に身を寄せている。当時の忍《おし》藩分限帳《ぶんげんちょう》には義弟の尾崎進《おざきすすむ》の名がある。禄高《ろくだか》は一〇人扶持《ふち》と記され下級武士であった。そして進も養子のようである。柴田《しばた》母という進の実母らしき婦人がよく自宅にやってくるからである。とすれば、柴田家から尾崎家の分家に養子として入り、石城も尾崎家に養子に入っていたから、その縁で妹の邦子《くにこ》を江戸から嫁がせたのであろう。いわゆる入り婿、入り嫁である。

ここでは石城の自宅のさまざまな暮らしの風景をみていくが、その前に自宅でのふだんの食事はどのようなものであったかをみてみよう。絵日記に記載されている最初の五日間の食事はすでにのべてきたが、改めて整理するとつぎのようになる。それに九、一一月の数日分も加えてみた。

## ふだんの食事

| | (朝食) | (午飯《ごはん》) | (夕食) |
|---|---|---|---|
| 六月十五日 | ・―― | ・焼貝 | ・志ゝ《しじ》み汁、さけ |
| 十六日 | ・つミ入れ汁 | ・とうふ | ・おなし |
| 十七日 | ・午房《ごぼう》汁 | ・茄子《なす》漬《づけ》 | ・松魚《まつぎょ》ふし |
| 十八日 | ・―― | ・八《はち》はいとうふ | ・同 |
| 二十日 | ・茶つけ | ・同 | ・同 |
| 九月　五日 | ・―― | ・茄子藤まめ | ・おちゃ |

六日　・かゆ　・玉子　・ゆとうふ
七日　・菜しる　・里芋、油揚《あぶらあげ》　・かもの汁
八日　・ねき汁　・里芋　・茶つけ
十一月　四日　・菜汁　・茶つけ（岡村宅）　・とうふ汁、まめ飯
五日　・とうふ汁、さけ　・里いも、大こん　・――
六日　・ねき汁　・すきミ　・茸《きのこ》したし
八日　・むきミ汁　・いわし　・むきミにつけ
十五日　・蕪《な》汁　・茶つけ　・さつま芋

これをみると里芋、葱《ねぎ》、菜《な》、まめ、大根、牛蒡《ごぼう》などの野菜が多いが、魚介類も結構食べていた。一一月八日の朝食と夕食のむきミとは剝《む》き身《み》といい、あさり、蛤《はまぐり》など殻を取った中身である。それを汁に入れたり、煮つけたりする。また一一月六日の午飯のすきミとは、同じく剝《す》き身《み》といい、魚肉の切り身のことである。それをやはり煮つけていたのであろう。

多いのは豆腐であった。たまには九月六日の湯豆腐での夕食のときもある。九月とは陽暦でいえば一〇月であり、内陸部忍城下の夜はしだいに寒くなる。温かい湯豆腐を石城と妹夫婦、それに可愛い赤子も囲んで食していたのであろう。そして三食とも茶漬けで済ます日もあるが、たまには貴重な玉子と鴨汁の日もある。全体をみて質素な食事ではあるが、その内容はなかなか変化に富んでいた。これは石城だけの食事ではなく、妹夫婦とのいっしょのふだんの食事といえる。

図9　自宅の酒宴

さらに後にのべるが、よく開かれる自宅と友人宅の酒宴においては、刺《さ》し身、焼魚、玉子、鶏肉、茶碗蒸し、松茸《まつたけ》、田楽《でんがく》、寿《す》しなどの料理が出る。その刺し身はまぐろ、鯛、さんまなどであり、新鮮な魚が遠く離れたこの内陸部の城下町まで届いていた。したがって、年間を通してみた場合、下級武士たちの食生活は思ったよりも多彩なものであった。

## 田楽の酒宴

石城の家には多くの友人たちがやってくる。図9は青山又蔵《あおやままたぞう》と川佐《かわさ》覚左衛門《かくざえもん》を招いての酒宴の風景である。青山は前にのべたように中級武士であるが、川佐は石城と同じように一〇人扶持の下級武士である。この酒宴の日は記載されていないが、八月の絵日記の中にこの絵が挿入されているので、そのいずれかの日であろう。真ん中に置いた大きな平盆には、料理を盛った多くの鉢が並び、それを取り皿に移して食べる。そこへ津田《つだ》も訪れ、ぬれ縁に腰をかけて煙草をふかしながら話題に参加している。そのぬれ縁には煙草盆だけが置かれており、彼の取り皿はないので、宴会の途中に門から庭を通って入ってきたのであろう。石城（隼之《はやの》助《すけ》）は両手を叩くようなしぐさで何かを歌う。それをしみじみとした様子で覚左衛門が聞き入っている。そして妹の邦子は石城の後ろからにこやかな表情で燗酒《かんざけ》の入ったお代わりのお銚子《ちょうし》を差し出そうとしている。

さらに翌年の四月の風景であるが、自宅で田楽の酒宴が開かれた。

「**四月二日　甲寅**《きのえとら》　晴。朝、川《かわ》の舎《しゃ》に遊ひしに、今日、田楽を催したしとの事也《ことなり》。三木《みき》を招くへしと思ふに同人不在也。川の舎両人ニて酌《しゃく》へしとて、吾《われ》、折節《おりふし》（ちょうど）嚢《のう》中《ちゅう》（財布の中）乏《とぼ》し。同人に託して帯一筋《おびひとすじ》を典《てん》し（質に入れ）、六恍《ろっこう》を得て右にて酒食し、長谷《はせ》川《がわ》常之《つねの》助《すけ》を焼方に命し、八碑《はちひ》半（三時）より始《はじ》む。川の舎肴を求め来り、同人料理薄暮《はくぼ》より酌《く》む」

自宅での田楽の催しに招いた川の舎とは石城の学問仲間のようで、ときどき彼とで互いにつくった詩の語彙《ごい》（言語の総体）を論じ合う。その彼との酒宴の風景が図10である。

ところが、ちょうど懐に金はあまりない。そこで帯一筋を質に入れて金をつくる。これを六恍を得たと記す。恍とは水が湧立ち光るさまのことをいうが、僅《わず》かであろうが、六〇〇文ほどを得た喜びを表現しているのであろうか。それは一文を一六円として計算すれば九六〇〇〇円ほどになる。それで酒肴《しゅこう》を買い、豆腐田楽の準備を三時ごろよりする。そして

図10　田楽の酒宴

川の舎も肴を買ってきたので、彼がそれを料理して、酒宴は夕方より始まった。今日の料理は「目黒さしミ、目黒ねき、ぬた、鯔《ぼら》塩やき、蓮根、豆腐田楽、さけ三升、枸杞《くこ》めし」と記す。この目黒とは何か。翌日の日記に、朝食に昨日の残り肴の「煮奴、まくろ、田楽、ぬた」を食したとあり、それはまぐろのことであろう。ぬたとは膾《なます》の一種で、ねぎ、魚類、海藻、貝類などを酢味噌などで和《あ》えた料理をいう。また枸杞めしとは枸杞の葉と根を入れた混ぜご飯であった。このようにふだんは質素な食事であるが、酒宴になると見ちがえるほどの豪華な料理になる。

　挿絵に見る真ん中の大きな皿にはかなり大きな鯔《ぼら》一匹の塩焼がある。その横の皿にはまぐろの刺し身が盛られ、となりの鉢《はち》には、ぬたや蓮根などが並べられているのであろう。主菜《しゅさい》の豆腐田楽は川の舎の前の皿に盛られている。右手のぬれ縁でそれを必死に焼いているのは、石城に命ぜられた長谷川常之助である。彼の俸禄はたった四石二斗二人扶持しかない極貧の下級武士だ。炭をうちわで仰ぎながら四角に小さく切った豆腐を焼く。その手元にはすり鉢があるので、その中のたれをつけて焼いているのであろう。一人だけ何も飲まず食べずにひたすら焼くこの長谷川を妹の邦子が気遣《きづか》っているような姿が印象的である。酒宴には義弟の進も参加していた。

## 煤払いと夕食

その日の絵日記はさらにつづく。

「寺嶋元太郎《てらしまげんたろう》、岸《きし》お俊《しゅん》手伝ひ飯《めし》を給ス。夜ニ入《いり》、勇《いさむ》来る。後《のち》、寺内《てらうち》来り、一二盃《いちにはい》を喫《きっ》し帰る。予《よ》、酔臥《よいふ》す。午後、井狩六助《いがりろくすけ》来り、扇子たのミ認遣《したためつかわ》ス」

豆腐田楽の酒宴が終わった後も多くの友人たちが訪ねてきては食事をし、酒を飲んでは帰って行く。その中の寺嶋元太郎と岸お俊は石城が日ごろから何かと面倒をみている人たちだ。元太郎はまだ少年だが、生活に困窮し、寺の和尚たちからも援助されている。またお俊は後家で独り暮らしをしているようだ。

絵日記には「岸後家髷形《まげがた》内職図」なる挿絵を描いているが、それが図11である。内職の髷を一生懸命につくる様子が描かれ、その横には、それを入れる箱が積まれている。お俊

図11　岸お俊の内職

の前には若い留女《とめおんな》（宿屋の客引き女）がおり、彼女の髷をつくっているのであろうか。その姿は独り生きる気丈さと辛《つら》い仕事をする留女への思いやりと優しさがにじみ出ているようだ。すこしでも客の目を引くようなきれいな髷をつくろうとしているのであろう。石城はこのお俊と元太郎に手伝いをしてもらっては、そのお礼に食事を出している。

絵日記は飛ぶが、師走《しわす》の一二月にも二人に家の煤払《すすはら》いを手伝ってもらい、その後、皆で夕食をしたことをつぎのように記している。

「**大呂**《たいりょ》**（十二月）六日　己未**《つちのとひつじ》**　快晴暖。**早朝よりすゝ払支度《はらいしたく》。宮崎鉄三郎《みやざきてつさぶろう》、小山鉞二郎《こやまえつじろう》、元太郎、お俊等手伝ひ。八ツ（二時）過全畢《すぎすべておわ》る。風呂に浴ス。春三郎終而《はるさぶろうおわりて》来る。八ツ（二時）後より篦頭《へらず》（髪結い）に出て越《えつ》中《ちゅう》や、磯二郎物語有《いそじろうものがたりあり》。夜一盃《いっぱい》と酌興《しゃくきょう》に乗《じょう》し、龍源寺《りゅうげんじ》へ至り少し内談有《ないだんあり》。朝食ねき汁、午飯にしめ、夕食ゆとうふ、にしめ、すきミ、数の子」

今日は正月に向けて家の大掃除をする。朝早くから元太郎とお俊、それに手習いにきている宮崎平蔵の子どもの鉄三郎らも駆けつけてくれた。その煤払《すすはら》いは二時ごろにすべてが

図12　煤払い後の夕食

終わった。その後、皆で風呂に入る。下級武士とはいえ、湯舟に浸《つ》かる桶《おけ》風呂が各家の土間に据えられていた。中級武士の家になると、湯殿《ゆどの》と称する一〜二畳の板間の浴室が設けられるのが多い。それは湯舟に浸かる入浴ではなく、沸かした湯を湯殿に持ちこんで身体にかけるというかかり湯であった。

　石城はそれから篦頭《へらず》に行く。その篦とは櫛《くし》やへらのことをいい、頭をそれで整えるという意味で、髪結いのことであろう。そして夜になり、手伝ってもらった元太郎やお俊たちといっしょに夕食をするが、その風景が図12である。

　食事は湯豆腐、煮染《にし》め、剥《す》き身《み》、数《かず》の子《こ》と記し、ふだんよりすこし豊かであった。そこには、石城が大きなやかんのかかった長火鉢の横に、その廻りに岸お俊と元太郎、それに元太郎の弟の牛六《うしろく》もいる。それぞれが銘々の木具膳の前に坐り、それらの料理を美味《おい》しそうに食べている。元太郎が飯のお代わりを差し出し、妹の邦子がお櫃《ひつ》をあけてそれを受け取ろうとする。その間にいるお俊が優しそうな眼差《まなざ》しで元太郎を見ているようだ。後ろの大きな櫓《やぐら》こたつには誕生日前の邦子の赤子（きぬ子）がこちらを眺めている。義弟の進はいないが、おそらく当番で登城《とじょう》しているのであろう。温かい心が通い合う穏やかな夕食風景であった。

この日の前日には、土屋《つちや》宅で酒宴があったばかりであるが、石城は夜にもまた酒を飲み、その後に龍源寺に出かけ、和尚たちと遅くまで語らう。

## まぐろの刺し身

ところで、酒宴料理に使う食材の値段はどのくらいであったか。そのことをつぎに記す。

それは翌年二月一四日の自宅での酒宴であった。昨夜は土屋宅で、石城、岡村《おかむら》などの五人に加えて料亭四つ目屋の女将《おかみ》のおよしも飛入りし、まことに愉快な酒宴が開かれたばかりである。

「二月十四日　**丁卯《ひのとう》　曇大風**。また〱宿酒《しゅくしゅ》（前夜からの酒）にて煩《わずら》いし、打臥《うちふ》す。午後、土屋来りて、兼《かね》て目沼《めぬま》に遊《あそ》ふへしとの約《やく》、大風ゆへ晴日にいたすへしとの事なり。餅をやき出す。岸左右助《そうすけ》来る。折から世川作之丞《せがわさくのじょう》、大黒の謝《しゃ》としてさけ札《ふだ》持参せしかと幸《さいわい》なりと。左右助同道《どうどう》にて行田《ぎょうだ》に至り、魚求めてかへりて料理し、夜ニ入《いり》て□□さけを酌《しゃく》。大酔《おおよい》して帰る。まくろさしミ、たら、三つ葉、まくろにつけ、むきミ、うとぬた、ゆとうふ。さけ七合、ミリン三合、す一六文、まくろ三百文、たら七〇文、三つ葉四八文、わさひ二〇文、うと五六文」

昨夜の土屋宅での酒宴でかなり飲んだらしく、石城は二日酔いで煩い、打ち臥してしまう。午後になって土屋がやってきた。今日は彼と連れ立って目沼に行く予定であったらしい。目沼とは、熊谷《くまがや》宿の向こうにあり、ここからは二里（約八キロ）ほどのところであるが、あいにく大風ゆえに晴れた日に行こうという。すぐさま土屋に餅を焼いて出す。しばらくして岸左右助がやってきた。彼も禄高《ろくだか》はわからないが、下級武士のようで、正月用の餅つきを手伝ってもらったりする仲のよい親友である。そこへ知人の世川作之丞が大黒天の写しものを譲ってもらったお礼にと、酒札（酒と交換できる札であろう）を持ってきたので、これ幸いと左右助とで酒宴を開くことになった。作之丞も二五人扶持の下級武士である。そこで行田の町人地の店に二人で魚を買いに行く。その夜の酒宴の料理は、まぐろの刺し身と煮つけ、そして鱈《たら》の料理に貝の剝《む》き身《み》、さらにうとぬた、すなわちうど（うどの木の若葉、蕾《つぼみ》、芽、茎など）のぬた、それに湯豆腐などであった。

そこで、それらの食材の値段も几帳面につけているので、現在の価格に換算してみてみよう。前にのべたように、一文を一六円として計算すると、まず刺し身と煮つけにしたまぐろは三〇〇文であり、四八〇〇円にもなる。魚の鱈は七〇文で一一二〇円、わさびは二〇文で三二〇円、うどは五六文で八九六円、三つ葉は四八文で七六八円である。幕末の地方城下町における食材はかなり高かったようだ。

図13　まぐろの刺し身で酒宴

図13はその酒宴の風景であり、丸くてかなり高い行灯《あんどん》を用いている。図7にみた土屋宅での集まりにも四角の高い行灯が描かれており、当時の行灯はかなり大きなものである。そこに弟夫婦と石城、それに左右助との四人。二つの大きな皿にはまぐろの刺し身と煮つけが盛られ、それを食べながらの和《なご》やかな夜の酒宴の風景であった。

## さまざまな訪問客

これまでみたように、石城の自宅には多くの知人友人たちが訪ねてくるが、この日もそうである。

「**極月**《ごくげつ》**（十二月）七日　庚申**《かのえさる》　**晴風**。巳碑《みひ》（一〇時）より甫《ほ》山来《やまきて》、遊ふ。午飯を出ス。大根、あぶらけ。午後、龍源寺 幷《ならびに》 書肆《しょし》（貸し書物屋）来《く》ル。藩翰譜《はんかんふ》六巻、西遊《さいゆう》四巻返ス。西遊記三篇十巻おく。風呂をわかし、甫山、猷道《ゆうどう》浴ス」

友人の甫山（岡村荘七郎のこと）が朝の一〇時ごろに訪ねてきたが、その後に昼飯をともにする。それは大根と油揚げの質素なものであった。まもなくして龍源寺の猷道和尚と

図14　友人との集い

貸し書物屋がやってきた。借りていた書物を返し、また新たに借りる。書物の内容は藩翰譜にみる藩政論にかかわる硬派なものから西遊記の中国小説まで幅が広い。

　その風景が図14である。友人の岡村（甫山）も何か面白そうなものはないかと物色の様子。この貸し書物屋の横には運んできたたくさんの書物を何段にも納める書物入れが置かれており、それはかなり背の高いものである。それを大きな風呂敷《ふろしき》に包み、やっとこさ背負って各家を訪ねていたようだ。江戸時代には後にみる寿《す》しなどの訪問販売もあった。貸し書物屋はぬれ縁に腰をかけて書物の紹介をしているが、彼もまた門から庭を通ってそこにきたのであろう。このようにぬれ縁は外と内の人びとを気軽につなぐ接点空間であり、豊かなコミュニケーション空間でもあった。茶の間とみられる部屋には大きな櫓《やぐら》こたつがあり、そこに石城が暖を採りながら書物に読みふける。

挿絵には猷道和尚が風呂に行く様子も描かれている。皆の前で着物を脱いで素っ裸になって風呂の場所を尋ねるようなしぐさが愉快だ。義弟の進がその場所を教えているのであろうか、ともに指さしながらの対話風景である。実に写実的で細かい描写である。

## 行灯絵の制作

石城は画才に優れていたので、軸物絵、屏風絵、そして行灯絵などを知人友人からよく頼まれる。今日から行灯絵の制作にとりかかる。

「二月一日　甲寅《きのえとら》　大風。夙《つと》に（早く）起《おき》、掃除拝畢《はいひつ》、江戸表への状したため。（中略）武田《たけだ》鎌三郎《れんざぶろう》来り。和平大行灯　幷《ならびに》掛《か》けあんとんの画《え》頼《たのみ》来《く》る。料三朱《さんしゅ》、是夕迄《これゆうまで》との事ゆへ元太郎たのミ、絵具類調《しら》へ、夕方迄出来。小行灯十八まい内三ツ即興をしるす。

・飛込《とびい》るあんとう（あんとんのまちがい）を消す夏の虫

・あぶない軽業《かるわざ》、駕籠《かご》ぬけの下り坂

・水戸もねへ事ハしねへと忠ヲはら

昨年、山腰林左衛門《やまこしりんざえもん》と雑談の節、同人薄板細工紐《ひも》の遣《つか》ひ方を伝授せしか、今日、はからす入用となりぬ。何事も聞《きき》すてにすへからす。午後、大蔵寺《だいぞうじ》、川佐《かわさ》ニ至る。夜、土屋に遊ふ。筒田《つつだ》会す。今日、浅井《あさい》へ進より香奠《こうでん》予の母へ。年礼参 幷懐炉《ならびにかいろ》薬灰等呈《やくばいなどてい》しまいらせしに、今日、飛脚《ひきゃく》出さるよし也《なり》」

今日は朝早くに起きて江戸表への手紙を書いた。宛先は浅井の兄と母であった。それは一一歳になった兄の嫡男鎮吉《ちんきち》が正月一六日に突然の病で亡くなってしまったが、それへの慰め状である。急なことで葬儀には行けなかったらしい。義弟《ぎてい》の進よりの香奠、母への懐炉と薬灰を添えて飛脚で出す。このことについては、後の江戸の母よりの手紙のところで詳しくのべる。

その後に武田鎌三郎がやってきて、石城に行灯絵を依頼する。それは大きな行灯と掛け行灯である。後者は家の入口や店先などに掛ける小さな行灯のことらしい。それらの料金は三朱であった。さっそく、元太郎に絵の具などの準備など手伝ってもらい、そのうちの小行灯（掛け行灯）一八枚が夕方までできたが、その内の三枚に右の即興の詩歌をしるす。それは皮肉を込めた内容であるが、行灯にはこのようなことばを書いて楽しんでいた。行灯の制作はさらに四日までつづく。

「**二月二日**　**乙卯**《きのとう》　**春雨**。早朝より行燈《あんどん》の画《え》したゝめ」

「**二月三日**　**丙辰**《ひのえたつ》　**曇**。終日かく。朝、鎌三郎来る。右ニ画《え》二枚遣《つかわ》ス。辰碑《たつひ》（八時）後、また〳〵下忍《しもおし》より行灯画たのミ来る。昨日の蘇木色《そぼくいろ》（蘇芳《すおう》の木の煎汁《せんじる》の色、赤味がかった紫、中国から渡来）いてす。寺嶋ニたのミ煎し貰《もら》ふ。終日え（絵）かく。かゝる事（このような事）、予《よ》、認《したた》むるハ鶏《にわとり》を割《わ》る午《うま》の刀《かたな》を用《もちい》るかことし。寒甚《かんはなはだ》し、夜一盃《いっぱい》を酌《しゃく》て臥《ふ》

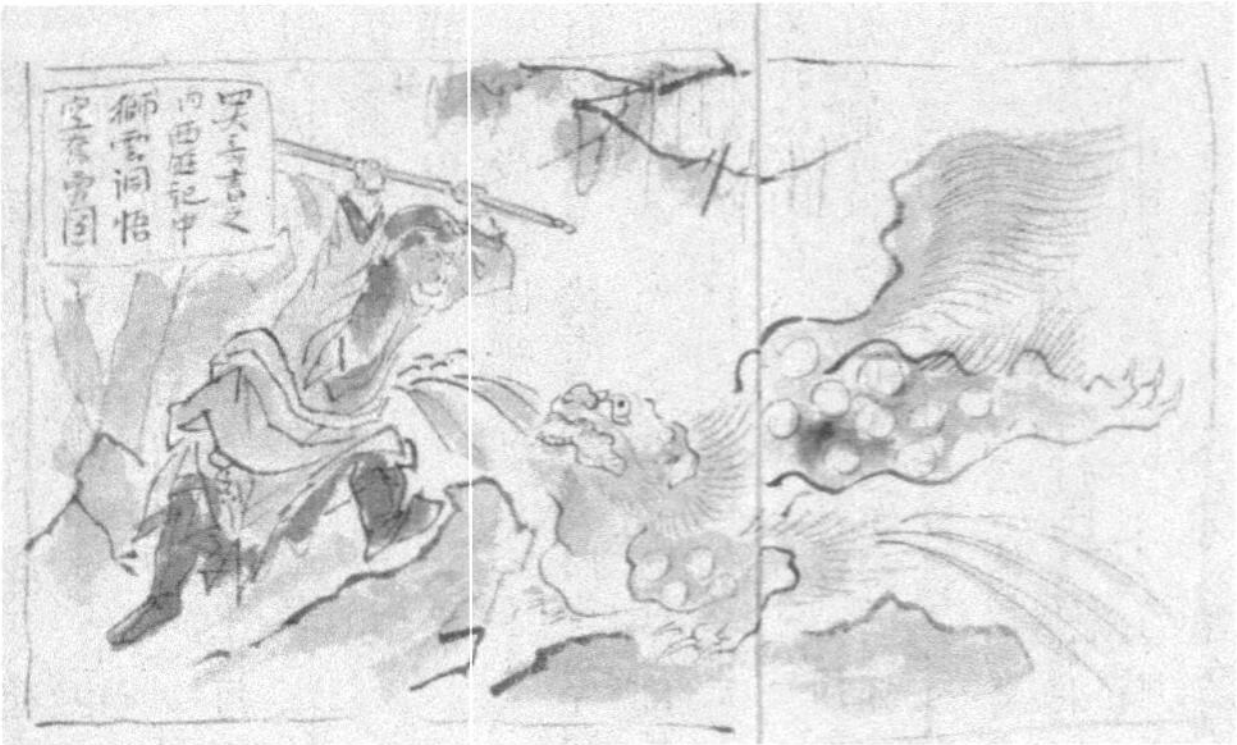

図15　行灯絵（表）

す」

「二月四日　丁巳《ひのとみ》　晴風。風呂をわかし浴す。午前に至りてえ（絵）出来、夫《それ》より屏風にかゝる。夜、土屋かたに遊ふ。笹岡《ささおか》、甫山に会し語談す。予、行灯のえ（絵）高料なりとの事にて大笑《おおわらい》せりに、都《みやこ》なれハ巧《こう》拙《せつ》（上手下手）をいわす、並の幅にて百疋《ひき》なり。予ハ下直《かちょく》（安値）の甚《はなはだ》しと思へり、是《これ》、田舎の歎《たん》すへき所□」

二月三日の朝には、鎌三郎に頼まれた大行灯の絵二枚がやっとでき上がり、彼にそれを渡す。その表絵（図15）と裏絵（図16）も絵日記に描いているから、大した器用さである。表絵は西遊記の獅子《しし》に立ち向かう悟空奮勇《ごくうふんゆう》の一こま、裏絵には「当世七癖事《くせごと》」が描かれている。後者の絵は「流行は文武の天狗（有頂天になる）、拳《けん》（憲法）、謡《よう》（謡曲）、放談（僧の説法）に後家（未亡人）、芋の田楽」と記さ

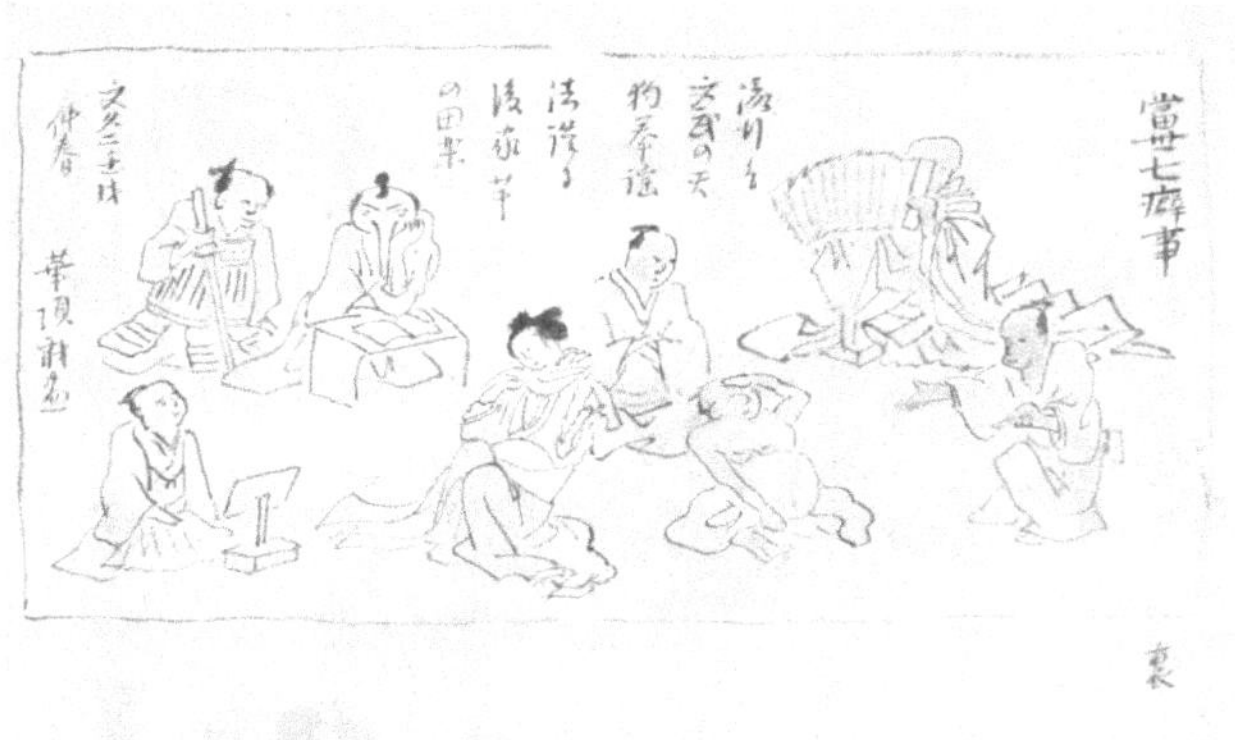


図16　行灯絵（裏）

れ、諺《ことわざ》の「なくて七癖」にたとえて当世の流行の風潮を批判したものであろう。行灯といえば、単なる照明器具として白い紙を貼ったものとばかり思っていたが、このような絵と風刺文を描き書いて楽しんでいた。江戸時代における地方生活の風流さをそこにみる。

以上の行灯絵を仕上げたと思ったら、またしても依頼がきた。それは行灯絵に加えて屏風絵もである。二月四日にその屏風絵の制作にかかるが、その風景が図17である。石城が広げた和紙に向かって絵を描き始める。元太郎はその顔料を小鉢にいれてこねているようだ。その廻りには、友人の土屋《つちや》仁右衛門《にえもん》、岸左右助、そして手習いにきている小弥太《こやた》たちもいて興味深そうに眺める。その完成した屏風絵を絵日記にも描いているが、それが図18である。六枚折の屏風に四季《しき》花鳥《かちょう》を描く。絵日記に描いたものでもこの出来栄えであるか

図17　屏風絵の制作

らして、実際の屏風絵はさぞかし素晴らしい作品であろう。

石城は夜に土屋宅を訪ね、そこで笹岡や岡村とも会う。彼は行灯絵の料金が高いといわれるんだと大笑いする。鎌三郎からは三朱で引受けた。今の標準米一石で換算すると、一朱は一六分の一両であるから三朱で約一万二〇〇〇円に相当する。しかし都《みやこ》（江戸）では上手下手に関係なく、並の幅で百疋《ひき》すなわち四万円ほどもするから、自分のはかなり安いのになあという。一疋は二五文、百疋で二五〇〇文となり、一文は約一六円だからである。彼はこれも田舎ゆえにしかたがないことかと嘆き、そして諦める。

## 義弟進の情

図18　六枚折の屏風絵

ところで前にみた二月一日の絵日記の中に、義弟進が江戸にいる浅井の母へ香奩と懐炉、薬灰を飛脚で送ったことを記していた。石城はその進の家に居候のように同居させてもらう立場であり、進も決して余裕があるわけではない。にもかかわらず、石城の江戸にいる母への心遣いに進の優しい思いやりをみる。

そのようなことは昨年の九月にもあった。

「**九月八日　甲巳**《きのえみ》　曇。（前略）皆頗窮《みなすこぶるきゅう》せり。明日、重陽《ちょうよう》の期と雖《いえども》、園家《そのいえ》皆単衣《ひとえ》にて寒服《かんぷく》の設《せつ》（用意）なし。予、実ハ此《こ》の為《ため》に暫化病《しばらくけびょう》（仮病）して時をまつへしとせしに豈計《あにはか》らん、誠の風邪に浸《おか》されしハ意外の幸《さいわい》也《なり》。然《しか》る今夜、進かへりて申《もうす》ハ、誠ニ申も赤面《せきめん》なれとも明日重陽に及ひ、君か単衣を服させまつるへきにあらす。予ニ温飩《うどん》一ツを持《じ》し参《まい》れり、麁末《そまつ》（粗末）なれとも此《これ》にて当分を凌給《しのぎたまわ》れとて差出ス其志《そのこころざし》賞すへし。

予ハ退隠《たいいん》の身なり、それらの心遣《こころづか》ひ無用なりと答へぬ。同人さけ肴調《しら》へてすゝむ。臥《ふ》しなから喫《きつ》しぬ。朝ねき汁、午里芋、夕茶つけ」

明日は陰暦九月九日の重陽《ちょうよう》の日である。それは五節句の一つの祝い日であった。陰陽思想では奇数は陽の数であり、その極の九が月と日に重なるので重陽と称した。邪気を避け、寒さに向かっての無病息災を祈ったのである。

ところがこの家も自分も皆すこぶる貧窮し、着物は単衣《ひとえ》しかなく、参るための寒服《かんぷく》はない。寒服とは裏にも布地がある袷《あわせ》のことである。石城は単衣で参るわけにも行かず、仮病をして日の過ぎるのを待とうとするが、ところが本当に風邪をひいてしまった。彼はこのことを意外な幸せという。夜になって進が帰るが、石城の風邪を心配して温かいうどんをつくって持ってきてくれた。そして進はいう。まことに申すのも恥ずかしいが、明日は重陽の節句であり、君を単衣のまま参らすわけにはいかない。粗末なれど当分はこれで凌《しの》いでくれと差し出す。それはどこかで調達してきた袷の着物であった。石城は進の志に感謝するが、自分は上書して禄《ろく》を大きく減らされ、一応は一〇人扶持《ふち》であるが、役職もない暇な身であり、その心遣いは無用と答える。やがて進は酒と肴《さかな》を持ってきて石城に勧める。彼は風邪をひいているので、身体を横たえながらこの兄思いの進といっしょに飲む。重陽の前日の心温まる夜の二人の風景であった。

このような気心通じ合う二人の風景は翌年二月二二日の挿絵にもみられる。それが図19である。この日は終日雨であった。石城は「雨は時の余りなり」と記して、櫓《やぐら》こたつに足

図19　進と石城

を入れ、片袖《かたそで》の夜着《よぎ》をかけて一日中読書にふける。その対面にいる進が何かの縫い物をしているようだ。ことばは交わさねど、静かでしみじみとしたひとときである。

## 進の出立と帰着

重陽の日からしばらくして今日は進が出立《しゅったつ》する日だ。絵日記にはどこへ行くかは記していないが、昨日は友人の奥山治兵衛《おくやまちへえ》の養子が出立し、その任務は、藩内の熊谷《くまがや》を皇女和《かずの》宮《みや》を乗せた輿《こし》（屋形の中に人を乗せ、その下に取りつけた二本の長柄《ながえ》を担いで運ぶもの）の行列が通るのでその警護であったから、進もそのことであろう。公武合体に反対する尊王《そんのう》攘夷《じょうい》派の志士たちの襲撃に備えるためであった。京都から江戸に向かう中山道《なかせんどう》はこの城下から一里半（約六キロ）ほど離れた熊谷宿を通っていた。もちろん登城《とじょう》勤務を外された石

図20　進の出立

城にはそのような命はこない。

「十一月八日　壬辰《みずのえたつ》　晴。暁《あかつき》七ツ半（五時）、進出立。皆、空腹にて砂利場を多く歩行せしゆへニや、足いたミ草臥《くたびれ》たり、終日炬燵《こたつ》に打臥す。風呂に浴す。朝食むきミ汁、午飯いわし、夕食むきミにつけ」

その夜明け前の出立の風景が図20である。その部屋は茶の間であろう。出立する進は長火鉢の前に坐り、石城（襄山《じょうざん》）は大きな櫓こたつに入ってその様子を見ている。それに進の実母（柴田母）も見送りにきており、小さな火鉢を前にして煙草を静かに吸う。進は戦闘用の陣笠を横に置いて木具膳で食事をしている。それは剥《む》き身《み》汁であり、出立の朝の食事もふだんと同じである。その左横には鎗持《やりもち》、若党と記す付け人二人が控えている。挿絵には両人とも下長野村の農夫と記しており、付け人や下男を持てない下級武士であるので、このようなときには臨時に雇うのであろう。それにしても一応は武士の身なりであり、しかも刀も差しているが、実際はまったく戦闘に馴染まない農民であった。

一一月の朝の五時ごろは、外はまだ真っ暗である。城下町郊外の遠くまで見送ってきたのであろうか、砂利道に歩き疲れ、石城は一日中家に籠《こ》もってしまった。

石城は進が出立した日だけは家にいたが、翌日にはさっそく方々を訪ねる。

「**十一月九日　癸巳《みずのとみ》　晴。**午後まで打臥《うちふ》し、夫《それ》より髪結《かみゆい》に至る。今日午後より往来留《おうらいとめ》。岡村（荘七郎）ト青又（青山又蔵）ヲ遊ふ。又蔵不在、龍源寺へゆく。和尚、湯豆腐にて一人飲し居り。予、酒を欲しけれとも都合よろしからす。六ツ（六時）過辞《すぎ》し、きしや（岸屋）にて塩鰯《いわし》五尾《び》四〇文求めかへり、右をやきて飯を食し臥す」

午後までは昨日の疲れで休んでいたが、それから友人宅などを訪ね、さらに龍源寺に立ち寄る。ちょうど和尚が湯豆腐で一杯飲んでいたのでいっしょに飲もうと思ったが、和尚はどうも都合が悪そうで、しかたなく立ち去り、塩鰯五尾を四〇文（約六四〇円）で買い求め、家で自分で焼いて酒も飲まず飯だけ食べて寝る。今日はあまりよい日でなかったらしい。

そして翌日のことはつぎのように記す。

「**十一月十日　甲午《きのえうま》　晴、時ニ細雨、大風。**（前略）今夕、予宿《よしゆく》にて芋汁製するよしゆ

図21　芋汁の夕食

へ夕帰る。柴田母、お邦、予三人にて食《しょく》。はら満《みつ》ニたり。臥しなから日記をしらへ」

午前中はまた龍源寺と岡村宅を訪ね、夕方には家に帰り、妹の邦子と進の母（柴田母）との三人で芋汁をつくって食事をするが、その風景が図21である。

大きな円形の行灯《あんどん》を横に置き、邦子がお櫃《ひつ》から飯を茶碗に盛りつけ、石城（襄山）がすり鉢の芋汁（山芋であろう）をかけている。その左手の柴田母も美味《おい》しそうに食べている様子。ところで図20に見た進の出立のときの風景でもそうであったが、この柴田母はどちらの挿絵にも背筋をまっすぐに伸ばした姿で描かれている。実際にそうであったのであろう。武家の女として何事にも動ぜずに毅然と生きる気概をそこにみる。

石城はこの家を宿と記しているが、それは仮の家という意味であろう。やはり妹夫婦への遠慮があるのかもしれない。美味しくて何杯もお代わりしたのか、彼は十分に満腹し、臥しながら今日の絵日記を書く。

和宮の通輿《つうよ》警備のために熊谷に行っていた進が帰着したのは八日後であった。その様子をつぎに記す。

「十一月十六日　庚子《かのえね》　晴。水仙を花壇にうつし植土《うえつち》かへなとす。風呂をワかし浴す。朝食大根汁、午飯姫貝大根。八碑（二時）より甫山方へ至る。同所にて夕飯を食しかへる。進帰着。柴田方行《いき》、さけはしまり居《おり》、夜ニ入《いり》まて酌《しやく》。予、酔臥《よいふ》ス。先々無滞《さきざきとどこうりなく》、目出《で》たし〳〵」

石城は午前中、大蔵寺の良啓からもらった大好きな水仙を花壇に植え替え、午後からは友人の岡村（甫山）宅へ行き、そこで夕食をともにする。この岡村も後で詳しくのべるが、石城と同じくまだ独り身のようだ。その夜になって進が帰着する。さっそく彼の無事の帰りを祝う宴《うたげ》が開かれた。その風景が図22である。

まっ先に柴田母に知らせ、さらに友人の戸川《とがわ》も駆けつけてくれた。鍋をしているのであろうか、七輪には鉄鍋が掛けられ、その手前の木具膳には具などを入れた大皿が置かれている。ほっとした表情の進の左手に坐る邦子の腕の中にはまだ一歳前の赤子のおきぬが抱かれている。石城（襄山）も進の右手に坐り、その労苦のねぎらいのことばをかけているのであろう。ささやかであるが、心のこもった喜びの宴は夜遅くまでつづいた。そして彼は絵日記に、先々無滞、すなわちこれからは物事が順調に進むと思われ、目出たし〳〵と心から喜ぶ。

皇女和宮は将軍家茂《いえもち》に嫁入りするために江戸入りしたが、それは老中安藤信正《あんどうのぶまさ》の画策であった。いわゆる公武合体である。しかし尊王攘夷派からは激しく非難され、江戸への通輿の道である熊谷宿でも不測の事態が予想された。その二か月後に安藤信正は登城途中に水戸の浪士から襲撃を受ける。いわゆる坂下門外《さかしたもんがい》の変である。世はまさに激動の時代を迎えつつあった。

**石城の書斎**

行灯絵と屛風《びょうぶ》絵などを描き、また随筆もつくり、そして多くの友人宅と寺を毎日のように訪ねながら、あまり世俗にはこだわらず悠然と生きる石城はどのような書物を読んでいたのか。

石城は中級から下級の身分に一挙に下げられ、養子先からも追い出され、やむなく妹夫婦の家に身を寄せているが、そこでは彼専用の書斎があてがわれていた。その部屋の風景が図23であり、正月二日の絵日記の中に描かれている。

部屋名称も酒の好きな彼らしく「石城書斎酔雪楼《すいせつろう》図」とし、床の間と押入れのある六畳敷の座敷であった。下級武士の家といえば、庭付きの戸建であってもその規模は小さく、座敷と茶の間、それに寝る部屋としての納戸があるだけで、その中でも最もよい座敷を石城の専用室にしている。床の間の右半分には、下に二段の引出しの付いた書物を収納する

上より図22　進の帰着、図23　石城の書斎

図24　夜の読書

四段棚の家具があり、左半分には八つの分類箱を整然と並べている。よく見ると、棚には多くの書物や軸物が置かれ、分類箱には字書《じしょ》、文範《ぶんぱん》、畫史《がし》などの名札を貼っている。字書とは漢字を分類した辞典であり、文範とは模範とする文章を集めたもので、畫史すなわち画史とは画や画人の歴史を書いたものである。彼の学問熱心な一端がうかがえる。たくさんの筆を紙包みに入れ、それを取り出しやすいように床柱に掛けているところなど創意工夫もある。

そして大きい座卓には正月らしく赤い布が掛けられ、その上に筆と硯《すずり》が整理してまとめられ、ちょうど読んでいたのであろう数冊の書物も置かれている。一方、座敷右側にある押入れの左下の襖《ふすま》には、東寺《とうじ》、仁和寺《にんなじ》、銀閣《ぎんかく》寺《じ》などと書いたワッペンのようなものを貼りつけているのが面白い。京都に旅した折りに手に入れたものであろうか、あるいは旅人からのみやげかもしれない。なかなか風流な趣の書斎である。

また寒いときにはこたつに入って一日中読書にふけるときもあるが、その風景を図24に

図25　石城の占い

示す。これは正月二八日の絵日記の中に描かれており、前図に見た座敷の一隅であろう。こたつと長火鉢の廻りを低い衝立《ついたて》屏風で囲み、前に大きな行灯を置き、その明かりで書を読む。それでも寒いのか、片袖《かたそで》の夜着《よぎ》を身体に掛ける。それは袖のない方を敷物とし、袖のある方を夜着として用いた。忍城下は武蔵野の北にあって冬はかなり冷えるようで、硯の水も翌朝には凍っていたと記す。

ところで石城は卜筮《ぼくぜい》もしていた。それは古代中国で発祥した占いで、筮竹《ぜいちく》すなわち「めどき」という五〇本の竹ひごのようなもので占う。今日は朝早くから天祥寺《てんしょうじ》の所作《しょさ》（寺の手伝い人）が相談にやってきて、石城から占いをしてもらう。その挿絵が図25である。寺の所作といっても、身なりはきちんとした僧侶の姿である。図23でみた座敷の座卓で竹ひごのような筮竹で占っている。所作の横には友人の川の舎もいる。石城の多才ぶりがうかがえ、なかなか愉快な風景である。

## 石城の書物

さて石城が読んだ書物については、つぎの絵日記にうかがえる。

「十二月三日　**丙辰**《ひのえたつ》　**快晴**。朝より襖彩色出来。良宗《りようしゆう》よりたのまれの書状案文草書に仮《か》名《な》つけなす三〇枚。八碑《はちひ》（二時）後、土屋に遊ふ。龍源へ立寄《たちより》帰る。良宗素読。夜、甫山約の書類三四巻持参せしに不在ゆへ土屋に至りしに甫山、笹岡、主人と火燵《こたつ》を囲《かこみ》て居《い》る。九ツ（一二時）過《すぎ》まて物語《ものがた》る。予《よ》、壮歳《そうさい》（若く血気盛んなころ）より貧の究《きわむ》る時ハ助《たすけ》を親戚朋友《めいゆう》にあらすして（頼《たよ》らずして）、先《さきに》書籍を売却する事時ニなり。今に至りてハ、僅《わずか》に父祖と予年頃《としごろ》（長年《ながねん》）抄写《しようしや》（文章の一部を書き写す）せし書の外《ほか》ハ、字書《じしよ》、老荘《ろうそう》のたくひ（類《たぐい》）而已《のみ》（だけ）今度夫《それ》とも又典《てん》する（質入れ）に至る。歎《たん》すへし。去《さる》ハ過《すぎ》し年よりの沽却《こきやく》（売り払い）をし、書目《しよもく》（書の目録）をか々けて遺忘《いぼう》（忘れ去る）に備《そな》ふ。三度二度求めてまた売せしものハ〇を以《もつ》てしるしとす」

石城は頼まれた襖絵の彩色を完成し、書状などの文章作成と添削《てんさく》なども引き受けていた。また若いころよりきわめて貧窮したときは、親戚や盟友の助けを受けず、ときには書物を売却して急場を凌《しの》いできたようだ。ところが今になっては、父と祖父、それに長年に亘って書き写してきた僅《わず》かの文書以外の大切な字書や老荘の書物の類のみ質入れしてやってきたが、それは実に嘆かわしいことであったという。

ところが翌年の三月には、

「竹秋《ちくしゅう》（三月）念六《ねんろく》（廿六日）戊申《つちのえさる》　晴。朝、天祥寺所作《てんしょうじしょさ》来りて卜筮《ぼくぜい》ヲ求む。語談して帰る。岡村甫山より去年十一月借用の金子《きんす》当月返弁の期なれハ、いかにやとの事申来《もうしく》る。右に付、工夫あり」

とあるので、やむなきときはやはり親友から借用することもあったようだ。絵日記には、岡村から借金の返済期日がきたのでどうかと尋ねられ、「右に付、工夫あり」と記しているので、たぶん返済の持ち合わせがなく、何らかの理由をつけて延期を頼んだのであろうか。

　またそこには彼が昨年から売却してきた書物名を忘れることのないように記されているが、そこからどのような内容の書物を読んでいたかがわかる。その数は何と四百八冊にも及び、その内容は非常に多彩である。そして何度も求めては結局売ったものには○印を付けているが、それだけ読みたい大切な書物であった。それらの一部をつぎに示そう。

　松陰《まつかげ》日記四巻、足軽十ヶ条私解一巻、武門故実一巻、○国語考二巻、論語徴十七巻、○玉篇《ぎょくへん》十二巻、○周易《しゅうえき》五巻、つれ〱《づれ》草二巻、和歌題林十六巻、藩翰譜《はんかんふ》二十二巻、○左傳《さでん》十五巻、○六経略記《りっけいりゃっき》一巻、○弁道書一巻、○礼記《らいき》集注五巻、○史記評林二十五巻、○文公《ぶんこう》家礼《かれい》一巻、○学山録六巻、江戸繁盛記三巻、○詩経《しきょう》集注八巻、○文選《もんぜん》十二巻、○論語新注四巻、○孔子家語《こうしけご》五巻、○書経《しょきょう》集注六巻、俳諧《はいかい》歳時記二巻、女大学一巻、平家物語十巻、慶長公家諸法度一巻、俳諧七部集《はいかいしちぶしゅう》二巻、○五経《ごきょう》素読本十一巻、和漢朗詠集《わかんろうえい》二巻、歌舞伎年代記十三巻、源氏忍草《げんじしのぶくさ》十巻、○老子《ろうし》国学解三巻、曾我《そが》物語十三巻、古今集《こきんしゅう》四巻、○周易本義六巻、万葉考三巻、○唐詩選掌故《とうしせんしょうこ》二巻、○荘子《そうし》林注十巻、○孟子《もうし》古義三巻、花の記一巻、庭の記一巻、切腹の書一巻、征韓録《せいかんろく》二巻、大坂夏冬御陣大図二枚、史記十巻

これらの書物の内容は、万葉考、古今集、平家物語、徒然草《つれづれぐさ》などの日本古典から史記、詩経《しきょう》など中国の古典、そして軍記、切腹の書など武士道に関するものや庭つくりの書まで非常に幅が広い。とくに五経《ごきょう》と文選《もんぜん》は平安貴族たちの必読書とされた中国古典である。また孔子と老荘《ろうそう》思想の書もあり、さらに礼記《らいき》や文公家礼《ぶんこうかれい》などの中国古代中世の儒教経典も読んでいた。とくに老荘を読んでいたことは注目される。

この老荘とは、紀元前三世紀ごろの中国春秋戦国時代に生きた老子と荘子である。真理の道を探り、その考えは老荘思想として中国はおろか日本にも古代から多くの人びとに大きな影響を与えてきた。その道とは無為自然にあり、それは「為《な》すを無くして自《みずか》ら然《しか》り」という意味であった。つまり余計なことをせずにあるがままに任せてゆったりと大胆に生きよ、人生にとって名誉や身分などは砂上の楼閣にすぎず、あまり大したものではない、それよりも自然の中で自由に生きることこそ大切であると諭《さと》す。また「足《た》るを知る」の思想もある。それは、今の自分に満足する、それこそが本当の幸せであり、豊かさだという。人は常につぎからつぎへと欲を持ちやすい、そのように上ばかり見ていると、足下の確かな幸せと豊かさを見のがしてしまうと諭す。そしてすべての万物は大いなる流れに従い、また定められたところに返る、それを知ることが知慧《ちえ》であると説く。その道を歩んだ先人

としては、古くは後漢の仲長統《ちゅうちょうとう》に始まり、その後の東晋《とうしん》の陶淵明《とうえんめい》、唐代の白楽天《はくらくてん》と杜甫《とほ》、宋代の蘇東坡《そとうば》たちがいた。また日本では、平安時代の兼明親王《かねあきらしんのう》から鎌倉時代の鴨長明《かものちょうめい》、江戸時代の芭蕉《ばしょう》と良寛《りょうかん》たちがいた。そしてこの石城ら下級武士たちにもその思想がしっかりと流れていたようだ。

　これらの書物はすべて市販のものではなく、彼が抄写したものも含まれる。下級武士たちは書物を買う金に乏しかったから、書肆《しょし》（書物屋）や友人から借りて書き写していたのである。

「**正月四日**　**丁亥**《ひのとい》　晴。遊仙窟《ゆうせんくつ》写し、規範《きはん》をよむ。（後略）」

「**正月五日**　**戊子**《つちのえね》　晴。今晩、行燈の油その外《ほか》皆氷り寒甚《かんはなはだ》し。遊仙窟三葉写ス。書を読ミ日本史規範閲《えつ》す。川佐に小弥太来ル。今夜節分とて、なやらふ声四方より聞《きこ》へて賑《にぎわ》しけれとも、予家《よのいえ》ハ寂然《せきぜん》（ひっそり）として更《さら》に無人場のごとく、心たのします。夕飯を喫《きっ》して速《すみやか》に臥《ふ》ス」

　この日は陰暦の節分の日であった。となり近所の四方からは豆まきの大きな声が聞こえて賑わしい。日記文の「なやらふ」とは「追儺《なやら》ふ」と書く。それを「おにやらい」とも呼び、悪鬼を追い払う儀式のことをいう。しかしながら石城の家は空き家のごとく静寂でひっそりとしている。これは昨年の一二月一八日に不当な理由で石城が閉戸《へいこ》（自宅謹慎）を申し渡されたからである。その閉戸の期間に遊仙窟を書き写していた。ところがそこに友人の川佐がやってくる。咎《とが》めの閉戸とはいっても、石城は門や戸を閉めて家の外に出ることはできないが、他人は訪ねてきてもよかったようだ。この遊仙窟とは中国唐代の怪奇小説であり、古典としても名高い。このような書物も江戸時代の下級武士たちの間で人気を博していた。中国文化はこの時代になっても日本人の心の中に深く入りこんでいたのである。

このような書物は友人たちにも売却していた。友人がそれを買うということは、彼らもこれに類する書物を読んでいたことになる。それはつぎの日記にうかがえる。

「十二月十六日　己巳《つちのとみ》　晴。午後より甫山方へ遊ふ。同人持病おこれりとて引込居《ひっこみい》る。折《おり》から図のことく来客あり。(中略)皆々かへりし後引《のちひき》と丶められし夕飯のもてなしにあつかる。鮒《ふな》煮つけ也《なり》。今日同人へ荘子《そうし》因易述附《いんえきじゆつふ》を売却す。〆《しめ》十四冊、金百疋受取《ひきうけとる》」

甫山とは親しい友人で下級武士の岡村荘七郎のことであり、石城は彼の家にも頻繁に訪ね、ともに食事をすることも多い。その岡村に荘子などの書物十冊を売却する。その値段は百疋、つまり今の価格にして四万円ほどであった。書物の値段もかなり高いようで、まして苦しい生活の下級武士にとっては大変である。それでも学問と教養に投ずるお金は惜しまなかった。

## 水仙と鶏

石城は花と植物、そして生きものが大好きで、それらをよく写生する。この日も大蔵寺近くの竹林に生える水仙を鉢に植え替えてもらい、それを家に持って帰る。

「十一月十一日　乙未《きのとひつじ》　晴。菜にこやしかくる。午後、大蔵寺に遊ひしに、竹林の中にうつくしく水仙花の咲出《さきいで》たるいく本もありけりとて頃、欲《ほっ》しぬる事ゆへ一茎《ひとくき》を貰《もら》ひ得て鉢に移し座右《ざゆう》（身近な所）に置く。此《この》花ハ黄玉花《おうぎょくか》と称し、又深黄《しんおう》にして金色なるを金盞《きんせん》銀盞《ぎんせん》といふ。千葉《せんよう》なるものを玉玲瓏《ぎょくれいろう》といふと本草《ほんぞう》にみえたり」

水仙は別名黄玉花と称し、また深い黄色で金色の水仙を金盞銀盞ともいうと記す。すなわち、水仙の花の黄色いところを黄金の杯すなわち金盞といい、まわりの白い花弁を銀の台にたとえて銀盞という。そして千葉（八重咲きの花の花弁）の水仙は玉玲瓏すなわち玉のように美しいさまであると本草（植物の書物）にあると記す。このように石城はなかなか花や植物にも造詣《ぞうけい》深い。

竹林で水仙を大鉢に植え替えている風景が図26である。大蔵寺の手作の良啓が石城（永《えい》慶《けい》）のために、懸命に作業する姿に良啓の人柄のよさをみる。

石城は鶏も飼っているが、近所にはそれをうるさくいう者がいるらしい。そのことをつぎの八月の絵日記に記す。

「葉月《はづき》（八月）七日　癸亥《みずのとい》　晴。大蔵寺にあそふ。妹とも予《よ》鶏を飼置《かいおき》しを免例《めんれい》（許される範囲）なりと。かしましく（やかましく）いふ婦人の口《くち》さかなき（たちが悪いこと）ハ去事《さること》なれとも、予、今室《しつ》（妻）もなく、かゝる身なれハ、少しき事ハ忍《しの》ひても、予せしるを順《なら》ふへきに、鶏すらかくの如《ごと》し。行末心得《ゆくすえこころえ》すハ有《ある》へからす。心いかりて大蔵寺に至り、良啓に与へ遣《つかわ》しぬ。夜、土屋に遊ふ。甫山、越智会《かい》す」

図26　水仙の植え替え

おそらく夜明けの鶏の鳴き声がうるさいと、これまで度々やかましく苦情をいわれてきたのであろう。これにたいして彼は考える。自分は今、妻もいない独り身であり、しかも上書の咎めで降格され、さらに養子先を追い出されて妹のところに身を寄せている立場なれば少々のことは我慢しようとしたが、これから先のことを考えてしかたなく鶏を良啓に譲ってしまう。文中の「心いかりて大蔵寺に至り」に石城の複雑な思いがうかがえる。となり近所のいろいろな煩《わずら》わしさは江戸時代にもやはりあったようである。

鶏を飼うのは鶏卵と鶏肉のためだが、前の絵日記にも「菜に肥《こ》やしをかける」の文があり、庭に野菜もつくっていたことがわかる。下級武士たちは、狭い庭で自給野菜などを栽培して、すこしでも暮らしの足しにしていた。図27はその鶏を良啓に譲る風景であるが、良啓がかかえている二羽はなかなか立派な鶏のようだ。

図27　鶏を譲る

## 友人との逍遥

石城はよく友人たちとで城下町の郊外を逍遥《しょうよう》（散歩）する。この日も岡村（甫山）といっしょに出かけたが、それを九月の絵日記につぎのように記す。

「**九月四日　己丑《つちのとうし》　晴**。朝、甫山方へ傘かへしに行に《いきし》不在ゆへ土屋に至る。主人に美女柳の枝乞《えだこう》。やシ草、千日草外一色《ほかいっしき》貰ふ。九ッ（一二時）過《すぎ》かへる。甫山在宅、同人只今より近辺逍遥せんとの事ゆへ土屋を誘ひしか肯《こう》せす、則《そく》、龍源行《いき》て会《かい》せんと約《やく》し、かへりて右茶とも植《うえ》、一飯《ひとめし》を食《しょく》して八ッ（二時）過に及ふ。龍源寺に至る。俊平《しゅんぺい》、円蔵《えんぞう》、大蔵《だいぞう》に会す。甫山、予、龍源寺に至りて和尚を誘引《ゆういん》す。其間《そのかん》、甫山の求めにて雑煮《ぞうに》制ス。予、両人にて三椀《さんわん》も食ス。腹満《み》たり。七ッ（四時）前より遊歩、田野《でんや》の秋色惑《まどい》深し。（以下略）」

朝、借りていた傘を返しに岡村（甫山）宅を訪ねたが、留守であったので土屋宅へ行く。そこで美女柳の枝や千日草などをもらう。土屋も花が大好きの

上より図28　友人と逍遥、図29
田園の逍遥

ようだ。その後、岡村宅をふたたび訪ねると、ちょうど彼は家に帰っており、これから近辺を逍遥するという。そこで土屋を誘っていっしょに行こうということになり、また土屋宅に出向くが、あいにく断わられたので、龍源寺で岡村と会う約束をし、一旦家に戻る。もらった草花を植え、昼飯を食べる。しばらくして龍源寺に行き、和尚にも逍遥しようと誘うが、その間、石城は岡村の求めに応じて寺で雑煮をつくる。美味《おい》しかったのか、三人それぞれ三椀も食べたという。その雑煮の餅とは寺へのお供え餅であろうか。

お腹も満腹になり、やがて四時前からやっと城下町郊外の逍遥に出かける。その田園は「秋色惑深し」と記しているから、田の稲穂が色づいて黄金色となり、山野も紅葉しつつあり、その風景は当惑するほどの美しさであったという（図28・29）。

逍遥の後、三人はさらに前谷《まえたに》村の不動の山に登り、帰り道に茶店の埼玉屋で休憩して酒を飲む。そしてまたその帰りにも行きつけの酒店中屋《なか》に立ち寄り、そこで酔い臥《ふ》してしまう。石城は和尚の勧めでまたまた龍源寺に一泊することになる。

# 四　下級武士の友人宅の風景

石城《せきじょう》は友人宅を毎日のように訪ねる。そこに彼らがいるということは、友人たちもふだんの多くは家にいたことになる。またそこには石城のほかに多くの下級武士、寺の和尚、町人たちも集まってくる。下級武士の登城《とじょう》勤務は少なく、ふだんは友人たちとでさまざまな交流と催しが家でおこなわれていた。ここではそれらの友人宅の風景をみてみよう。

中でも度々訪問するのは岡村《おかむら》宅と土屋《つちや》宅である。岡村とはすでにのべたように岡村荘七《そうしち》郎《ろう》のことで、字《あざな》を甫山《ほやま》という。石城と年齢が同じぐらいの下級武士仲間であり、その家も石城宅の近くにあったものとみられる。しかも石城と同じく、まだ独り身のようだ。彼もまた書物を好み、老荘《ろうそう》思想に関するものを石城から高額で買い受けたり、さらに石城と書物の貸し借りもしている。

そして土屋仁《に》右衛門《えもん》とは元方《もとかた》改役《あらためやく》一四石二人扶持《ふち》の下級武士である。挿絵に見るその姿は白髪が交じった高齢の隠居風に見えるが、まだ現役だ。石城はこの土屋を心から尊敬し、信頼していたとみられる。江戸から地方城下の尾崎《おざき》家の養子に入り、二九歳のときに上書《じょうしょ》して藩重役の逆鱗《げきりん》に触れて御馬廻役《おうままわりやく》一〇〇石の役職と禄《ろく》を取り上げられ、僅《わず》か一〇人扶持に下げられてしまう。おそらく尾崎一門からは非難轟々《ごうごう》であったであろう。まもなくしてそこを出されるが、家は尾崎一門の誰かが継いだものとみられる。そのことは今に残されている尾崎家の『従先祖勤書』という史料によってうかがえる。石城は行くあてもなく妹夫婦の家に同居するが、土屋はそのような境遇にあった彼を精神的に支え、石城にとってよき相談相手であったにちがいない。そのような石城が多くの友人たちの家を訪ねる風景をつぎにみていこう。

## 親友の岡村宅

石城は、多いときにはほぼ毎日のように岡村宅と土屋宅の両方に立ち寄る。つぎにみるのは七月の風景である。

「**文月朔日《ふみづきさくじつ》（七月一日）丁亥《ひのとい》快晴。**六ツ（六時）後、目さめ篦頭《へらず》（髪結い店）にゆき、髪月代《かみさかやき》し、龍源《りゅうげん》にて朝食す。唐茄子《とうなす》、につけ、舎妹《しゃまい》（自分の妹）羽織を持来《もちく》る。宿閉《しゅくへい》（前々からの持病）の為に腹内よろしからず。そうめんを求めしに、からしいつ方（どこに）もなし。則《そく》、からし菜のたねをすりて給《きゅう》す。午飯《ごはん》に右を食《しょく》す。大《おおい》によろし。夫《それ》より一同仮寝《かりね》す。八ツ（二時）過《すぎ》目さめしに、大蔵寺《だいぞうじ》来れり。則、同道《どうどう》（いっしょに行く）にて甫山方を訪《たずね》しに眼病にて在宅なり。縁鼻《えんばな》（縁の先）に出て語談す。童子《どうじ》（子ども）、飯をかしきて（炊《た》いて）夕食を出すまゝに和尚と共に喫《きっ》し（食べる）」

朝早くに目がさめて月代と髪結いを済ませ、今日もまた龍源寺に行き、和尚といっしょに朝食をする。それは唐茄子（かぼちゃ）と煮つけであった。しばらくして妹の邦子《くにこ》が羽織を持ってくる。そして昼ごろまでそこに留《とど》まるが、宿閉すなわち前々からの持病のためにお腹の調子がよくないらしく、彼は昼食に素麵《そうめん》を所望する。ところがあいにく素麵のたれにつける芥子《からし》がないので、芥子菜の種をすって間に合わす。それがよほど美味《おい》しかったのか、満足して「大によろし」と記す。

図30　岡村宅での夕食

その後、猷道《ゆうどう》和尚と昼寝をし、二時過ぎに訪ねてきた大蔵寺の和尚とともに岡村の家に出かけることになった。そこでまた夕食になるが、その前に、部屋の縁鼻すなわち縁の先に出て、庭を見ながら談笑し合う。その庭にはいろいろな草花が植わっているようだ。石城（裏山《じょうざん》）は左手に持つ茶碗《ちゃわん》の飯を口いっぱいにほおばりながら和尚（大蔵寺）に楽しそうに語りかけ、和尚はそれににこやかな表情で聞き入り、岡村（甫山）はその前で静かに箸《はし》を持つ。左には童子と記する男がお茶を持ってくる。童子とは子どものことであるが、挿絵に見る風貌《ふうぼう》は前髪もなく月代《さかやき》を剃《そ》っているのでもう大人のようである。おそらく彼は岡村の弟であろう。岡村と童子はともに眼をわずらい眼帯をしている。それを当時は帽子《ぼうし》と称していたのが興味深い。

挿絵には「荘七郎、童子ハ眼病ニて帽子をかけたり、なまりふし茄子《なす》、さしきの煮つけ、折《おり》から興《きょう》深し」と記す。夕食に出た「なまりふし」とは生利節《なまりぶし》すなわち生の鰹《かつお》の切り身を蒸したり茹《ゆ》でたりしたもので、それを茄子と煮る。末尾の文に「興深し」と記し、味わい深い料理を囲むなごやかな夕食風景であった。

## 土屋宅で天下女色を論じる

前にみた絵日記はさらにつづく。

「薄暮より仁右衛門方に遊ぶ。越智《おち》新右衛門《しんえもん》、西村幸内《にしむらこうない》会す。九ツ（一二時）過かへる。土屋方に止宿《ししゅく》（泊まる）の婦人あり。醜《みにくき》なれどもいと（大変）にきやかなるものなり」

図31　土屋宅での談義

この日の岡村宅での夕食の後に岡村と大蔵寺の和尚とでさらに土屋宅を訪ねた。すでに下級武士仲間の越智新右衛門と西村幸内もきており、座敷とみられる部屋での語らいが始まっていた。その風景が図31である。後からきた石城（裏山）と和尚（大蔵寺）は向かい合ってぬれ縁に坐り、石城は柱にもたれかかって皆の議論を聞いている。石城の左横には止宿すなわち土屋宅に泊まっている婦人がうちわをもって庭を眺めている。石城はその婦人のことを「徳女《とくじょ》」と挿絵に記し、絵日記には「醜なれどもいとにきやかなるものなり」としているが、さぞかし快活で、また徳すなわち品性も備わっていたのであろう。そしてその議論の内容もつぎのように挿絵に記す。

「夜の景、女色《にょしょく》を評論し、天下を議論し、毀誉《きよ》変増紛々《へんぞうふんぷん》たり。越智、土屋の激言、大蔵、岡村の好色。女の側《そば》にありて寂然枯木《せきぜんかれき》のごときものハ、夫唯《それただ》、尾崎嚢山乎《や》」

議論は女性のことから天下国家にまで及ぶ。けなしたり誉めたりで、諸説入り乱れるさまであるが、世の行く末を激しく論ずるのは越智と土屋であった。その土屋は皆の中心に居て高齢にして背筋をまっすぐに伸ばし、毅然《きぜん》として坐っている。温厚ながらも自分の信念をしっかり持った人のようだ。また女色を論じるは和尚と岡村である。それを見て、ひっそり静かで枯れ木のごときはただ自分一人であると感嘆し、達観する石城であった。

とくに大蔵寺の和尚は仏に仕える身でありながら女色を論じているのは愉快だ。もっとも僧侶《そうりょ》が女色を云々《うんぬん》したのは鎌倉時代の親鸞《しんらん》からである。それまで禁じられていた肉食妻《にくじきさい》帯《たい》を自ら率先して実行し、仏教の戒律の意味なしを説いて民衆の中に自分の弱さをさらけ出し、あるがままに生きるという自然法爾《じねんほうに》の道を開いた。この大蔵寺や龍源寺の和尚たちも酒をよく飲み、女たちが好きであったが、その教えを実践したともいえる。

## 土屋宅から岡村宅へ

石城は翌日の二日に大蔵寺と土屋宅に出向くが、さらに三日にも大蔵寺に行き、そして四日にはまた土屋宅と岡村宅を訪れたが、岡村とは明け方まで酒を飲む。

図32　土屋宅でのくつろぎ

「七月四日　庚寅《かのえとら》　末伏《まつぷく》（立秋後の初めての庚《かのえ》の日）。朝、佐々《ささ》右衛《え》門《もん》来る。巳碑《みひ》（一〇時）ス。大雨終日不止《やまず》。午後より甫山へ至り、同道ニ而《て》土屋に遊ぶ。七ッ（四時）過に至りて辞す。（以下略）」

今日は終日雨であった。午後になって岡村（甫山）を誘って土屋宅へ行く。その風景が図32である。左手に掛け軸のかかった床の間があることから、そこは座敷であろう。その部屋で寝そべりながら書物を読む土屋（仁右衛門）と石城（裏山）、眼帯をかけた岡村が同じように寝そべりながら何かを聞いている様子。この挿絵からは、ゆっくりと過ぎ行く時間と空間の中での悠然たる暮らしぶりが感じとれる。床の間の右手の方はぬれ縁から庭へとつづいているのであろう。そのぬれ縁と座敷との間の鴨居には鳥のかたちをした吊《た》りものが掛けられ、それに花か葉のつるを垂ら

図33　岡村宅で夕食

している。前にみた図7の土屋宅の風景は茶の間であったが、やはりその部屋の柱にへちまのかたちをした小さな籠《かご》を掛け、その中に花瓶を入れて花を生けるようにしていた。この優しくて気骨ある年寄り武士の家は、このように風流な趣《おもむき》あるたたずまいであった。石城も水仙の花や千日草などを好み、それを身近に置いて写生をよくしている。また庭では自給菜園もしていたが、一方で、いろいろな草花も植えては楽しんでいた。

この日の絵日記はさらにつづく。

「仁右衛門よりの帰り甫山に行《ゆき》、と丶められ酒肴のもてなしにあつかる。大酔して打《うち》臥《ふ》し暁《あかつき》に至りぬ」

石城と岡村（甫山）は夕方の四時過ぎに土屋宅を辞す。その帰りに岡村に誘われて彼の自宅に立ち寄り、そこで酒と肴《さかな》のもてなしに与《あず》かる。その風景が図33である。部屋は茶の間のようであり、右手向こうに竈《かまど》のへっついが見え、その手前の板間にはやかんが七輪に掛かっている。そこが台所であろう。また左手には、図23の石城の書斎で見た引出し付きの書物棚もある。そこに非常にたくさんの書物が納められており、それを取り出す岡村が描かれている。彼もかなりの学問好きのようだ。石城は木具膳の前で汁椀《しるわん》を持ち、酒を飲みながらそれを吸っている様子。そのそばには書物一冊が開かれているが、それは岡村から紹介されたものであろうか。そこへ弟とみられる童子が料理を運んでくる。二人とも眼帯を外しており、もう眼はよくなったようだ。今夜は「肴、しゝミ汁、奴煮とうふ」のささやかな料理であったが、石城は夜明けまで飲みつづけ、とうとう大酔いして打ち臥してしまった。

**岡村からの借金**

石城はこの岡村とは書物の貸し借りをしたり、また彼から借金をすることもある。そのことをつぎに記す。

「**十一月四日　戊子《つちのえね》　晴**。朝、和尚と共に麦めしたき、菜汁煮て食し。夫《それ》より甫山方へゆき、八大家文《はちだいかぶん》二巻持参、同人へ御遺訓《ごゆいくん》一巻、五事略《ごじりやく》一巻、図表正□、宇《う》ひ山《やま》ふミ、古《こ》道大意《どうたいい》、〆《しめ》五冊返却。横山市太郎《よこやまいちたろう》会し、少し内談し、今夕、奥山方へ会さんとの約、甫山よりたのまれの事もあり、同人より結髪料二十八孔《こう》借用。帰途髪をゆふ。龍源寺に立寄《たちより》、五事略貸ス。（以下略）」

図34　岡村宅での談義

朝、例のごとく龍源寺に行き、和尚といっしょに菜汁をつくって食べた後、四ッ時《どき》（一〇時）に岡村（甫山）宅を訪ねる。その風景が図34であり、ちょうど岡村は書物を読んでいたようだ。そして頼まれていた『八大家文』を持ってくる。それは中国の唐宋を代表する韓愈《かんゆ》など八人の文人が書いたもので、政治論、国家論、官僚論、人材論を主な内容とする。さらに彼から借りていた書物五冊も返却する。その中の『御遺訓《ごゆいくん》』とは家康《いえやす》が残したことばをまとめたものであり、たとえば「及《およ》ばざるは過《す》ぎたるよりまされり」などを記す。また『五事略《ごじりゃく》』とは江戸中期に生きた朱《しゅ》子《し》学者の新井白石《あらいはくせき》の書、『古道大意《こどうたいい》』とは国学者の平田篤胤《ひらたあつたね》による日本古来の精神についての講談書、『宇《う》ひ山《やま》ふみ』とはすなわち宇《う》比山踏《ひやまぶみ》ともいい、本居宣長《もとおりのりなが》が書いた国学の手引書である。かなり高度な思想的哲学的な書物を読んでいた。

その挿絵をみても、座敷とみられる障子際に文机《ふづくえ》二つを置き、熱心に書物を読んでいたようだ。そこへ友人の横山もやってきて丸火鉢を囲んで語り合う。それが引けたのは挿絵に八ツ半（三時）と記しているから五時間ほどもいたことになる。石城は帰り際に髪結い料を岡村から借用するが、その金額は二十八孔《こう》と記す。それは孔すなわち穴の空いた銅銭のことで、二八文のことである。今の価値に単純換算すれば僅《わず》か四四〇円ほどに過ぎない。たまたま持ち合わせがなかったのか、あるいはこの程度のお金にも不自由することがあったのかもしれない。

石城はその帰途に髪結い店に行くが、龍源寺にもふたたび立ち寄る。それは岡村から頼まれていた『五事略』の書物を和尚に貸すためであった。寺の和尚たちも、このような朱子学者新井白石の書を読んでいた。挿絵にはこの日の食事も記され、「朝食菜汁、午飯岡村ニて茶つけ、夕食とうふ汁、まめ飯」という。

**岡村とさんま一尾**

この日も龍源寺に行った後に岡村宅に立ち寄るが、彼は飯を炊くことがおっくうで、まだ昼飯を食べていないという。そこでいっしょに手伝い食事の準備をするが、そのことをつぎに記す。

**「十一月十日　甲午《きのえうま》　晴時ニ細雨大風。**夙《つと》（早く）に起《おき》、日記しらへはしめ、右少々著述の事に付《つき》て也《なり》。午前、龍源寺より甫山へ至りしに、いまた飯《めし》をかしくに（炊《た》かずに）物うく（慵《ものう》く＝おっくうで）午飯《ごはん》を食せすとの事也。然《しか》ハ、予、手伝ふへしとて厨下《ちゅうか》（台所）ヲ奔走《ほんそう》す。飯熟《じゅく》し、さんま一《いち》尾《び》求めしとて、右をやきて弐《ふた》ッに切《きり》、甫山と共に喫《きつ》す。時に八ッ（二時）なり。（以下略）」

図35　岡村とさんま一尾

図35はその風景を描く。そこは板間と土間の台所である。土間に置かれた二つ穴の竈は床上の板間から炊くようになっている。調理は板間でするので土間側に焚《た》き口があると不便だからである。このような竈は全国の武士の家に共通している。土間の向こうに見えるのは流しと棚である。流しは当時は水走《はし》り、または舟、棚は水棚とも呼ばれていた。その棚に置いていたのは、味噌壺、すり鉢の棒、餅や魚を焼く網などであろうか。

　石城は竈に薪《まき》をくべて釜の飯を炊き、岡村はまな板でさんまを切る準備をする。その前にある皿の上のさんまが印象的だ。二人の下級武士が一尾のさんまを二つに分けて食べる姿はいじらしくて心温まるものがある。

図36　岡村宅の酒宴

## 岡村宅での酒宴

この岡村の家には石城のほかにも多くの友人たちがやってくる。八日後の一一月一八日の絵日記には、岡村宅での酒宴の風景が挿絵だけで描かれているが、それが図36である。横市（横山市太郎）と土屋仁右衛門、そして石城（隼之《はやの》助《すけ》）がいる。左に見える保《ほ》二郎《じろう》とは弟の童子のことであろう。障子のそばに文机を置いた風景は図34の座敷の部屋と同じである。

今日は障子を開けているので、その向こうにぬれ縁が見える。土屋と横山が口を大きくあけて大声で歌い、それに石城が両手を高く上げて愉快そうに手拍子をする。一方、岡村もそれに合わせてすこし手を叩く。この風景を見れば、闊達《かったつ》ではあるが、往々にしてはめの外すことの多い石城に比べて、岡村はすこ

図37　岡村の病

し内気で生真面目なようにも見える。皆の真ん中には木具膳があり、その上に料理を載せ、それを各自の取り皿で食べている。左の弟の保二郎が誰かの汁を鍋からお椀にもくもくと注《つ》いでいるのが印象的である。和《なご》やかな下級武士たちの宴《うたげ》であった。

　ところで六月一九日にさかのぼるが、その日の岡村宅の風景を描いた図4の挿絵には岡村が柱にもたれて何かを深刻に考え、石城、土屋、越智の友人たちがそれを気遣っている様子であった。その後、問題は解決されたのであろうか。この挿絵の風景からも、酒宴で彼を励まそうとする友人たちの思いやりがにじみ出ている。

## 岡村の病

　岡村は翌年の二月に長年の持病がもとで床に臥《ふ》せってしまった。そのことをつぎに記す。

図38　岡村（甫山）と書生たち

「令月《れいげつ》（二月）廿八日　辛巳《かのとみ》　曇。（前略）午後より甫山方へ至りし所、同人病気ニて打臥《うちふ》し居《お》り。枕辺《まくらばた》ニてしはらく語譚《ごたん》（話しあい）し、夕方土屋へ立よる。赤のめし出ス。（以下略）」

図37をみれば、布団を敷いて臥せっている部屋は書斎に使う座敷であろう。布団のそばには文机があり、彼は寝ながらも起きて書物を読んでいたようだ。文机の両側にある高さ三尺（約九一センチ）ほどの四角いものは、おそらく行灯《あんどん》ではないか。眼が悪そうなので二つの行灯の明かりで書物を読んでいたものとみられる。よほどの熱心な読書家のようだ。石城はしばらく岡村と話し、夕方になってそこを辞す。

岡村の病のその後についてはわからないが、図38にみる四月一五日の挿絵には岡村宅での元気な姿が描かれており、幸いにも回復したのであろう。この日、石城は小袖二つを質入れして金子《きんす》をつくり、その一部を岡村に返却するために訪ねる。石城は岡村からよく借金をするようだ。すでに友人の笹岡《ささおか》もきており、また二人の子どもに手習いを教えていた最中であった。岡村は元気そうに書生と記す子どもたちに熱心に説明している様子、石城も安心して笹岡とにこやかに語らう。

## 土屋宅の愉快な酒宴

前にみた二月二八日、岡村宅を出た石城は土屋宅に立ち寄り、そこで赤飯をご馳走《ちそう》になった。この土屋の家にも人はよく集まる。それは九月のことであった。

「**九月一日　丙戌**《ひのえいぬ》　**快晴冷**。夙《つと》に起《おき》、拝畢《はいひつ》。昨夜より食当りの気味にて腹痛甚しく瀉《しゃ》（吐く、下痢）強し。巳碑《みひ》（一〇時）後、津坂《つさか》より山腰林左衛門《やまこしりんざえもん》に至る。秩父表《ちちぶおもて》（秩父方面＝現在の埼玉県の西端）の事相談。午後、大蔵寺に遊ふ、仁右衛門会ス。（中略）

夜、土屋に遊ふ。兼《かね》て今宵《こよい》、西村、岡村（甫山）と約して一盃催《いっぱいもよお》すへき所《ところ》、予《よ》、腹瀉《ふくしゃ》の為にあたわす（能《あた》わず＝不可能になり）、然《しか》るに夜五ッ（八時）の鐘もひゝ《び》く頃、西村しきりに酒をすゝむ。予、腹痛もやゝ癒《いえ》たり。則《そく》、西村、酒店にはしりてさけ一升、にしめ一皿持し、予も共に厨下《ちゅうか》（台所）に走奔《そうほん》（かけ回って）してやゝさけあたゝめ酌し折《おり》、岡村も来り、土屋の室（家内）もかへれり、塩物のしまし杯製《など》し、四ッ（一〇時）過迄酌て辞す。帰途甚しく吐却《ときゃく》（胃からものを吐く）す。是《これ》にて腹内《はらうち》こゝちよろし。朝ねき汁、午《ご》茶つけ、夕茄子、さけ一合」

石城は前の日の食べ物が当たったのか、昨夜から朝にかけて腹痛にて吐いたり下痢をしたりで散々であった。それでも午後になって大蔵寺に行き、そこで土屋仁右衛門と会う。その後、自宅の夕食に茄子《なす》を食べ、酒一合を飲むが、夜になって土屋宅を訪問する。大蔵寺を訪ねた折りに土屋と会ったが、そこで誘われていたのであろう。

すでに友人の西村幸内がきていた。兼ねてより西村と岡村とで一杯を催す約束をしていたが、腹痛のために断念するも、八時の鐘が響くころになって西村がしきりに酒を勧める。石城は腹痛も大分よくなってきたので、まあ飲むかといい、それを受けて西村は喜び勇んで町人地の店まで走り、酒一升と煮しめ一皿を買ってくる。煮しめとは、根菜、芋、こんにゃく、昆布、油揚げなどを甘辛く煮たものである。石城は酒宴の準備で皆といっしょに台所を忙《せわ》しく駆けまわり、酒を温めたりする。そして土屋を交えての三人で酒宴をしていたところへ岡村がやってきた。やがて土屋の家内も帰り、つくった塩づけの料理を運んでくる。その風景が図39である。

図39　土屋宅の酒宴

大きな行灯の明かりが漂う中での酒宴であり、石城（襄山）の前の木具膳には煮しめの大皿がある。さらに生節《なまぶし》（生利節《なまりぶし》のこと）、焼豆腐、牛蒡も追加されたようだ。酒宴は一〇時過ぎにお開きとなったが、石城は体調がまだよくなかったのであろう、帰る途中にまたも甚だしく吐いてしまう。絵日記には、是《これ》にて腹の中は心地よしと記す。

明くる年の二月におこなわれた土屋宅での酒宴は愉快であった。

「二月十三日　丙寅《ひのえとら》　晴。今夜、土屋ニ参会し、一盃催すへしとの事にて、さけ、そは一升食し、各興に乗し、西村、越智、予、替る〳〵おとる。主人大声に謡曲し、殆頤《あやうくあご》をとく（外す）。主人造り花を天井にさして一首よむへしとて、

　ミよし野にまさる、およしのさくら色、われ置きをらんと思ふへし

　ほともよし、味もよさそなおよしさん、早ふ羽生《はにゅう》に来れハよいもの

爰外《このほか》、ミな〳〵一句つゝ興し、予、酔臥す。九ツ（一二時）過帰る」

この風景が図40であるが、それはいかにも楽しそうな酒宴だ。土屋仁右衛門が顎《あご》が外れるぐらいに大きく口をあけて歌い、それに応じて西村幸内が右足を高く上げ、両手を左に揃えて楽しそうに踊る。土屋の手前に坐る石城と越智も手拍子をして場を盛り上げる。西村の後には、石城らも替わる替わるに踊ったようだ。岡村と土屋の室（家内）もその踊りをにこやかに眺めている。

ところで笹岡に酌をしている女は料亭四つ目屋の女将《おかみ》およしである。このおよしを土屋は大層可愛がっているようだ。土屋は造花を天井にさし、右の日記文にみるように一首詠《よ》

図40　土屋宅での愉快な酒宴

み、皆も後につづいて一句ずつ詠む。すこし酔いがまわって、頬《ほお》がさくら色に染まったおよしを優しく思う歌である。

この夜の料理は「数の子、こうこふ、むきミあへ、そは」であった。平膳に並べられた大鉢の横には六段に重ねられた蕎麦《そば》の重箱がある。蕎麦はこのように年中ご馳走として食べられていた。そして、貝の中身の剝《む》き身《み》を和《あ》えにした料理や数の子もある。ただし「こうこふ」とはよくわからない。

燭台《しょくだい》のろうそくだけの薄暗い部屋であるが、なかなか風流で優しく、しかも愉快な夜の宴であった。

## 土屋宅のだんらん

前の日記でみた料亭四つ目屋の女将

図41　土屋宅での夜更けの語らい

およしは土屋宅によく遊びにくる。町人の女が武士の家にである。つぎの絵日記もそうであった。

「二月二十一日　甲戌《きのえいぬ》　晴曇。朝、甫山方へ行《いき》、奥山《おくやま》氏会《かい》す。夫《それ》より土屋方へ至る。主人ハまたかへらす。先日の家産、予に分配すとの事にて寒《かん》玉子四つ、粕《かす》つけ鮭二切《ふたきれ》持《も》しかへる。夜また土屋に遊ふ。黄太郎《こうたろう》、甫山、西村会す。皆々辞して後、一家巨《こ》燵《たつ》をならふて（馴《な》じんで）九ッ（一二時）過まて物語《ものがたる》。雨降出《ふりだ》しけれハ、傘、挑灯《ちょうとう》（提灯《ちょうちん》）かりて帰る」

石城は午前に土屋宅を訪ねるが、仁右衛門が留守であったので、前から約束していた家産（家でつくったもの）の寒玉子四つと粕漬けの鮭二切れをもらって帰る。寒玉子とは寒の入り（一二月初め）から節分（一月初め）までの寒中の時期に鶏が生んだ玉子のことで、それを食べると健康に暮らせると珍重されたという。その時期から約一か月半以上も経つが、玉子はもともと殻に保護され、しばらくは腐りにくい保存食品であった。

夜になってふたたび訪れると、そこには岡村と西村もきていた。この二人もよく土屋宅を訪ねる。土屋はそれだけ人望が厚かったのであろう。石城は彼らが帰った後も居残り、こたつで一二時ごろまで皆で語らう。そこには土屋の家内のほかに、料亭四つ目屋の女将およしも居た。およしは何かと土屋に相談しているようだ。その風景が図41である。大きな行灯《あんどん》と角火鉢を横にして櫓《やぐら》こたつに四人が足を入れている。土屋と家内がこたつの対面に坐り、石城とおよしは肩を寄せ合い並んで坐る。そのおよしを土屋が気遣っている様子が印象的である。

図42　土屋宅での二人の語らい

外は雨が降り出し、真っ暗である。石城は傘と提灯を借りて帰宅したが、およしの家はここから一里半ほど離れた熊谷《くまがや》宿にある。武士の家に泊まるわけにも行《ゆ》かず、おそらくおよしも雨の中を一人で帰ったのであろう。

　およしは翌々日にも土屋宅を訪ねるが、そこで一人娘のらくが奉公に出ることを告げる。絵日記には、これから四つ目屋に行っても彼女がいないので「皆々寂寞《せきばく》（ひっそりとして寂しい）たりと笑ふへし」と記しているから、よほど楽しくて快活な娘で

図43　土屋宅での風呂

あったようだ。

石城は夜遅くにも度々土屋宅を訪ねるが、そのときの風景が図42である。永慶《えいけい》とは石城の画号である。その部屋は前図と同じく茶の間であろう。後ろに箪笥《たんす》があり、その上の刀掛けには二本差しを架けている。刀は常に身近なところに置いていた。そして四角い行灯のそばには角火鉢があり、鉄瓶から湯気が沸き上がっているようだ。櫓《やぐら》こたつでの二人の語らいは今日も夜遅くまでつづく。一一月一一日のことである。

それから三日後の昼過ぎにも土屋宅を訪れる。ちょうど風呂《ふろ》が沸いているので勧められて浴するが、その風景が図43である。風呂は桶《おけ》風呂であり、追い炊きをしているのは土屋の家内（龍子《たつこ》）とどこかの婦人である。挿絵にはその婦人のことを寡婦《かふ》と記しているので、土屋宅に遊びにきた未亡人であろうか。この二人の婦人に見守られながら風呂に入る石城（永慶）はさぞかしご満悦のことであろう。

つぎに見るこの日の絵日記にはそのことしか書いていない。

**「十一月十四日　戊戌《つちのえいぬ》　曇。**日記しらへ、大蔵寺来遊《らいゆう》。八碑（二時）後、土屋に遊ひし

図44　川の舎宅での語らい

に、折から風呂わきたり、浴すへしとの事也」

## 学問仲間の川の舎

石城の友人たちの中で学問好きは岡村であったが、さらに川の舎もいた。川の舎とは屋号であり、本名は川佐《かわさ》世《せ》渡《と》というらしい。石城と同じく一〇人扶《ふ》持《ち》の下級武士であった。

図44は一一月一日に川の舎を訪ねた風景であるが、彼は障子の近くに置いた引き出しのある両袖付き平机の前で何かを懸命に調べている様子。石城（永慶）は櫓《やぐら》こたつに潜《もぐ》り込んで彼と話しをしているようだ。その内容は「奥」という字の語源及び音《おん》と訓《くん》についてである。結局、その意味がわからず、石城は家に帰って玉篇《ぎょくへん》から調べる。その書は、中国南北朝時代の梁《りょう》の学者顧《こ》野《や》王《おう》（五一九～五八一）によって編纂《へんさん》された部首別の漢字字典である。

そのような貴重な書物を彼は持っていた。そして奥とは部屋の西南隅をいい、主人の安息所であったと記す。その音読みでは、アウ（オウ）といい、ウチ、カクシ、クマ、アタ、クとし、訓読みではイク（ヲク）といい、アタ、カナリ、アタ、ムトユふ、暖ト同シ、寒ノ反対ナリ、と記す。このように石城と川の舎はいろいろな語彙《ごい》について深く研究していた。

この部屋にもぬれ縁が障子の外に見え、そこは座敷のようである。石城が潜り込む櫓こたつの向う側には小さな子どもがいる。その名は石之助《いしのすけ》と記され、川の舎の息子であろう。この日の事を翌日の絵日記につぎのように記す。

「**十一月朔旦《さくたん》（一日の朝）　乙酉《きのととり》**　雨。（前略）昨夜、川の舎にて雑談の序、奥の字の事に及ひ、音と訓との別、早速しれかねしま々今日玉篇を閲《えつ》す、右の如し。（以下略）」

石城は川の舎宅に酒宴に招かれることもあった。

「**正月十二日　乙未《きのとひつじ》**　午前、川の舎来りて一寸参《ちよつとまい》るへしとの事ゆへ同道《どうどう》なせしに。一盃酌へしとて両人巨燵《こたつ》に相対し酌《しやく》後、主人酔臥《よいふ》すゆへ予も辞し、夫《それ》よりまた大蔵寺に遊ふ」

その風景が図45である。櫓こたつに石城と川の舎が向かい合い酒を飲んでいる。今日の料理は「湯とうふ、しゃけ、煮こゝり、やきもち」と記す。川の舎の室は右手の丸火鉢で餅を焼く。子どもたちも餅をせがみ、石之助はその餅を頬ばっているようにも見える。こたつの横に今日の料理が用意されている。角火鉢には鍋がかかり、そこで湯豆腐を茹《ゆ》でて

図45　川の舎宅での夕食

いるのであろう。また木具膳の皿には鮭と煮こごりが盛られているようだ。それは、魚の切り身を煮込んだものを冷やし固めた料理のことで、寒いころはよくしたという。酒にめっぽう強い石城には敵《かな》わず、川の舎は先に酔い臥《ふ》してしまった。学問仲間と差し向かえの穏やかな新年の風景である。

**川の舎宅の法要**

石城は法要にも招かれることもある。今日は川の舎宅で父母七回忌があった。そのことをつぎに記す。

「**九月二日　丁亥《ひのとい》**　晴。過日憲明《けんめい》より貰ひしおきさ草うつす。諸書を読む。今日川佐世渡、亡父母七回忌取越《とりこし》（早めにおこなう）のよし夕方より招請有之《しょうせいこれあり》、青山《あおやま》事ハ厨下《ちゅうか》の手伝ひとて終日至る。例客《れいきゃく》（大部分の客）散《さん》して後《のち》、川佐室（家内）迎ひに来り、夜

図46　川の舎宅のお斎

ニ入《いり》ゆく。高垣《たかがき》室、長谷川《はせがわ》お沢《さわ》、青山、予なり。主人の料理美をつくし、頗《すこぶる》酩酊《めいてい》（ひどく酔う）、台引《だいびき》菓子折《おり》めくまる。かへりてそのまゝ打臥す」

今日は比較的暇なようだ。庭に出て龍源寺の若和尚の憲明からもらった「おきさ草」を移し替え、いろんな書物に目を通す。そして夕方より学問仲間の川佐（川の舎）宅での法要に行く。父母同日の法要であり、亡くなった日はちがうが、同じ年であったのでいっしょにするのであろう。法要は寺ではなく家でおこなったようだ。それが終わって多くの参拝客が帰り、夜になって手伝ってもらった人や親しい者だけに料理と酒がふるまわれた。葬儀や年《ねん》忌《き》法要の後に参会者へのお礼と故人を偲《しの》んで食事を出すが、それを「お斎《とき》」という。それが終わっての二回目のお斎であった。その風景が図46である。部屋は座敷のようだ。右手に床の間が見え、そこに家紋入りの鎧櫃《よろいびつ》二つが置かれている。その床柱には花瓶を入れた竹籠《たけかご》が掛けられ、そこに花を生けている。戦闘用の武具と生け花とは不釣合いであるが、もはや戦闘用具を着《つ》けることのない平和な時代であるので、鎧櫃は家の象徴や飾りにしているのであろう。

宴《うたげ》には、石城（襄山）に加えて中級武士の青山又蔵《またぞう》と手伝いの婦人二人がいる。その高垣おいたとは高垣半助《はんすけ》の家内、長谷川お沢とは長谷川常之助《つねのすけ》の家内である。ともに石城の友人で極貧の下級武士である。この三人は朝早くから手伝いに駆けつけていた。とくに青山は終日台所に入って主人（世渡）の料理をつくる手伝いをしたらしい。石城は、今日の料理は主人がつくったものであり、きわめて美味《おい》しかったと記す。このように江戸時代の武士は中下級ともに台所に入って料理をつくり、そのことを結構楽しんでいた。

主人の川の舍が飲みながらくつろいで坐り、その向かいで川の舍の室（家内）が石城に酌をする。彼は何も手伝わなかったが、「美をつくした」主人の料理にご満悦の様子。その料理は非常に大きな平膳の上にたくさんの刺し身を並べた大皿があり、そのそばにもさまざまな料理が盛られた大皿二つがある。そしてその横に置かれた燭台《しょくだい》も風流なかたちである。襖《ふすま》の向こうからは子どもの石之助たちがにこやかにこちらを覗《のぞ》く。

石城はすこぶる酩酊《めいてい》し、台引（台引き物）、すなわち参会者の膳に添えられた土産物《みやげもの》の菓子折を持ち帰り、そのまま打ち臥してしまう。

## 川上宅の酒宴と赤犬

四月になっても石城は忙しい、この日も寺と土屋宅を駆けめぐり、その後、下級武士仲間の川上《かわかみ》宅を訪れる。

「建巳《けんし》月《げつ》（四月）九日　辛酉《かのととり》　晴。今日、天祥寺《てんしょうじ》の納所《なっしょ》（寺務を行なう和尚）祖徒《と》弟普《ていふ》伝出立《でんしゅったつ》の由《よし》ニて早朝より来る。右、留別《りゅうべつ》（旅立つ人が後に残る人に別れを告げる）とてさけはしまる。見送《みおくり》の人々会《かい》す。午後出立。龍源寺も見送りニ同道。予、宿酒《しゅくしゅ》（二日酔い）ニてたへす（堪《た》えられず）、七碑（四時）まで仮寝《かりね》す。夫より土屋に遊ふ。同所にて夕食出《で》つ。大根おろし。夫より川上ニ至る。一条相談。今日ハさけニて肴魚なしとて、奴とうふ、海苔《のり》やきて酒出たるに、夜ニ入り、近隣よりあさらけき（鮮《あざ》らけし＝新鮮な）赤貝送り来る。幸なりとて夫《それ》と料理し、また興《きょう》を添《そえ》て酌《しゃく》。此《この》室と江都《えど》（江戸）の事とも物語し、夜の更《ふけ》るもしらす、九ツ（一二時）ニ至りて辞しぬ。

　思ひくま（思ひ隈《くま》＝思いやり深い）の人は中〳〵なきものを、
　　あわれに犬の恩をしりりける。

と古人の詠《うた》（詩歌）あり。此宿《このやど》にも赤犬の大きなるを飼置《かいおき》、予、かたハら（側）迄もすゝみ入りて家人《かじん》のことし」

今日は天祥寺和尚の弟子普伝が旅立つ日である。早朝から大勢の人たちが寺に駆けつけ、酒で送別会を開き普伝を見送る。その風景が図47である。寺の風景については後でまとめ

図47　天祥寺の壮行会

てのべるが、ここではそのひとこまを紹介する。集まった人びとの中には馴染《なじ》みの大蔵寺や龍源寺の和尚もいる。宗派はちがっても和尚たちは日ごろからよくつき合い、仲がよかった。そして石城のほかに三人の武士らしき人もいる。石城は真ん中に置かれた料理の鉢盛りのそばで、これから旅立つ普伝に励ましのことばをかけているようだ。普伝は草履《ぞうり》をはく準備をしながら石城のことばに聞き入っている。このように江戸時代の若い僧侶《そうりょ》は托《たく》鉢《はっ》して人に食を乞《こ》い、そのお礼に説教をして極楽往生を祈る旅をした。いわゆる乞食《こつじき》の修行である。それはまた食べ物をつくる労苦を思うという受食《じゅじき》の修行でもあった。その若き僧侶を寺人だけでなく武士たちもいっしょに見送る。そこに当時の寺と彼らとの親密なつながりがうかがえる。

ところで昨日の四月八日は浴仏日すなわち

図48　川上宅の酒宴と赤犬

花まつりであった。それは釈迦《しゃか》の誕生を祝う行事である。石城は花まつりの寺でかなり酒を飲み、さらに友人とで料亭に繰り出した。よって今日は二日酔いである。彼は調子が悪く四時ごろまでその寺で仮寝し、その後土屋宅で夕食をよばれている。絵日記には大根おろしと書いているので、その日は質素な夕食であった。そしてその後、ある相談のために川上宅を訪ねるが、そこでまた酒をよばれる。

その風景が図48である。この川上豊太郎《ほうたろう》もまた一〇人扶持《ぶち》の下級武士であった。ところがあいにく酒の肴《さかな》（料理）と魚がないので、奴《やっこ》豆腐と海苔《のり》を焼いて酒を酌みかわす。ちょうどそこへ思いがけず近隣から新鮮な赤貝が差し入れられた。それを川上の室がただちにまな板を持ち出し料理する。

そばにはゆったりと坐る飼い犬がその様子を眺めているが、この犬の表情が何ともいえない。耳は垂《た》れ、顔は面長で毛は赤く、その図体《ずうたい》はかなり大きく、年老いているようにも見える。犬の名前は福《ふく》と称するが、それも縁起がよくていい名だ。石城は年老いた犬と畳の上でいっしょに暮らすこの夫婦を思いやり深く、心優しい人だと記す。昨年に行っていた江戸のことを語り合いながら川上夫婦との宴は夜遅くまでつづいた。

# 五　中級武士の友人宅の風景

石城《せきじょう》は下級武士仲間だけではなく中級武士たちとも親交が深く、彼らの家にも度々招かれる。上書《じょうしょ》して藩重役の逆鱗《げきりん》に触れるまでは一〇〇石取りの中級身分であったから、そのときからのつき合いであろう。下級武士に下げられても身分のちがいに関係なく友情はつづいていた。ここではそれらの風景をみてみよう。

## 奥山宅の大黒天まつり

今日一一月四日は子《ね》の日である。夕方、奥山《おくやま》の家ではその初子《はつね》を祝う大黒天《だいこくてん》まつりが開かれた。当時、一一月最初の子の日は初子として武士商人などが大黒天を祝ってきた。もともと大黒天とはインドヒンズー教のいかめしい神であったが、密教の大黒天として変化し、それが日本に伝わる。その後、神道《しんとう》の大国主命《おおくにぬしのみこと》と神仏習合して柔和で穏やかな大黒天になったとされる。その大黒天とは北方の神とみなされ、北は一二支で子に相当する。また大黒天の神使《かみづかい》はねずみ（子）とされる。このような関係から子の日に大黒天を祝うようになったという。

奥山治兵衛《ちへえ》は御馬廻役《おうままわりやく》一一〇石の中級武士である。八一ページにのべた一一月四日の絵日記の中で、午前に岡村宅を訪ねたとき、奥山宅へいっしょに行くことを約束していたが、夕方になって髪結いをし、身なりを整えて行く。その日の絵日記の後半にはつぎのように記す。

「十一月四日　戊子《つちのえね》　晴。（前略）今夜、初子とて大黒天のまつり、主人鶏肉を料理せし所へ至る。甫山《ほやま》先ニあり、夫ゝ《それぞれ》さけ。家内、打寄《うちよせ》（近寄ってきて）にきゝし（聞きしは）甫山先にかへる。予にハ主人の用事ありとて一宿《いっしゅく》と定む。後《のち》、世川《せがわ》氏来会。久ゝ《ひさびさ》（久し振り）にて面す。日蓮大黒のうつし譲候事《ゆずりそうろうのこと》に約ス。折《おり》から興《きょう》に乗《じょう》して今夜の会合を祝し、永慶《えいけい》。

はからすも（図《はか》らずも＝思いがけず）初子《はつね》のきふの（今日の）酒盛《さかもり》ハ箸《はし》とるからにくらふ（食らう）とり鍋。はからすも藪鶯《やぶうぐいす》（冬の鶯、藪の中で笹鳴きする）の時を得て、きふの初子にあそふ（遊ふ）嬉しさ。
座右《ざゆう》（近く）の大黒天の前に大福帳あり、ひらき見しに甲子毎（甲子の日、六〇年に一度、その日も大黒天を祀った）の入用しるせし也《なり》。予、筆をとりて興す。

十一月四日、初子、快晴。今夜会集《かいしゅう》し福人《ふくびと》。世川作之丞《さくのじょう》、岡村《おかむら》（甫山）荘七郎《そうしちろう》、尾崎《おざき》隼之助《はやのすけ》。世川氏、後必可積万金。尾崎氏、必不得千金。岡村子《し》（氏）、得大華可得酒色財者也。（世川氏は後に必ず万金を積む、尾崎氏は必ず千金得ず、岡村氏はよい花嫁を得て酒色財をなす者なり）

噫盛哉奥山之知己相駢皆得富貴奥山之富又可知也。（ああ盛んなるかな奥山の友人、相ならんで皆富貴を得る、奥山の富み、又知るべくなり）
主人も大笑〳〵、大黒天にハいまた（今だ）神酒《みき》も参らせすなと、いはるゝ事のおかしく又かくなん（このようにして）。

大黒に申上ます。あなたより尾崎にさけを呑《のま》し由《よし》なり。

図49　奥山宅の大黒天まつり

皆々酔臥ス」

まつりの部屋は座敷であろう（図49）。石城の作とみられる大黒天の軸絵を障子に掛け、その下の文机《ふづくえ》には花や供《そな》え物の魚、お神酒などが置かれている。その前に大福帳があるが、それに出席者の氏名と祝い文などを記帳する。主人の奥山（笹ノ屋と記しているが、それは屋号であろう）とその室が皆に料理と酒を勧めている。岡村はすでにきていたが、すぐ後から下級武士の世川作之丞もやってくる。さらに奥山の養子捨二《すてじ》郎《ろう》（捨次郎）が赤子を抱え、そのそばには彼の女房（新室）とすこし大きくなった幼児もいる。それに釜助《かますけ》という子どもが石城（襄山《じょうざん》）のすぐ後ろにくっつくようにして坐り、美味《おい》しそうに料理を食べている。この子は石城が連れてきたのであろう。さらに右端には飼い猫がちょこんと坐っている。

今日の料理は「鶏ねき、ゆとうふ、すたこ、したし、にしめ」と記す。鶏ねきとは鶏肉とねぎをまぜて煮込んだのであろう。座の真ん中に置かれた鉄鍋でそれをしているようだ。鶏肉はこのような祝いの酒宴でなければ滅多に食べない。また豆腐はふだんにもよく食べるが特別の日にも食べ、当時の食卓に欠かせない食材であった。それに酢蛸《すだこ》とおしたし（おひたし＝菜などを茹《ゆ》で合わせ、醬油《しょうゆ》をかけた料理）もある。たこは当時は魚とともに酢だこととしてよく食べられていた。

石城は今夜の宴《うたげ》がとても楽しかったのか、得意の即興文を大福帳に記しながらそれを皆に披露し、それに奥山たちが大笑いする。猫も参加するにぎやかな初子の大黒天まつりであった。

## 奥山養子の出立

石城は大黒天まつりで酔い臥《ふ》すが、奥山の彼への用事もあってその日は奥山宅に泊まる。そして翌日の朝は、奥山養子の捨二郎が皇女和宮《かずのみや》の熊谷通輿《くまがやつうよ》の警護に出立するので、そのための衣類や装備の準備を手伝うことになる。図20でみた義弟進《すすむ》の出立は一一月八日であったが、それより一日早い七日の出立である。そのことをつぎに記す。

「**十一月五日　己丑《つちのとうし》　晴。**弥《いや》（いよいよ）当十二日、当地和宮様御通輿ニ付、出張の面々（各々に）来ル。七日ニ出立ニ及《および》ニ付《つき》、諸方《しょほう》大混雑。右ニ付奥山氏ニも義子《ぎし》出立ニ

図50　奥山養子の出立準備

付、着込《きごみ》（上衣の下に腹巻、鎖帷子《くさりかたびら》などを着て武装する）の新工夫出来。夫《それ》と今日中ニ仕立《したて》、右手伝ひ、朝より針をとりてあやつるハ、側《そば》にありて鎖をつなき鉢《はち》巻創《まきそう》す。皆々多用。夫より三尺の紋挑灯《もんちょうとう》（提灯《ちょうちん》）の印手札《いんてふだ》（印の入った名札）したゝめ（準備し）薄暮ニ至る。主人かへり来り、鶏肋《けいろく》あまれるをたゝきなとし（叩いて）、夕より又々さけ。今夜も大酔して又一宿す。朝食とうふ汁、さけ、午《ご》飯《はん》里いも、大こん、あぶらけ」

和宮の一行は一二日に熊谷宿を通るのであった。その警備のために捨二郎は五日前に出立する。中下級武士のかなり多くがそれにかかわったようであり、その様子を「諸方（あちこち）大混雑」と記す。長い間平和がつづき、戦闘装備を着ることもなかったので、各家はその準備におおわらわであった。

図50をみれば、石城（永慶）がぬれ縁で針を通して鎖のついた鉢巻きをつくる様子が描かれている。それは刀の攻撃から頭を守るためであった。すでに上衣の下に付ける腹巻や鎖の付いた帷子《かたびら》（単衣《ひとえ》の着物）もできていた。さらに家紋入り提灯の印入り名札も準備す

るが、それは大勢の武士が集まるので、自分の提灯を取りちがえないためであろう。またその提灯は高さ三尺（約九一センチ）もある大きなものであった。図20でみた義弟進が出立するときに雇った農民の若党が持っていた提灯は小さく、一尺（約三〇・三センチ）ほどである。おそらく身分が高いほど提灯も大きかったのであろう。新室も夫の無事を祈りながらも不安そうな表情で衣類の支度をしている姿がいじらしい。

その準備作業は夕方までかかったが、そのころに主人（捨二郎）が帰宅し、昨日の酒宴に出した鶏の肋骨《ろっこつ》を砕く。軟骨であるので、それを出し汁、または煮たりして食べるのであろう。挿絵の左には大きなはさみのようなもので肋骨を砕く姿が描かれている。その主人を宇作《うさく》と記しているが、それは字《あざな》か別称であろう。この日は朝から奥山宅で食事をよばれている。その朝食は豆腐と酒、昼飯は里芋、大根、油揚げの質素な内容であった。

そして夕方にまた酒宴となる。この宴会の主役は石城のようだ。その風景が図51であり、部屋は座敷である。ぬれ縁の向こうには飛び石を敷いた庭が広がり、その奥の方に松の木が植えられ垣根もある。そして今夕の料理も豪華だ。その内容は「芹《せり》したし、大根里芋煮附、酢たこ、鶏ねき鍋、ふりさしミ、ゆとうふ、からし茄子、きくえ、人参」と記す。芹したしとは芹のおしたしのことで、ふりさしミとは鰤《ぶり》の刺し身のことである。まぐろの刺し身もよく食べられたが、刺し身は宴会にはなくてはならない料理のようだ。奥山（ささのや）とその室、養子の宇作（捨二郎）とその室、それに桜井《さくらい》と称する人の妹まで参加して石城（永慶）を歓待する。

図51　奥山宅での酒宴

石城はこの日もまた奥山宅で泊まることになる。何というおおらかさであろうか。泊まる石城もそうであるが、泊める側の奥山の家族もそうである。世はしだいに騒然とする幕末であるが、この小さな地方城下町においては、このような武士たちの親密な触れ合いと交流の中で時はゆっくりと流れていた。

### 奥山宅の縁日祝い

奥山宅での酒宴は大黒天まつりのような日だけでなく、季節の節目にもおこなわれ、石城もそれに招かれた。翌年二月の絵日記にそのことが記されている。

「二月十一日　甲子《きのえね》　晴大風。朝より認物《したためもの》なす。今日甲子ニ付《つき》、兼而《かねて》ハ横市《よこいち》、甫山同道ニ而《て》奥山へ至るの約なりしに、八碑（二時）後、横市一人来る。甫山用事ありとの事也。則、同道ニて至る。途《と》、さけ一升命ス。主人大悦《たいえつ》（大いに喜ぶ）にて夕方よりさけはしまる。夜ニ入《いり》、予、市太郎《いちたろう》両人ニて歌舞し、近隣の室たち来る。昨年中世川氏ニ、予、家に持せし日蓮うつしの大黒天ゆつるへしと約せしゆへ、今日持《じ》しゆきしに、幸、近隣に参り居るとの事ゆへ招きしに大酔にて五ツ（八時）過より来る。予も大酔し打臥す。市太郎独《ひとり》帰る」

今日は奥山宅での甲子《きのえね》の祝いである。それは六〇日に一度やってくる最初の干支《かんし》（えと）にあたり、縁日《えんにち》とされた。石城と友人の岡村（甫山）、横市（横山《よこやま》市太郎）が招かれたが、三人とも下級武士である。ところが奥山は一〇〇石取りの中級武士である。厳格な身分制の封建社会といわれてきたが、実際にはこのように身分を越えた日常的な親交があった。

その風景が図52である。三人がくる予定であったが、岡村が用事でこられなくなり、石城と横市の二人で参加する。夕方より、ご満悦な主人の奥山（笹ノ屋）の音頭でさっそく酒が始まる。今夜の酒宴も豪華だ。絵日記には「さしミ、吸物、鮒《ふな》大根煮付、すきミおろし、ゆとうふ」と記す。平膳の上の二つの大皿には鮒大根煮付と刺し身がふんだんに盛られ、それを銘々の取り皿に入れ、それを食べながら酒を酌み交わす。その酒は奥山方に行く途中で石城たちが買ったものだが、ただ酒ではやはり気がひけたのであろう。

やがて酒宴は盛り上がり、石城と横市は歌いながら踊りだす。石城が扇子を手にして歌い始め、対面する横市が広げた扇子を口にあてながらうなり出す。そこへ近隣の室たちも

図52　奥山宅の甲子縁日の祝い

加わる。この日もまたにぎやかな夜の宴であった。

ところで石城のすぐ後ろには釜助という子どもが神妙にいる。彼は図49に見る一一月四日の奥山宅での大黒天まつりでも、やはり石城のすぐ後ろにちょこんと坐って美味《おい》しそうに料理を食べていた。絵日記には彼の素性をうかがう記述はみられない。石城は貧しい少年の元太郎《げんたろう》、そして独り暮らしのお俊《しゅん》などを日ごろから何かと面倒をみているが、この釜助もそうかもしれない。

石城はこの日もまた奥山宅に泊まることになる。酒宴の最後まで飲んで踊っていたのであろう。翌日の絵日記にはつぎのように記す。

「二月十二日　乙丑《きのとうし》　晴。昨夜、奥山に一《いっ》宿《しゅく》しぬ。起《おき》いてゝ拝畢《はいひつ》。主人また酒あたゝめて出す。予も心ほっして（欲して）酌《しゃく》。

むきミ、三ツ葉の羹《あつもの》、菜ひたし、豆腐汁、塩辛なとにて打興《うちきよう》したる。折《おり》から此隣《このとなり》なる佐《さ》藤甚三郎《とうじんざぶろう》入来《いりき》。同人またさけとそは粉を持《じ》ス。これ佳肴《かこう》（よい肴《さかな》）なりし。速《すみやか》に製して終日の宴《うたげ》に及《およ》ハんとせしか。（以下略）」

朝から奥山が温めてくれた酒と料理で宴となる。そこへ、となりに住む佐藤甚三郎がやってきたが、かれは一三人扶持《ぶち》の下級武士である。このように中級武士と下級武士の家がとなり合っているところは、図8の城下町図を見ると所々にある。そこでもまた身分のちがいにこだわらず、互いの家を行き来していた。甚三郎は酒と蕎麦《そば》粉を持参したが、それをただちに製して宴はさらに盛り上がった。ところで朝の料理の三ツ葉の羹とは、三ツ葉を入れた熱い吸い物のことである。香りのよい三ツ葉は当時からよく食べられていた。

図53　奥山宅での朝食

図53の挿絵をみると、奥山（笹ノ屋）がにこやかな表情で酒を勧めている。そのとなりでは、室（奥山の家内）が何かを包丁で削っているように見えるが、それはだしに使う鰹《かつお》節《ぶし》であろうか。隣人も参加した和気あいあいの朝の宴《うたげ》の風景であった。

## 津田宅の引き移り

つづいてその絵日記にはつぎのように記す。

「今日ハ津田《つだ》の引移《ひきうつ》りなり。参《まい》らすハ有《ある》へからすと申《もう》スに甚三郎と予とまた近つきとして行《いき》へしとの事也《ことなり》。時未《ときいまだ》はやし（早し）。夕方然《しか》るへしと申《もう》せにも肯《こう》す。早く酒肴を持し、服（着物）を改め来るゆへ、予も主人に辞して津田に至る。時《とき》八ッ（二時）頃なり。いまた繁雑にてさけ呑《のむ》へしもあらぬハ佐藤も手もちなくしてかへりぬ。中村《なかむら》の宅へ始て至る。夕暮、皆《みな》と強《こわ》めし出《で》つ。夜ニ入《いり》、風呂に浴し夫《それ》より各《おの》〱さけ出つ。五ッ半（九時）過《すぎ》、皆〱辞するゆへ左右助、喜春《よしはる》、弓之助《ゆみのすけ》と共にかへり、途《と》、土屋《つちや》に遊ふ。笹岡《ささおか》、岡村（甫山）、越智《おち》外《ほか》に羽生《はにゅう》より参りし婦人共《ども》、四ッ目やのおよしをりて大《おおい》に賑《にぎ》ハし、九ッ（一二時）過ニ至りてかへる」

友人の津田が近くに引っ越してきた。彼は寄合衆一〇〇石取りの中級武士であり、石城とも親交が深い。石城と甚三郎はともに挨拶に行くことを約束し合う。ところがまだ早いので、甚三郎は祝いに持って行く酒、肴《さかな》の用意と着物の着替えのために家に帰る。そして奥山宅を辞して二時ごろに挨拶と祝いに駆けつけた。しかしまだ荷物が片づいておらず、祝いもまだ始まってないので一旦家に帰り、夕暮れにまた出かける。やがて祝いが始まるが、その風景が図54である。

そこには大勢の人びとが集まっていた。弟の進もおり、それに親友の岸《きし》左右助、加藤雄《かとうゆう》

図54　津田宅の引き移り

助《すけ》たち、さらに手習いを教えている津田の子どもの小弥太《こやた》などがいる。挿絵の左にはお銚子を持って皆に酌をする婦人が描かれている。それは日ごろから何かと面倒をみている寺嶋《てらしま》元太郎の母おすかである。彼女は女手ひとつで二人の子どもを育てているようだ。もちろん町人である。この家族はすこぶる貧窮し、そのために母のおすかは食うに困らないように子どもを出家させようと龍源寺《りゅうげんじ》の和尚に相談している。もちろん石城もそれに一役買うことになる。そのことは寺の風景のところで詳しくのべる。

それにしても、このおすかが中級武士の引っ越しに駆けつけ、台所まで入ってその祝いの手伝いをしていたことは、日ごろの町人と武士たちとの密接

図55　津田宅での食事

なつながりを物語る。また右端にいる坊主頭の男は寺人であろう。このような武士の引っ越しにも大勢の武士たちに加えて町人や寺人たちも協力していた。

　絵日記には、夕暮れにまず「強《こわ》めし」が出たと記す。それはもち米を蒸したもので、いわゆる「おこわ」である。それは祝いのときの初めに出される食事であった。夜になって皆々は風呂に入り、その後に酒宴が始まる。その料理は「鯉昆布吸物、さしミ、にしめ、そは」と記す。

　祝いが引けたのは九時過ぎになっていた。石城は左右助ら三人といっしょに帰るが、道すがら土屋宅に立ち寄る。すでに笹岡、岡村、越智のほかに、ここから二里（約八キロ）ほど離れた羽生からきた婦人たち、それに熊谷宿の四つ目屋の女将およしもきていた。この城下町の一角にある武士の家は、行灯《あんどん》のほのぼのとした明かりが障子に映り、その中では大勢の武士町人たちの賑やかな語らいと笑い声が深夜の一二時過ぎまでつづいていた。

　石城は津田が近くに引っ越してくる前の家にもよく招かれていたようだ。絵日記は昨年の六月にさかのぼる。

「**六月廿四日　辛巳**《かのとみ》。金鶴白鶴着色はしめ、外ニ扇子壱本したゝむ。午後津田へまねかれ、酒飯のもてなしにあつかる」

何の集まりかは記していないのでわからないが、図55をみると、そこに石城（襄山）と半助、加藤雄助の三人がいる。半助とは高垣半助であり、加藤雄助と同じく下級武士である。それぞれ銘々膳で食べているこの部屋は座敷であろう。その向こうの部屋には長火鉢があり、茶の間とみられる。座敷と茶の間との間の仕切りは細かい竪《たて》格子でつくられた透かし戸になっている。これは夏の通風のための障子であり、冬には板戸か襖《ふすま》に取り替える。このように夏と冬で障子を替える住み方は奥に細長い町屋で広く普及したが、武士の家でも用いられていた。

## 津田宅の福引

引っ越し前の津田宅では福引もおこなわれた。当時は武士でも頼母子講《たのもしこう》をしていた例はあるが、寺社などでよくする福引を自宅で催すのは珍しい。そのことをつぎに記す。

「**正月十一日　甲午**《きのえうま》　**晴**。大蔵寺にて掃除し、朝食を喫するとて残酒を酌。左右助、倉二郎《くらじろう》来りて今日津田にて福引催し有《あり》との事なり。一人分弐百宛也《あてなり》。其群《そのむれ》に入るへしと約ス。川ノ舎用事ありて来る。本見料《ほんけんりよう》（占い料金）、宮崎より弐百四十文受取《うけとり》、右を左右助に遣《つかわ》ス。午後、家に帰り、夫《それ》より龍源寺へ年礼《ねんれい》（年始あいさつ）に至る。和尚在宿ニて、夫よりさけあたゝめ両人にて酌、いろ〳〵物語す。夕暮に至り大蔵寺会し、今より津田へ至るへしとの事なり。また〳〵さけに及ひ、五ッ（八時）後、津田へ至りしに、最早《もはや》くし（くじ）畢《おわ》りて大勢居れり。我《わ》か酔《よい》にたへす、早々辞しかへりて飯を食し臥ス」

昨日も大蔵寺にて保寧《ほねいじ》寺の和尚を含めた六人で酒宴をしたが、今日も朝から大蔵寺に行って掃除を手伝う。その後にまた昨日の残り酒で和尚とふたたび飲み交わす。そこへやってきた親友の岸左右助らから今日津田宅で福引があることを聞き、一人分二〇〇文（約三二〇〇円）のくじに参加することを約束する。石城はちょうど宮崎より占い料二四〇文が入ったので、それを左右助に渡した。午後になって近くの龍源寺に年始に行き、そこで和尚と酒を飲み、夕方になって、いよいよ津田宅へ出かけようとしたが、またまた大蔵寺の和尚と出くわして酒を飲む。そしてその和尚を連れ出して津田宅に行ったところ福引はすでに終わっており、参加者たちは酒やお茶を飲んでいるまっ最中であった。その風景が図56である。

座敷とみられる部屋には、何と二五人ほどの大勢の人びとが押し合いへし合いして集まっていた。そこからは、むんむんとした熱気のようなものが感じとれる。その中には妹の邦子《くにこ》もいた。挿絵に見るその姿は、人びとの真ん中のやや右よりに坐る石城に当たりくじの結果を告げているようだ。赤子のおきぬをおんぶして立ったくましい女の姿である。そして石城の前と後ろには、料亭山本《やまもと》屋の後家《ごけ》女将《おかみ》とその娘、その右横には先ほどまでいっ

図56　津田宅での福引

しょに飲んでいた大蔵寺の和尚、その向こうには寺嶋元太郎の母おすかもいた。ほかにも料亭の女らしき吉田《よしだ》お安《やす》、下級武士中嶋春三郎《なかじまはるざぶろう》の娘も右の辺りで楽しんでいる。

一方、男たちを見れば、石城宅での酒宴の際に彼に命ぜられて必死に田楽を焼いていた長谷川常之助、それに大蔵寺手作の良啓《りょうけい》もいた。もちろん親友の岸左右助や加藤雄助などの武士たちも大勢いた。左端には主催者の津田が福引に使った紐《ひも》のようなものを垂らし、それを紐解いているのは空くじに終わった人が残念そうな思いでそれを再確認しているようだ。集団の右端には、津田の室らしき女が長火鉢のそばでにこやかに皆と話し合っているように見える。

図57　青山宅での食事

福引が終わり、酒とお茶が出て、皆の楽しそうな語らいがいつまでもつづく津田宅の夜の風景であった。ここでも愉快なのは、そこに武士たちだけでなく、彼らの家内や娘たち、それに寺の和尚や町人たちも大勢参加していることである。まさしく身分の垣根を越えた交わりであった。

**青山宅の豪華な酒宴**

石城は一〇〇石取りの中級武士青山又蔵とも親交が深い。図57は彼に招かれて二人で酒宴をしている風景である。その期日は記していないが、絵日記の挿絵の位置からみて六月二五日から三〇日の間である。

二人は平膳の料理を前にして庭を見ながら語り合い、その左には青山の家内がお銚子に酒を注《つ》ぎ足す。右手には可愛い孫とたわむれながら母も参加している。家族ぐるみのもてなしである。そして手前に長火鉢があることからそこが茶の間とみられ、その向こうに書物や硯《すずり》、筆を置いた文机《ふづくえ》があり、そこが書斎に使う座敷とみられる。座敷と茶の間はつづきになっているようだ。それぞれの部屋にはぬれ縁があって、緑豊かな庭とつながっている。

石城は新年にも青山宅に招かれる。そのことをつぎのように記す。

「**正月十三日　丙申《ひのえさる》　快晴**。八碑《はちひ》（二時）後、青山来りて、只今より来候《きそうろう》ハるへし。麁《そ》酒《しゅ》（粗末な酒）まいらせん（差し上げる）との事也《ことなり》。外《ほか》、川ノ舎、井狩《いかり》との事ゆへ、川佐同道にて来る。ていねいのもてなし、折《おり》からすし売の声なせしをよひ（呼び）込み、食ス。是《これ》につき井狩興《きょう》あり。主人はしめ歌舞《かぶ》し、四ツ（一〇時）過《すぎ》に至りてみな〳〵辞す。川ノ舎ハ外《ほか》に立寄《たちよる》との事ゆへ、予も土や方に至る。甫山、笹岡あり、九ツ（一二時）過帰る」

今日の料理は「雉子鳩《きじばと》、松茸《まつたけ》、三ツ葉、吸物、煮肴《にざかな》一皿、鶏午房《にわとりごぼう》いりつけ、菜《な》玉子とち、湯とうふ、稲荷すし、すしいろ〳〵」と記し、多彩で豪華なものであった。その雉子鳩とは雉子ではなく山鳩のことであり、それを煮たり焼いたりして古くから食べていた。また「鶏午房いりつけ」とは炒《い》り付《つ》けともいい、鶏肉と牛蒡を水気がなくなるまで煮たものである。そして「菜玉子とち」とは菜玉子綴《と》じ、すなわち汁気の多い菜の入った煮物に鶏卵を溶いて流した料理のことをいう。本当にいろいろな料理が江戸時代に食されていた。とくに雉子や雉子鳩は滅多に口にすることのない貴重な料理だ。

その酒宴の風景が図58である。ちょうど寿《す》し売りの声がしたので呼び入れてそれを買う。寿し売りは七段ほどの大きな重箱に寿しを入れて声をかけながら歩いていたのであろう。江戸時代にこのような寿し売りがいたことは興味深いが、それはにぎり寿しのようだ。それに稲荷寿しもあった。

豪華な料理での酒宴はやがて興に入り、青山が頭に何かを被《かぶ》って歌い踊り、それを母が見て口に手を当てて笑いだす。青山の室（家内）も赤子をねんねこ（綿入れのはんてん）でおんぶしながらの接待である。この日の酒宴も家族総出の歓待であった。

酒宴が引けたのは夜の一〇時過ぎであるが、石城はその帰りに土屋宅に立ち寄る。すでに親友の岡村と笹岡もきており、深夜の一二時過ぎまでそこですごす。この夜も土屋宅は下級武士たちのたまり場となっていた。

## 若林宅の座敷

これまでにみてきたように、さまざまな集まりが武士たちの家でおこなわれていたが、その部屋は茶の間や座敷であった。とくに座敷はふだんは主人の書斎に使い、特別の日の祝いや酒宴、そして何かの寄り合いなど多様な使われ方をしていた。

図59は二月二六日の若林《わかばやし》宅の座敷の風景である。主人の若林八十兵衛《やそべえ》とは御馬廻役一一〇石の中級武士である。この日の二時ごろに友人の津田といっしょに若林宅へある事の相

上より図58　青山宅での正月の宴、図59　若林宅の座敷で酒宴

談に出向くが、そこには若林の叔父《おじ》と叔母《おば》が対応していた。石城の左にいる男（廣馬《こうま》）が津田である。

相談の前に酒が出て、ささやかな酒宴となる。その料理は「菜ひたし、たら、三ツ葉」と記す。酒はこのような堅苦しい相談ごとには欠かせず、場の雰囲気をなごやかにする。季節は梅が咲く仲春《ちゆうしゆん》であるが、まだまだ寒い時期なのに障子が開けられていた。その向こうにはぬれ縁と垣根に囲まれた庭が見え、手入れが行き届いたような築山《つきやま》と松がある。絵日記には「打興《うちきよう》し、夜四ツ（一〇時）過まて物語し、挑灯《ちようとう》かりて帰る」とあり、場はかなり盛り上がって話しがはずみ、その後提灯《ちようちん》を借りて帰宅する。

翌月にも石城と津田は若林宅を訪ねるが、そのことをつぎに記す。

「**三月二十七日　己酉《つちのととり》　晴長閑《ちようかん》（長い暇《ひま》）**。菊花一茎写生。（中略）八碑（二時）半より若林へ至る。津田一条相談、若林にてハ此方《このほう》にて参りける。先方主人いまた来《こ》らす。右の心得も承知いたしたしとの事也。津田ニてハ八十兵衛参り候而《そうろうて》も子供達の詫言《わびごと》をも別に申され左《さ》すれハ、廣馬《こうま》参《まい》り候上《そうろうのうえ》ニて此方も参るへしとの事也。双方、右の次第何ともいたし方なし。夕方よりさけ出て興に入り、四ツ（一〇時）半過《すぎ》に至りて辞してかへる。小冊子二巻、写本一巻、御門札《ごもんさつ》借て帰る」

津田と若林は子どものことで何か難しい問題に直面しているようだ。そのことで津田は石城といっしょにまた若林宅を訪ねた。しばらくその話し合いがつづくが、夕方より酒の宴となった。問題は解決されたのであろうか。終わりの「何ともいたし方なし」のことば

図60　ふたたび若林宅の座敷

に双方相身互いの決着のようだ。

図60は話し合いの後に酒宴となった風景であり、その部屋は前にきた座敷である。間口一間《いっけん》の床の間があり、そこに家紋入りの鎧櫃《よろいひつ》二つが置かれている。まだ平穏な時代であっても戦闘用具を常に備えているところは武士の気概であろうか。前に見た川の舎宅の座敷でも床の間に鎧櫃を置いていた。鎧や槍《やり》などの戦闘用の武具はいざというときのために玄関近くの壁や棚に置くのがふつうであったが、すでに鎧を着けるような時代ではなく、もはや家の象徴や飾りとして置くようになったのであろう。床の間の横は押入れであり、書院も違い棚もなく質素な座敷であった。

この日の料理は「鮫《さめ》につけ、ゆとう

ふ、塩引《しおびき》、したし」と記すが、この内陸の城下町で鮫を食していたとは驚きである。宴は一〇時過ぎにお開きとなったが、石城は御門札を借りて帰る。それはこの武士地への入口にある木戸（門）の出入りができる許可札のことである。夜遅くにはその門が閉まるのであろう。

# 六　中下級武士の住まい

前章までに石城《せきじょう》の自宅や友人宅での暮らしの風景をみてきた。では、武士の住まいの特徴およびそのつくり方とはどのようなものであったか。そしてそれはどのような背景と意味を持っていたのか。本章ではそのことを考えてみたい。中下級武士の住まいは今の戸建の住まいの源流であるからして、それを知ることは、これからのわれわれの住まいを考える上でも大きな意味がある。

## 拝領の住まい

ところで、武士の住まいは藩からの拝領《はいりょう》（領主から賜《たまわ》ること）であった。しかし自分の所有物ではなく、家賃のいらない借家である。住まいの間取り図を指図《さしず》というが、それをつくるのは藩の作事《さくじ》方《かた》（藩によっては屋敷奉行などもあった）とお抱えの大工頭《だいくがしら》である。前もって身分や禄高《ろくだか》ごとに住まいの規模や部屋数、そして座敷と玄関、門の広さなどが決められ、それにもとづいて間取りがつくられた。また住んでいる途中で増改築や建て替えもあったが、それは藩の作事方に届け出を必要とし、藩は家作規制にもとづいてそれを許可し、それにともない木材などの建築資材の一部が支給された。

このように武士の住まいは、今でいえば、家賃のいらない公営住宅か社宅のようなものであったが、その間取りはそれぞれに微妙に異なり、同じ間取りの住まいは一つもない。もちろん長屋ではなく、戸建の住まいについてである。たとえば、弘前《ひろさき》藩の武士の住まいの絵図面一〇六九戸、同じく盛岡藩の六五七戸、そして高遠《たかとお》藩の二六一戸などが残されているが、やはり同じ間取りの住まいは一つとしてない。大工頭が間取りをつくる際に入居予定の武士家族から要望を聞いたからであろうか。また住んでいる途中での増改築も影響したであろう。

拝領された武士の住まいは賃借を禁止されていた。にもかかわらず、その住まいの一部を他人に間貸しをして家賃収入を得たり（飯田《いいだ》藩の例）、また住まい全部を他人に貸して自分はもっと小さな住まいを借りて住み、それらの家賃の差額分を生活費にあてるというちゃっかり武士もいたようだ（仙台藩の例）。

そして下級武士は狭い長屋住まいというイメージがあるが、実態はそうではない。多くは小さいながらも庭付きの戸建であり、藩によっては門と塀も備わっていた。石城は江戸から帰るとすぐに庭の手入れを始めたと記されており、やはり庭付きの戸建であったことがわかる。

## 京都の中下級武士の住まい

江戸時代の武士の住まいについては、それをうかがう史料は非常に少ない。また当時の住まいも今ではその多くが消滅している。石城たちが暮らした忍《おし》藩の城下町においても二戸だけが昭和四〇年ごろまで残っていたが、今はすでにない。そのような状況で、著者はこれまで僅《わず》かに残る全国の武士の住まいを調査してきたので、その一部を紹介し、江戸時代の武士の住まいがどのようなものであったかをみてみよう。

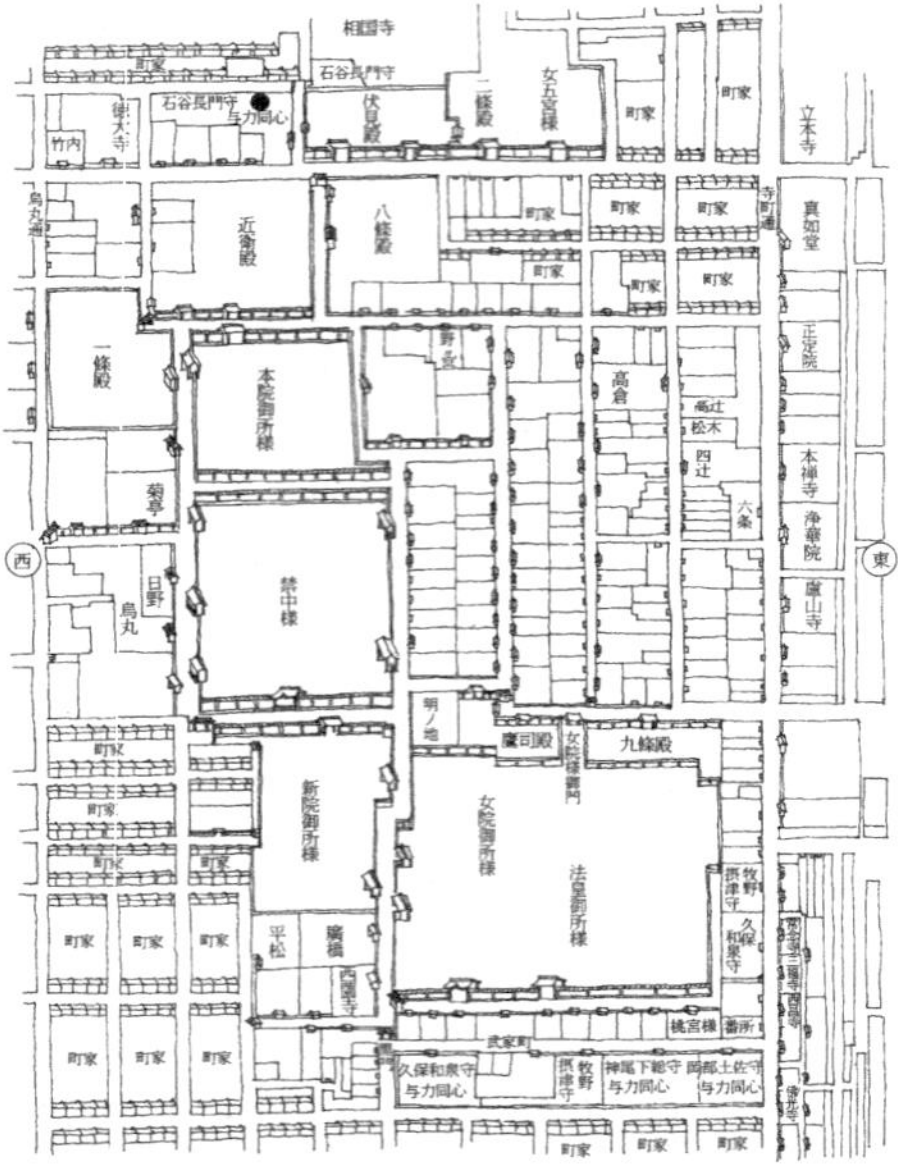


図61　京都公家町（新改内裏之図・1677）

そこでまず、江戸時代初めの中下級武士の住まいであるが、それをうかがう史料は今のところ京都にしか残っていない。その時代の各地の城下町は未整備の段階にあった。寛政《かんせい》二年（一七九〇）に書かれた米沢《よねざわ》藩の史料（管見談）によれば、領主の上杉《うえすぎ》氏が一二〇万石の会津《あいづ》領から三〇万石に大きく減封《げんぽう》されて慶長《けいちょう》六年（一六〇一）に米沢領に移ったときは、城下町も屋敷もまだ整備されておらず、家臣は仮小屋で凌《しの》いだという。九年後にやっと屋敷割りがおこなわれて宅地が支給されたが、そこに建つ家臣の住まいは掘《ほ》っ建《たて》小屋のようで、屋根は藁葺《わらぶ》き、よしずを部屋の間仕切りとし、床は藁と筵《むしろ》を敷いただけの土《ど》坐《ざ》住《ず》まいであったという。おそらくどの城下町もそのような状況であったとみられる。それがしだいに整備され、武士の住まいも建て替えられていくが、そのお手本は京都の街区方式とそこに建つ武士の住まいにあったとみられる。

京都には内裏《だいり》（天皇の御所）を中心とした公家町があり、そこに新しい街区が形成され、武士の住まいも多く建てられた。それまでの内裏は平安京最北の中央にあったが、度々火災に遇《あ》い、南北朝時代に東端にあった里内裏《さとだいり》（仮の御所）に移る。秀吉《ひでよし》時代にその周辺が整備され、一条《いちじょう》以北や南に分散していた公家《くげ》たちをそこに集めた。それを公家町と称した。そして江戸時代初めには、内裏を警護する武士たちが住む武家町もつくられる。

その公家町を図61に示す。その町の特徴は、東西道または南北道の両側に短冊《たんざく》状の宅地が並ぶという長方形街区を形成していたことである。平安時代の一町《ひとまち》（約一二一・一二メートル四方）街区からの大きな変化であった。地方の城下町はそのような京都の街区方式を見倣う。たとえば、三州高岡《さんしゅうたかおか》では「京師ノ町形に倣《なら》ヒ作《つく》ラルトナリ（三州志）」、信州《しんしゅう》飯田では「京都の町割《まちわり》ニ単ニ準シテ竪横ニ小路《こうじ》ヲ割《わる》（飯田万年記）」とある（小野晃嗣《おのこうじ》『近世城下町の研究』）。その意味で全国の城下町はほとんどが小京都であった。

そこでこの公家町に建っていた武士の住まいを中井《なかい》家文書《もんじょ》の指図（間取り図）にみよう（京都府立総合資料館所蔵）。中井家は江戸時代を通して幕府京都御大工頭を務めた。中井家によって作成された指図と絵図は住まいのほかに城郭、寺社、橋、町など多岐に渡る。

図62は公家町の北（図61の●印の位置）に建っていた石谷長門守《いしがいながとのかみ》配下の与力《よりき》の住まいである。与力とは江戸町奉行の補佐役で、禄高は二〇〇〜三〇〇石ほどの中級武士であり、京都では内裏を警護する上級武士の補佐役であった。この住まいは、七戸の与力屋敷が並

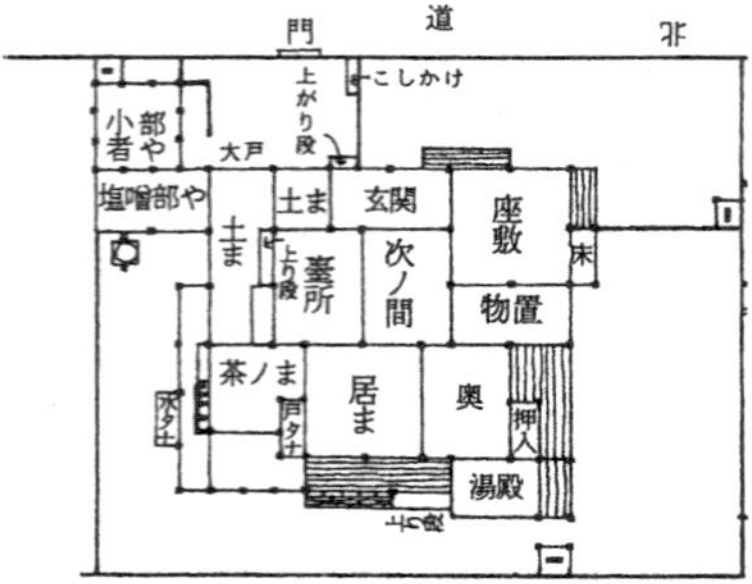

図62　与力の住まい（北入り・26.4坪）

んで建っている中の一つである。その指図には延宝《えんぽう》二年（一六七四）と記しているので、そのころに建てられたのであろう。

広さは二六・四坪と、今の戸建の平均建坪よりすこし大きい。その住まいは北側の道から入るという北入りである。その北門から入ると、西に土間に入る大戸があり、そこから家族が出入りしたようだ。その東には小さな上がり段が外側に付いている。客はそこから玄関と記す部屋に直接上がり、客間の座敷に至ったのであろう。それより以前の室町時代の邸宅は、客は縁に直接上がって部屋に入ったから、しだいに玄関が整えられつつあったことがわかる。座敷は八畳の広さであり、床の間も備えられ、北の庭に面している。すなわち南側ではなく、道側に面していた。便所は客用、家族用、小者《こもの》用の三つがあり、それらは庭の端に設けられている。よって客も家族も庭に一旦下りて庭の端にある便所に用を足しに行く。寒い日や雨の日は大変であったであろう。また湯殿《ゆどの》と記す小さな部屋が南にあるが、それは湯舟に浸《つ》かるのではなく、かかり湯をする浴室であった。

一方、家族の部屋は南の茶の間、居間、奥、物置である。ところで茶の間という部屋がこの時代になって初めてつくられる。今はなくなってしまったが、ついこの間まではどこの家にもあった家族の集まり部屋の源流である。それにまた、この茶の間には四つ穴の竈《かまど》があり、それは茶の間から焚《た》く方式である。図35でみた岡村宅の竈でもそのような方式であったから、その源流ともいえる。

そこで家族はふだんはどこに居たか。まず主人は客間の座敷を書斎に使い、その妻や家族は茶の間やとなりの居間ですごし、寝室は奥や物置といった部屋であろう。茶の間は調理と食事の部屋でもあった。

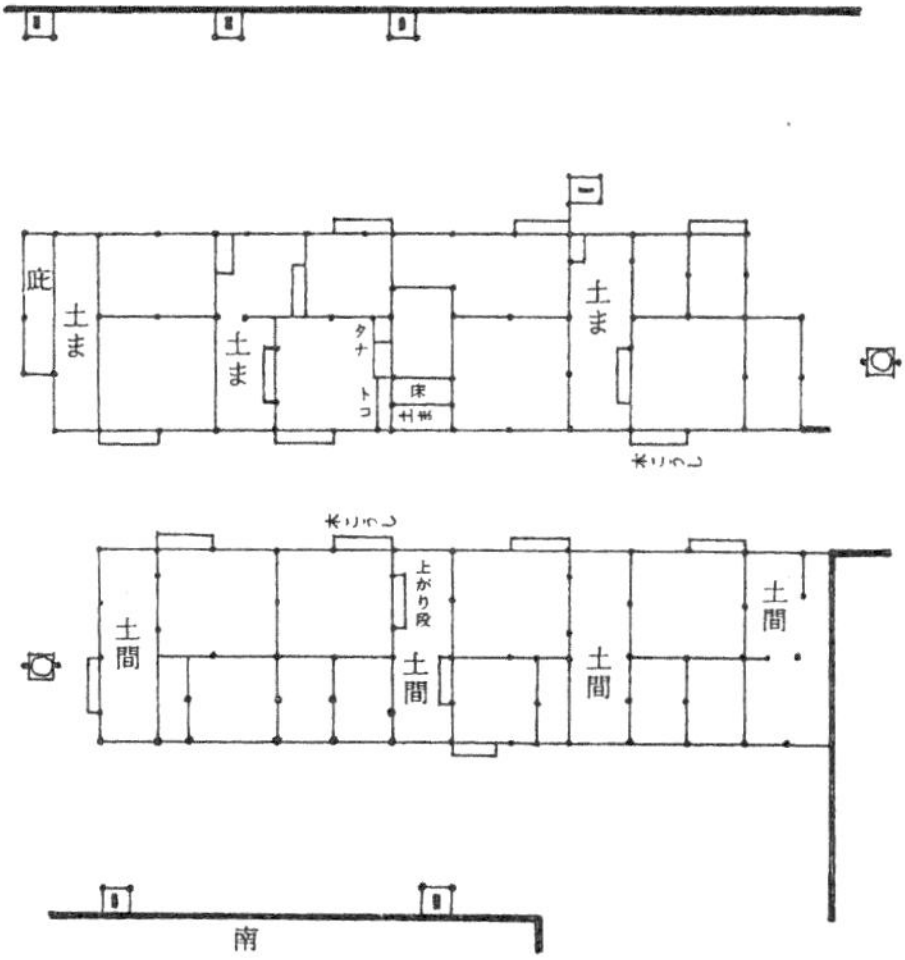

図63　同心長屋（北入り・南入り）

つぎに同心《どうしん》長屋を図63にみよう。同心とは与力の補佐役であり、その身分は多くの藩でもみられ、下級武士の中でも最下層であった。図は前にみた与力屋敷のとなりに建つ三〇戸の一部であり、東西道の両側に並ぶ南入りと北入りの長屋である。一戸はすべて間口三間《けん》、奥行き三間半の僅か一〇・五坪の

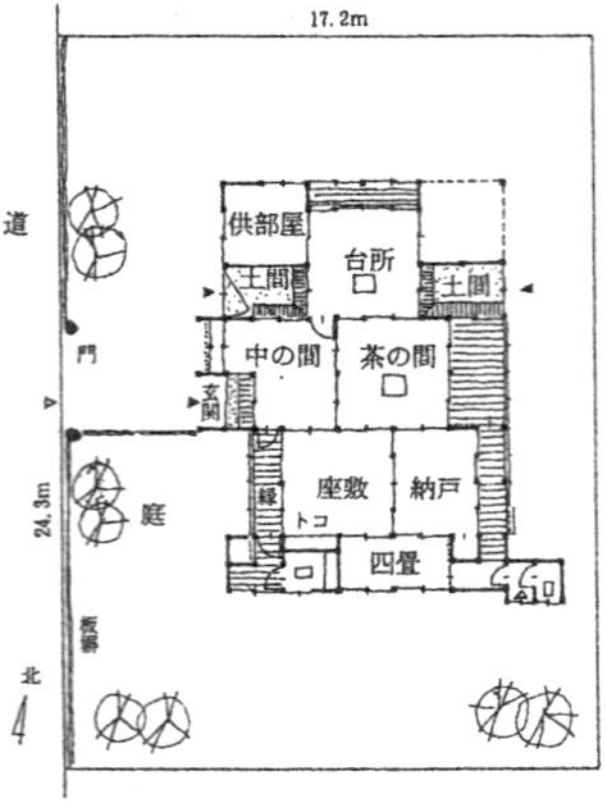

図64　亀田藩中級武士の住まい
（西入り・30.7坪）

広さである。ところで何間《なんけん》とは柱間《はしらかん》の数をいう。西日本は京間《きょうま》であるからして、一間の柱真芯の間の寸法は約二メートルとなる。巾《はば》一間の通り土間に入ると上がり段があって、八畳の部屋に至る。そこには奥行き一尺（約三〇センチ）ほどの床の間を備えた住戸もあることから、この部屋は座敷とみられる。その座敷は北入りと南入りともに道側に面し、木格子《きこうし》と称する格子付きの出窓を設けている。そして座敷の奥に一～二室の小さな部屋があるが、それは台所、居間などの家族の部屋であろう。また中級武士の住まいにあった湯殿や便所はなく、共同便所や共同井戸が離れた庭の端に設けられていた。

　このような下級武士が住む長屋は、前にのべたように江戸を含めた少数の藩に限られ、多くの藩は小さくとも戸建が一般的であった。石城の江戸にいる母と兄夫婦が暮らす住まいはこのような長屋である。

## 城下町の中級武士の住まい

江戸時代の中ごろから終わりにかけては全国の城下町もしだいに整備され、住まいも充

図65　図64の外観

実してくるのでそれをみよう。まず東北地方の小藩、亀田《かめだ》藩（城下は現在の秋田県由《ゆ》利本荘《りほんじょう》市岩城《いわき》亀田）をみる。

図64は、幕末ごろに建てられたとみられる五〇石取りの中級武士の西入りの住まいである。屋根は茅葺《かやぶ》き、塀は低い板塀、門は丸太を二本立てただけの質素なものである（図65参照）。そこから入ると正面に客玄関があり、それは間口一間、奥行き半間ほどの小さな土間玄関である。東日本は田《いな》舎間《かま》であるので、一間の柱真芯の間の寸法は約一・八二メートルとなる。たとえば同じ八畳でも、広さは西日本の京間の約八二パーセントほどしかない。

土間玄関には、上がり段があって中の間から八畳の座敷へと至る。中の間は客を応対する部屋であった。座敷は道のある西に向き、奥行きの狭い小さな床の間の後ろには広い客用便所を設けている。その中の正面には飾り棚が付けられており、そこに花瓶などを置いて花を生けていたのであろう。風情のある便所であった。

家族は北側にある間口一間の土間から出入りしたが、そこには内開きの大戸《おおと》があって、ふだんはそれを開けたままにし、その内側の引き違いの腰高障子（腰部分は板貼り、上は紙を貼った明かり障子）を開け閉めする。そこから奥の家族の集まり部屋の台所と茶の間につながる。家族の寝室は座敷の裏の納戸と四畳の小さな部屋であったとみられる。

また家族用の便所も裏縁の端にある。前にみた京都における江戸時代初めの中級武士（与力）の住まいの便所は庭の端にあったが、江戸時代後期になるとこのように住まいの中に取り入れられるようになる。そしてその便所は大便用と小便用の二つがある。前にみたように江戸時代の初めは大便所のみであり、小便もそれに兼ねていた。小便の専用便所は室町時代末期の三好筑前守《みよしちくぜんのかみ》の邸宅において、将軍御成《おなり》の建物に初めてつくられたが、それが江戸時代の後期になって広く普及し、大便所と小便所がセットになった便所が武士の住まいに一般化する。

この住まいには供《とも》部屋と称する四畳半の部屋がある。そこが小者または下人の部屋であった。このような部屋は下級武士の住まいにはない。小者たちを雇えるのは上中級武士に限られていたからである。

弘前藩（城下は現在の弘前市）の住まいが図66である。この住まいは江戸時代中ごろの宝暦《ほうれき》六年（一七五六）につくられた『御《お》家中《かちゆう》屋《や》舗建家図《しきたていえず》（一〇六九戸）』のうちの一つである。一〇〇～二〇〇石台の中級武士が住んだ若党町《わかとうちょう》に建っていた。北入りであり、門に扉二と記していることから、そこに開き戸があったのであろう。ほかの住まいの指図には門柱だけの記載がほとんどであり、それは亀田藩にみた丸太を立てただけの門であった。

客入口は土間玄関とみられ、そこから入ると広間と記す四畳の部屋に上がる。広間とはもとは客と対面する部屋のことで、室町時代の京都における公家《くげ》の住まいに始まる。それが東北最北の地に伝えられていた。そして一二畳もある座敷は道のある北に向いている。その奥に常居《じょうい》と記す一八畳もの広い部屋があるが、それは家族の集まり部屋である。そこに囲炉裏があったとみられ、その廻りに常に居るという意味でその名が付けられたのであろう。この常居という部屋名はこの地方の古い農民の住まいにも多くみられた。武士の住まいをつくる際に、そのような常居だけの住まいに座敷を加えて図のような武士の住まいになったと思われる。

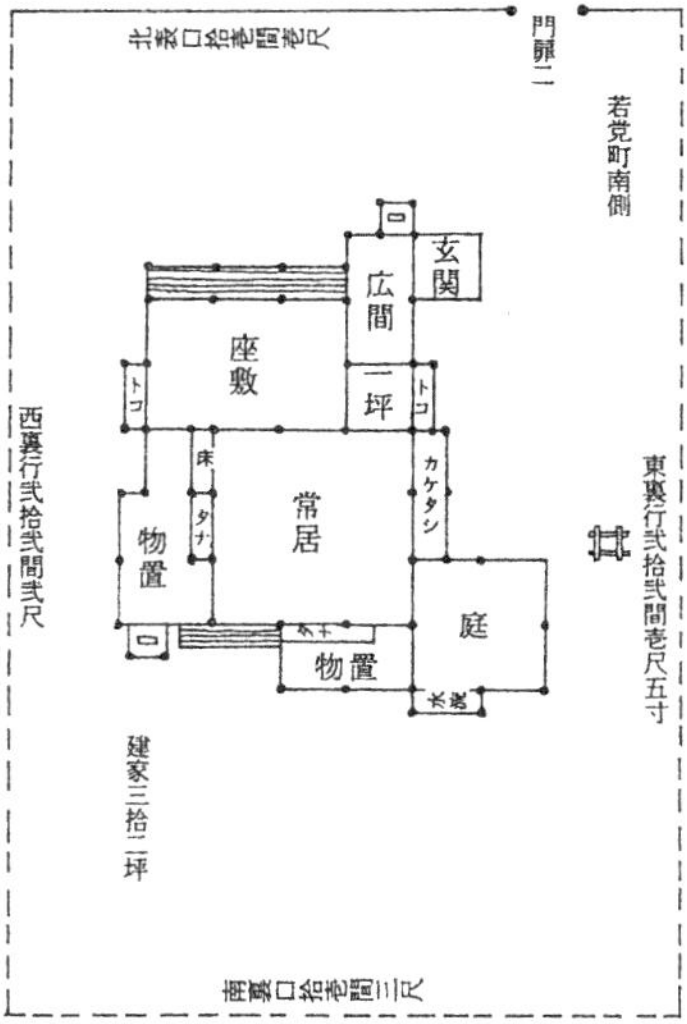

図66　弘前藩中級武士の住まい（北入り・32.0坪）

南東の庭と記す部屋は土間台所のことであろう。その南に水流《みずながし》と記すコーナーがある

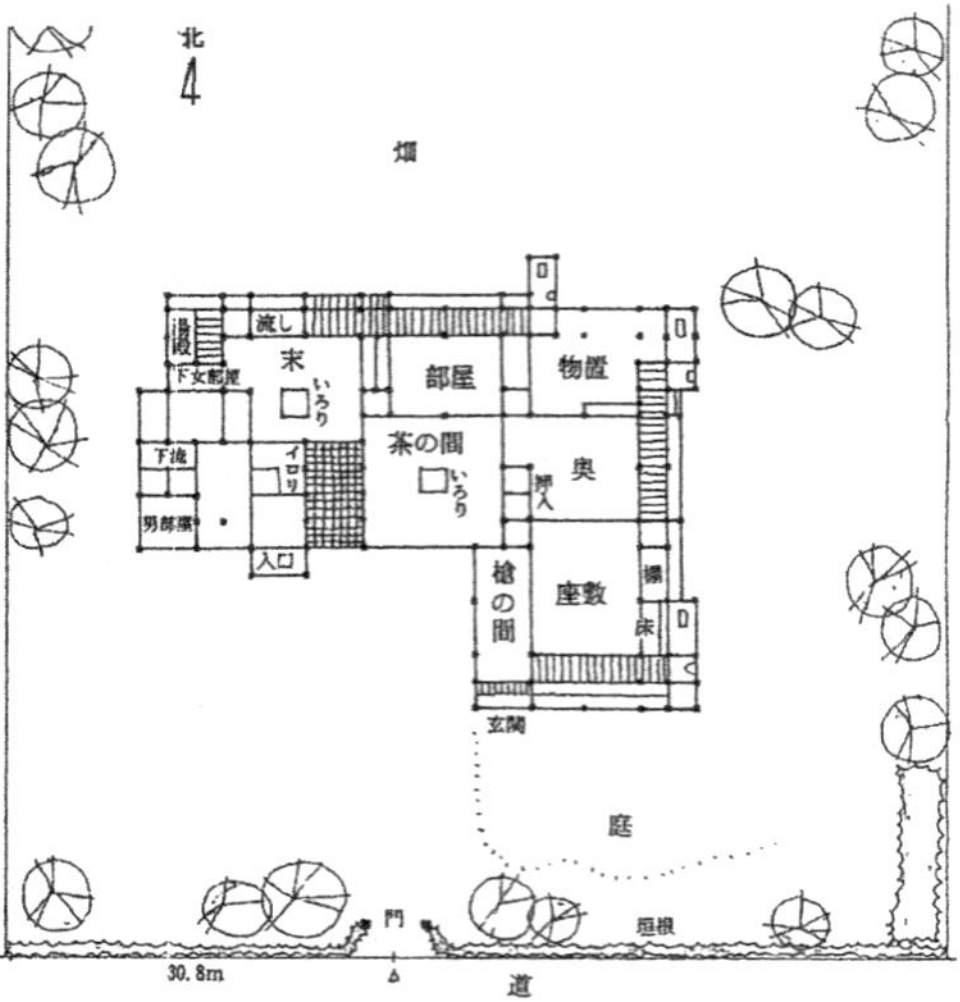

図67　庄内藩中級武士の住まい（南入り・44.0坪）

からであり、それは炊事の流しを意味する。家族は土間庭から出入りし、寝室は常居の廻りにある物置と記す部屋であったとみられる。

また屋根はこの絵図からはわからないが、近年まで僅《わず》かに残っていた武士の住まいの屋根は切妻《きりづま》の板葺きで、その妻側から入る方式であったから、おそらくこの住まいもそうであったと思われる。

図67は庄内藩《しょうない》（城下は現在の山形県鶴岡《つるおか》市）の南入りの住まいである。そこに住んだのは一〇〇石取りの武士であった。幕末の安政《あんせい》六年（一八五九）と記された指図が残されており、そのころに建てられたのであろう。今もその子孫によって住みつづけられているが、その間取りは、台所廻りだけが改造されているものの、ほかはすべて指図と同じであった。この住まいの門も丸太を二本立てただけの簡素なものであ

図68　図67の外観

る。前にみた弘前藩の住まいの垣根は椹《さわら》が多かったが、庄内藩の垣根は五加《うこぎ》が多い。ともに食用や薬用にもなる樹木である。宅地は奥に長く、裏側の広い庭には柿の木や杉が多く植えられ、畑もある。また屋根は茅葺きであった（図68参照）。

門から入った正面には客入口の間口一間、奥行き半間の小さな土間玄関がある。そこから槍《やり》の間《ま》を経て一〇畳の座敷に至るが、それは南向きで、その南の板間の縁につづいて室内土間の縁がある。そのような縁を土縁《どえん》という。それは日本海側の武士の住まいによくみられ、とくに金沢藩に多い。

家族は西の入口と記す土間から出入りしたが、そこから末《すえ》と称する台所と一二・五畳の広い茶の間に至る。どちらの部屋にも囲炉裏があって、戦後まもなくまでは、末の部屋で食事をし、その後に茶の間に移ってすごし、親しい客もそこで対応したという。おそらく江戸時代もそれに似たような使われ方ではなかったか。そして末の北西に湯殿と記す一畳ほど

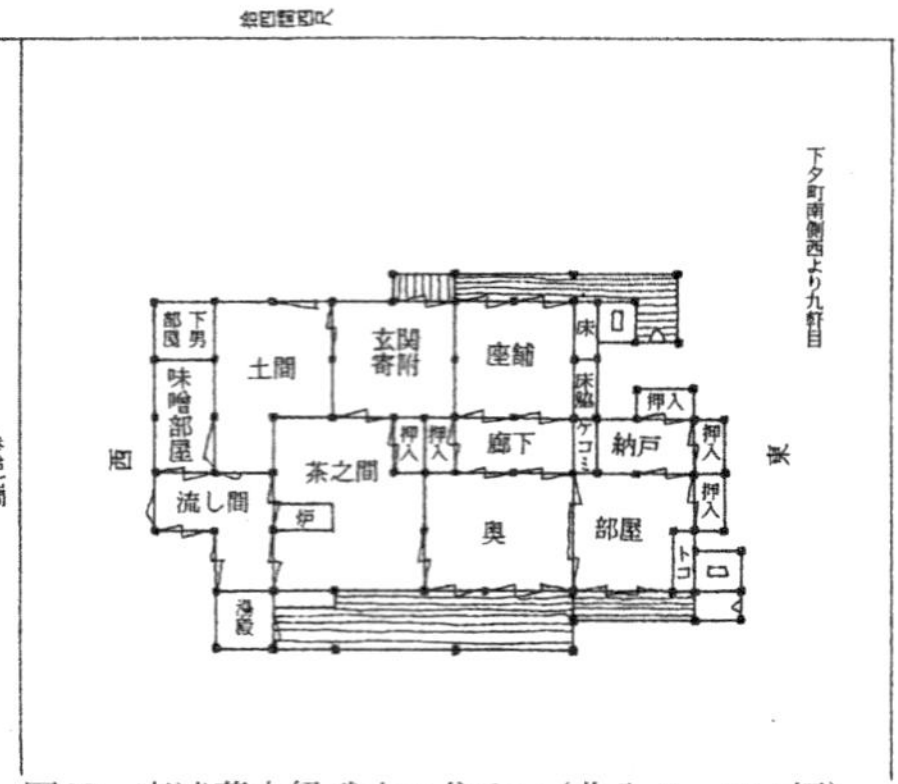

図69　高遠藩中級武士の住まい（北入り・53.5坪）

の部屋がある。そこは前にのべたように、かかり湯をする浴室であった。また下女部屋と男部屋（下男部屋）もあるが、下女部屋はたった一畳しかない。まさに寝るだけの広さである。

図69は信州高遠藩（城下は現在の長野県伊《い》那《な》市高遠町《たかとおまち》）の住まいである。幕末ごろに書かれた『御家中屋舗絵図』にみる北入りの住まいである。これは一〇〇石前後の中級武士たちが住んだ下夕《しもた》町《まち》に建っていた。門や塀の状況はわからないが、道から入った正面に間口一間の式台があり、客はそこを上がって玄関寄附《よりつき》と記す部屋から八畳の座敷に至るが、それらの接客空間は北に面している。この寄附とは供待ちの部屋であった。座敷には床の間と床脇を備えた立派な部屋であり、その裏側には客用便所も設けている。

一方、家族は玄関寄附の左となりの大戸の付いた土間から出入りし、そこから南の囲炉裏がある一四畳の広い茶の間に至る。その茶の間の左には流し間と記す部屋があるが、それは板間の炊事場であろう。家族の日常の居場所の茶の間から右に奥、部屋、納戸へとつづくが、それらは寝室とみられる。

屋根は後にみる高遠藩の下級武士の住まいが切妻の板葺《いたぶ》きであったので、そのような屋根であったと思われる。

金沢藩（城下は現在の金沢市）の七〇石取りの東入りの武士の住まいが図70である。幕末の安政期に建てられ、その子孫が今も住んでいた。屋根は水に強い草槇《くさまき》の木で葺いた切妻屋根で、その妻側を道の方に正面として向け、妻壁の横梁《よこばり》を意匠として強調している（図71参照）。門は棟門《むなもん》、塀は土塀《どべい》であった。棟門とは、両側の門柱の上に小さな切妻屋根を載せた門のことをいう。また土塀とは泥粘土を塗り固めてつくった塀のことである。住まいの正面には、玄関と称する板間の式台があるが、一般的な式台とはすこしち

図70　金沢藩中級武士の住まい（東入り・29.2坪）

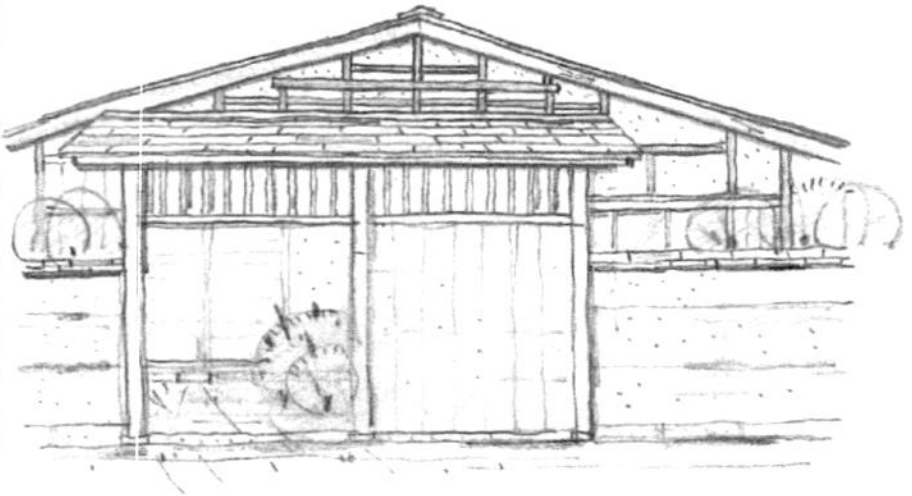

図71　図70の外観

がう。それは式台の外側に引き違いの腰高障子を設けていることである。この金沢でも冬の積雪は深く、式台に雪が降り込むのを防ぐためであろう。

　金沢藩の武士の住まいは庄内藩で説明した土縁《どえん》がとくに多い。この住まいにも座敷の前と居間の前の二か所にある。その土縁の外側に板戸を設け、ふだんはそれを開け放す。それによって外の庭とは土間面から開放的につながり、夏の風通しはきわめてよいと家人はいう（図72参照）。座敷の客は板縁を降りて、庭の風景を見ながら土縁の端にある便所に行くことになるが、それはまことに風情な趣がある。また雪や雨のときには土縁の板戸を閉めるが、その板戸の上部には明かり障子の小さな窓があるので、雪の明かりが土縁の内に差し込む。家族がすごす居間の前の土縁は巾《はば》一間もある。夏にはやはりそこを明け放し、裏庭と土間面から開放的につながっているので居間の風通しがよく、そこで気もちよくすごすという。そして家族もまた土縁に降りて端の便所に行く。

　茶の間は囲炉裏を備えた一二畳の広い部屋である。そこが家族の食事場所で、日常の集まり部屋であった。裏庭には椿と梅が多く植えられ、明治から大正にかけて椿の実から油を絞り、食物と交換していたという。

藩から拝領された住まいであっても、その一部の部屋を他人に間貸しをしていた例があったことは前にのべた。その住まいが図73である。信州飯田藩（城下は現在の長野県飯田市）のN家が二代目当主のときに町手代に昇進し、それまで暮らした長屋から文化《ぶんか》二年（一八〇五）に移り住んだ上荒町《かみあらまち》の戸建の住まいであり、その間取りを家族日記の『家の記』に書き記していた。北入りであり、門を入ったところに五尺×七尺の渋小屋があるが、その横に「池田町清兵衛へかし地」と記す。池田《いけだ》町《ちょう》とは、この住まいから二五メートルほど離れた中級武士の居住地であったことから、そこに住む武士仲間に貸していたのであろう。

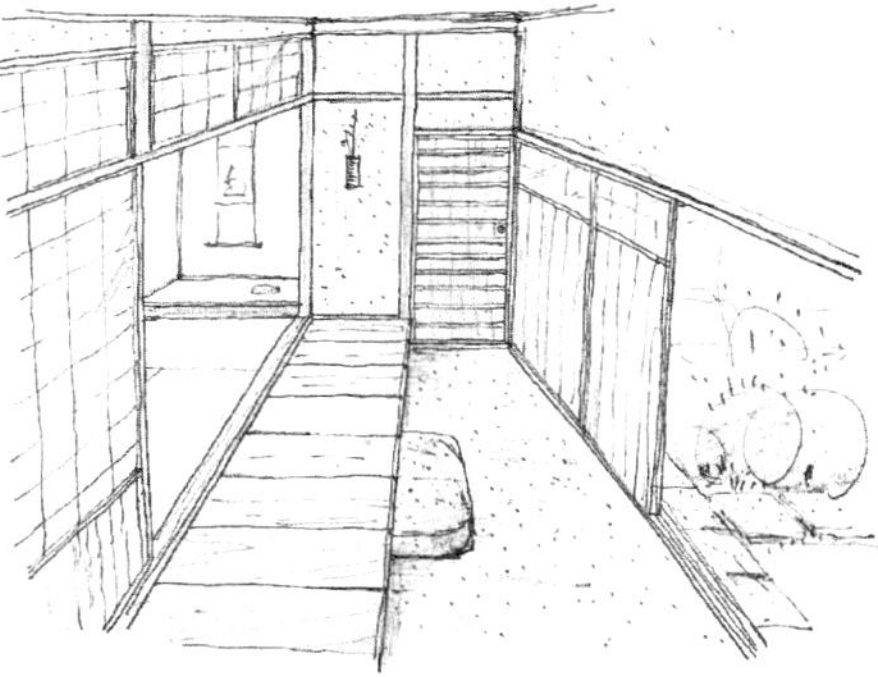

図72　土縁の風景

客は棟門から入った突き当たりの土間入口から入り、そこの上がり段を上がると二畳の上り口である。その部屋から四畳の次の間を通って八畳の座敷に至るが、その部屋は北に向いている。一方、家族は南に廻り込み、裏上り口と記すところから出入りしたものとみられる。その奥に一二畳の応待台所と記す部屋に至るが、そ

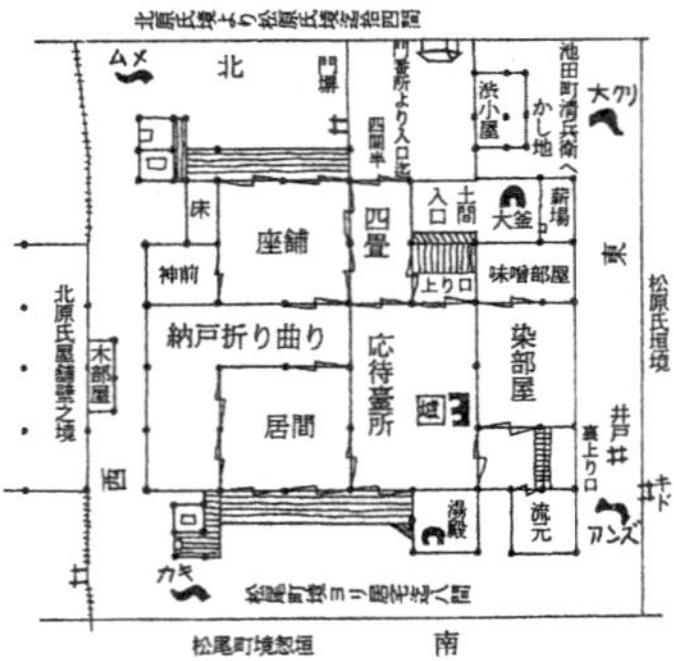


図73　飯田藩中級武士の住まい（北入り・36.9坪）

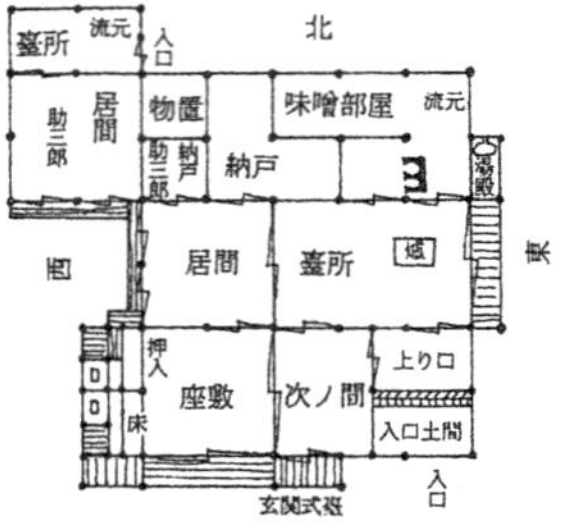


図74　飯田藩中級武士の住まい（南入り・42.2坪）

ここには囲炉裏があって、そばに竈《かまど》も据えている。この部屋が煮炊きや食事の部屋であったことがわかる。そして裏上り口の南に広さ一坪ほどの流元《ながしもと》と記す部屋があるが、そこが流しのある炊事部屋であろう。また湯殿は南縁の端にあり、そこに小さな竈を記す。かかり湯をする湯をそこで沸かしたり、また湯殿を温めるために用いたのであろう。

指図には庭の樹木の種類も記しており、当時の庭の風景がはっきりとわかる。座敷の前の北庭には梅の木、居間の前の南庭には柿の木、裏上り口近くには大栗と杏《あんず》の木が植えられていた。

このN家の三代目はさらに山奉行に昇進し、天保《てんぽう》四年（一八三三）に馬場町《ばんばちょう》に移り住ん

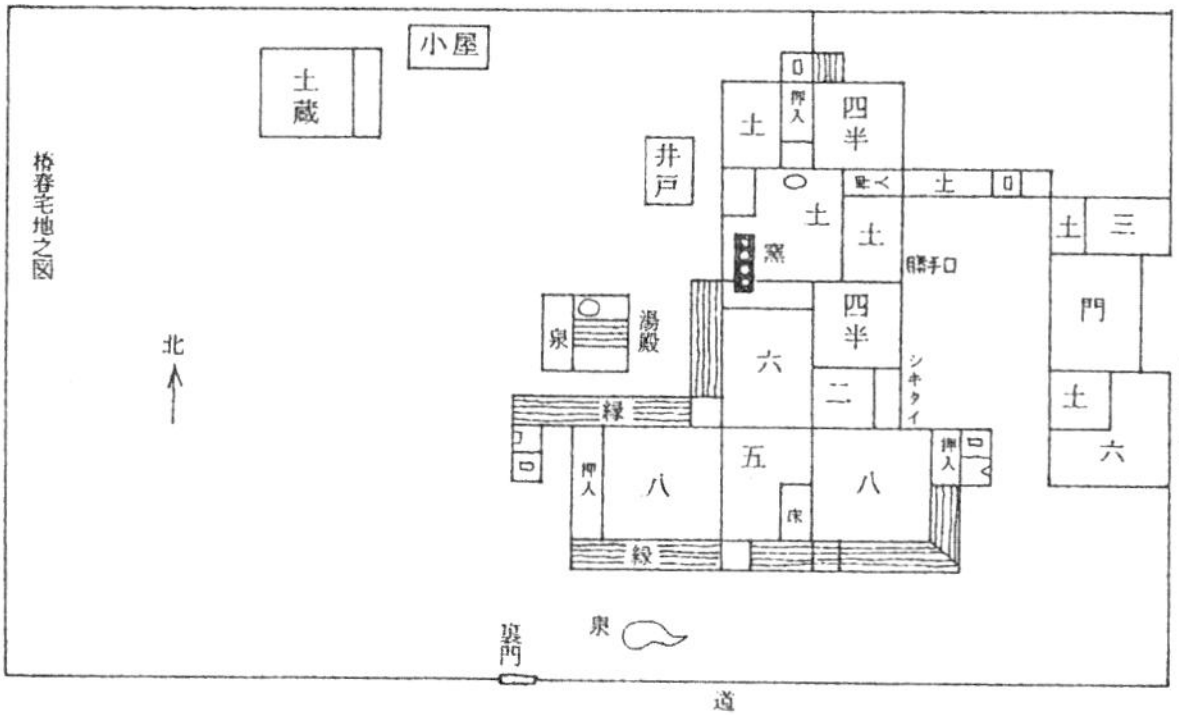


図75　膳所藩中級武士の住まい（東入り・53.1坪）

だのが図74の南入りの住まいであった。前の住まいよりすこし大きく、しかも式台もあり、そこから上がると六畳の次の間を経て座敷に至る。前の住まいでは、客入口は土間玄関で、次の間も四畳しかなかったので、接客構えとしてはかなり充実した住まいである。一方、家族は右手の入口土間から入り、上り口の部屋を経て家族の集まり部屋の一二畳の台所へと至る。左手奥の居間と納戸の部屋に助三郎《すけさぶろう》と記しており、この住まいも間貸ししていたようだ。

屋根は指図からはわからないが、今に残る中級武士の住まいが一戸あり、板葺きの切妻屋根で、妻側を道の方に向けていた。おそらくこれらの住まいもそのようであったとみられる。

武士の住まいを訪ねると、その子孫から先代の喜びや悲運の歴史を聞くことも珍しくない。図75に住んだ家族は後者の例である。それは膳《ぜ》所《ぜ》藩（城下は現在の滋賀県大津市）七〇石取り

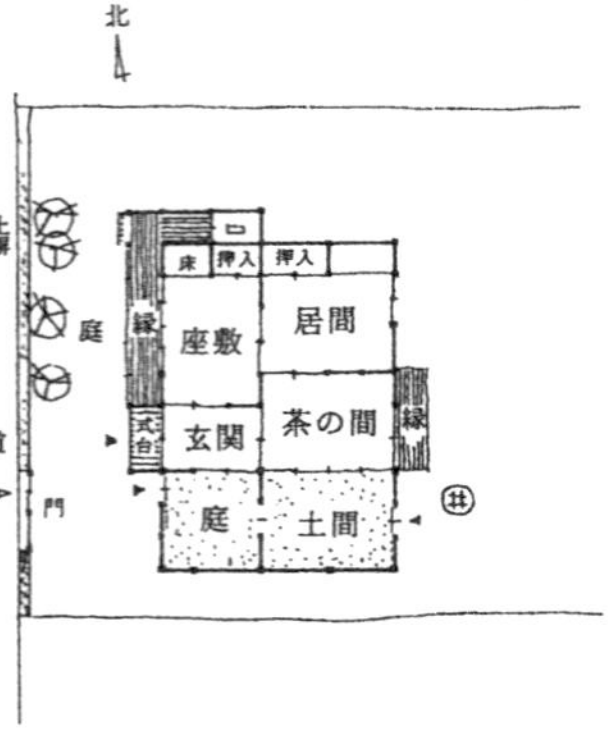


図76　膳所藩下級武士の住まい
（西入り・21.7坪）

の中級武士として幕末までそこに住んでいた。文久《ぶんきゅう》三年（一八六三）、尊王攘夷《そんのうじょうい》派の一人が登城《とじょう》途中の家老を襲撃する事件が起こる。いわゆる膳所城事件であった。ところが二年後、幕府への陳謝と家臣への見せしめのために、事件とはまったく関係のない家臣一一人が家禄《かろく》没収と切腹および斬首《ざんしゅ》刑《けい》に処せられた。その罪状は城下の流言飛語によるいい加減なものであったという。

この住まいに住む当主もその一人である。残された家族は城下追放となって各地を転々とするが、三年後の明治維新にその無実が明らかになって城下に帰還する。それから二六年も経った明治二七年（一八九四）に大変な苦労を重ねてやっと古家を購入した。それは士族破産（明治になって士族たちは秩禄処分《ちつろくしょぶん》による金禄公債《きんろくこうさい》を受け取っていたが、その額は僅《わず》かで生活が立ち行かなくなり、多くの士族は帰農、転職で、これまでの住まいを離れた）で住み手のいなくなった下級武士の空き家であった。その住まいが図76であり、以後今まで子孫たちがそこに住みつづけた。

図75のもとの住まいは子孫が伝え持つ絵図面による。椿春町《つばきはるちょう》に建っていた東入りの住まいで、道側に長屋門がある。そこを入ると正面に間口一間の式台があって、二畳の玄関

の間から南の八畳の座敷に至る。その座敷には廻り縁があり、道側にも広く開口している。式台の北には勝手口があって、四つ穴の大きな竈を据えた土間台所につながる。茶の間はそれにつづく南の六畳の部屋であろう。その外には湯殿や土蔵などもあり、禄高にしてはかなり大きな住まいであった。その屋根は瓦葺きであったと伝えられる。

図76の購入した古家をみると、下級武士が住んだ新地と称する居住地に建てられていた。西入りで、屋根は茅葺《かやぶ》き、部屋も四室しかない。それでも小さな式台と六畳の座敷があり、

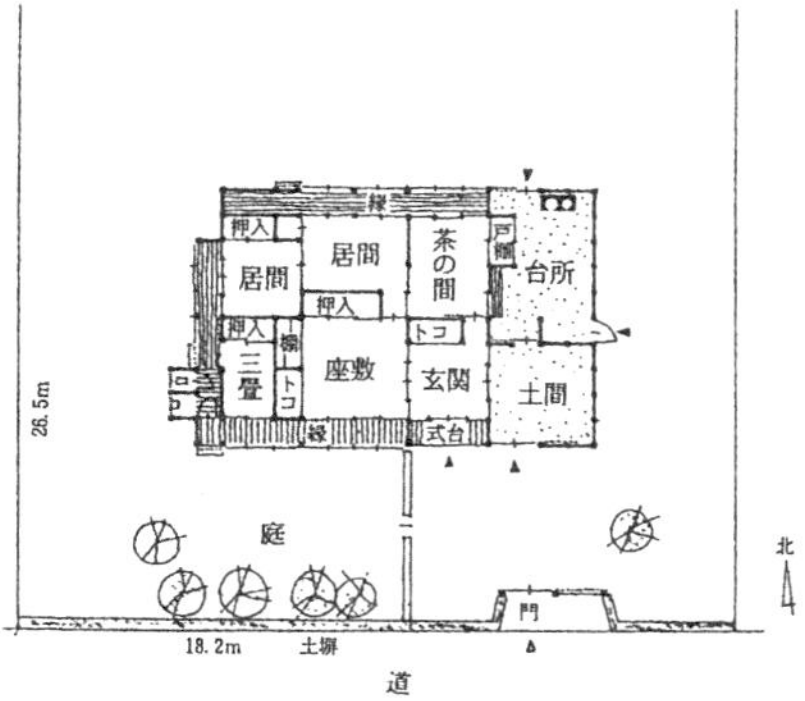


図77　膳所藩中級武士の住まい（南入り・29.3坪）

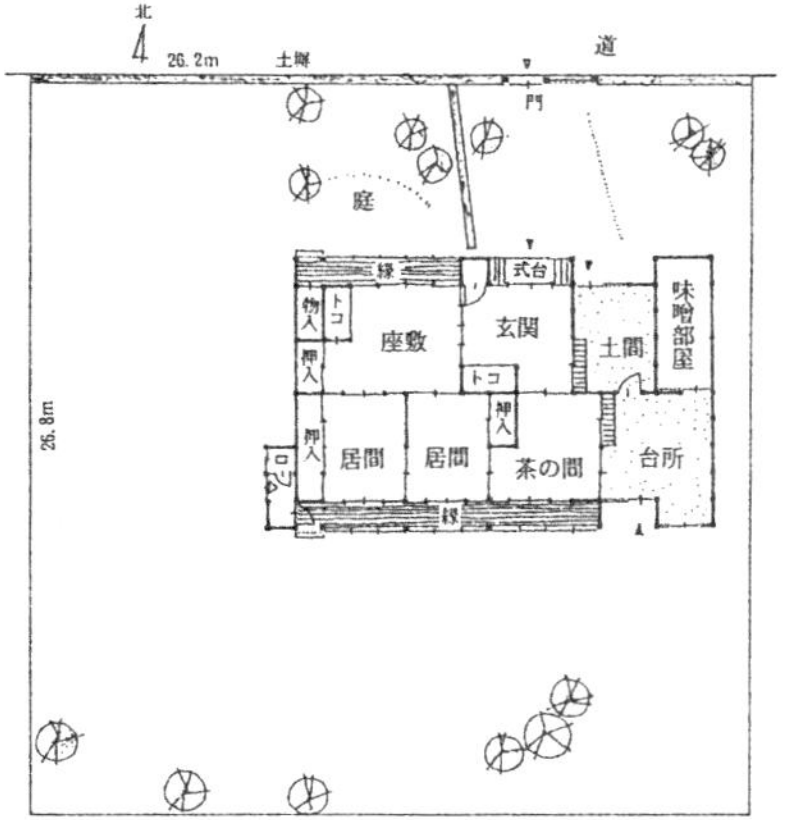


図78　膳所藩中級武士の住まい（北入り・37.0坪）

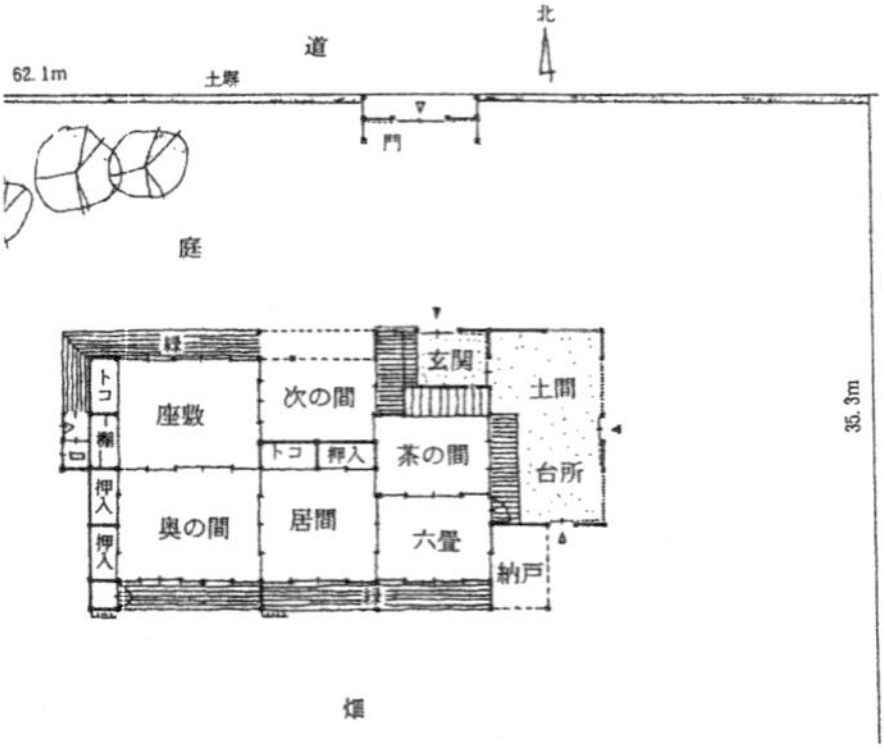


図79　上野藩中級武士の住まい（北入り・42.3坪）

その座敷は道のある西に向いている。調査にこの住まいを訪ねたときは元気なおばあさんが対応され、幕末からのいきさつを保管していた史料とともに詳しく話してくれた。そのお顔は毅然《きぜん》として凛々《りり》しく、また優しい。ちょうど義弟進《すすむ》の柴田《しばた》母を連想する。

図77と78は殿町《とのまち》と称して南大手門に直通し、中級武士の中でも上層の一〇〇石〜二〇〇石台の武士が住んだ居住地に建っていた南入りと北入りの住まいである。建ったのは江戸後期とみられ、どちらの住まいも東西道に面して式台や座敷を構えていた。上野《うえの》藩（城下は現在の三重県伊賀《いが》市上野）の一〇〇石取りの北入りの住まいが図79である。江戸時代後期に建てられ、今もその子孫が住みつづける。先代の武士の名前が元和《げんな》五年（一六一九）、享保《きょうほう》期、文久期の三枚の城下古図に記されており、少なくとも約四〇〇年の長い間、この宅地に住みつづけていたことになる。武士の禄高変動と住み替えの多かった中での稀《まれ》な例といえる。式台はなく、広い上がり段の付いた土間玄関があるが、それ

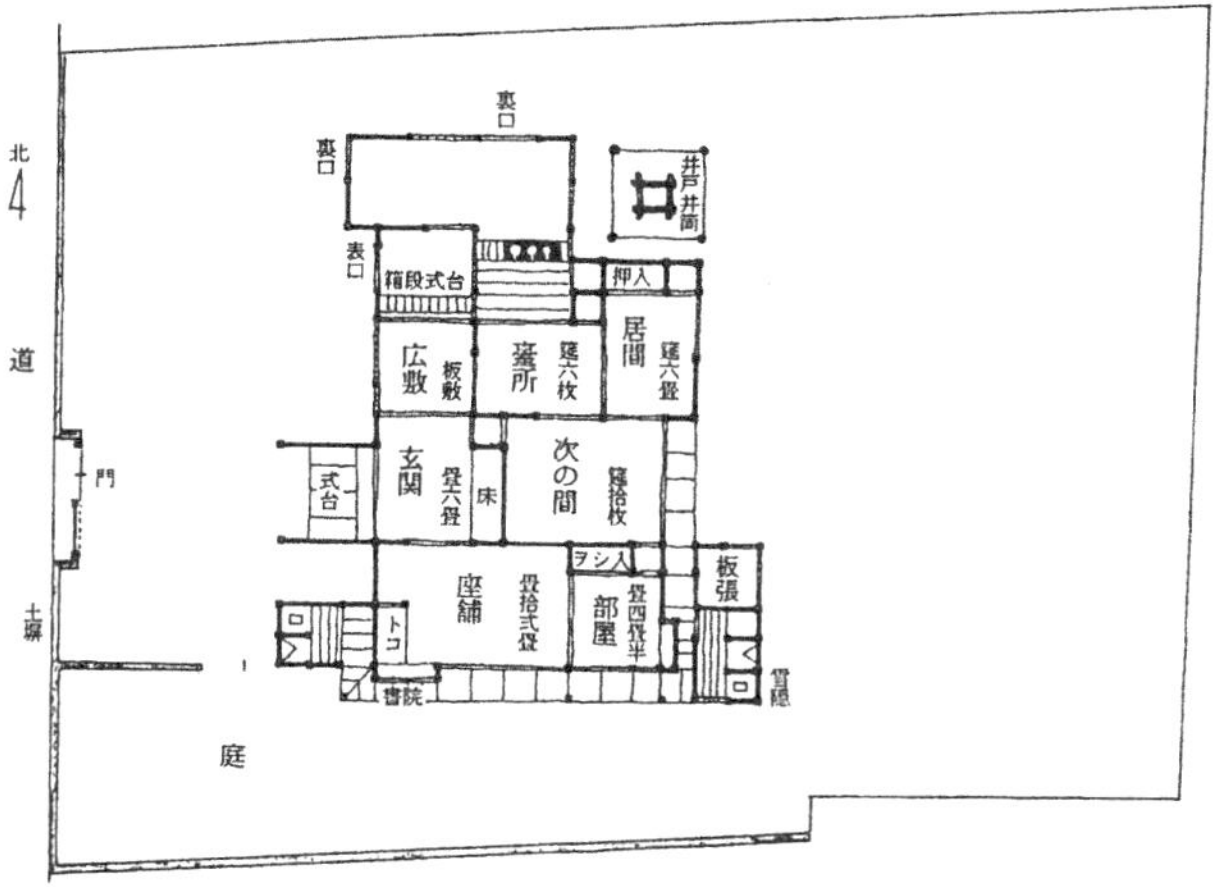


図80　備中松山藩中級武士の住まい（西入り・47.6坪）

は客入口と家族の出入口とを併用している。次の間と座敷は北の道に向き、その南側は茶の間―居間―奥の間の家族空間が南面する。屋根は茅葺きであった。

つぎに備中松山藩《びっちゅうまつやま》（城下は現在の岡山県高梁市《たかはし》）をみよう。図80は、番頭《ばんがしら》役一四〇石取りの西入りの住まいである。その間取りは幕末ごろに書かれた指図による。住まいはそのころに建てられ今も残っているが、それは指図とまったく同じであった。土塀と棟門があり、そこを入ると間口一間半の大きな式台である。そこから六畳の玄関と記す部屋を経て一一畳の広い座敷に至る。そこには床の間と付書院《つけ》を備えていた。式台の北には表口と記す土間玄関がある。式台は祝い事などの特別の

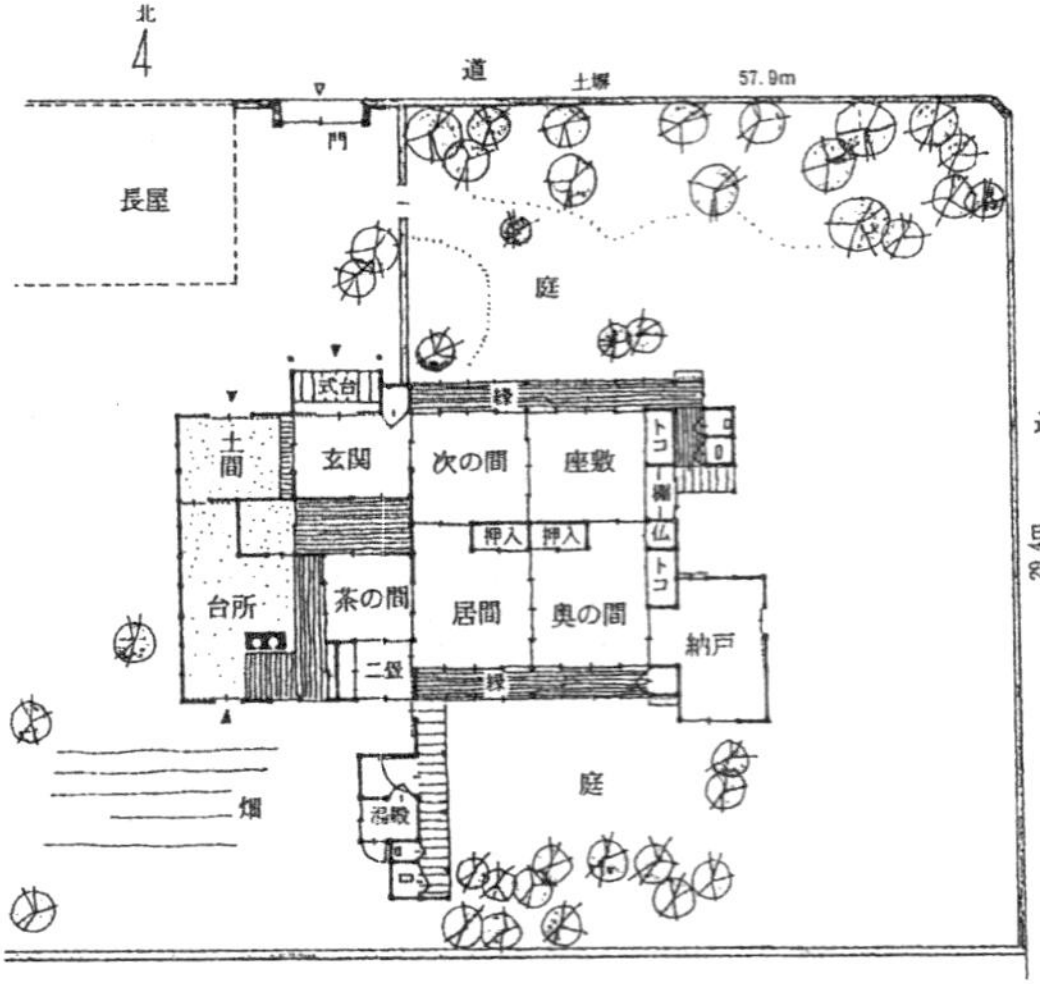


図81　津山藩中級武士の住まい（北入り・67.1坪）

日だけに使い、ふだんの客はそこを使ったのであろう。その土間玄関には箱段式台という上がり段があって広敷《ひろしき》と記す板間の部屋から座敷につながる。

一方、家族の出入りもその土間玄関であり、広敷から台所へとつながる。この台所が食事などの家族の集まり部屋であろう。そしてその廻りに居間、次の間といった家族の部屋がある。

ところで、この指図には部屋の敷物も書かれている。畳を敷いた部屋は玄関、座敷、その奥の四畳半のみで、家族の部屋はすべて筵《むしろ》敷《じき》であった。畳は武士の住まいでも大切な敷物であったことがわかる。また屋根は切妻の平入りで瓦葺きであった。
津山《つやま》藩（城下は現在の岡山県津山市）の二〇〇石取りの武士の住まいが図81である。江戸時代後期に建てられた北入りであり、道側に長屋と棟門、そして塀は土塀であった。今も住みつづける子孫の話しによると、屋根は茅葺きであったが、明治になって瓦葺きに変えたという。

棟門を入ると間口一間半の式台があって、玄関の間―次の間―座敷へとつづくが、それらの接客空間は北に向いている。一方、家族は式台横の土間入口から入り、奥の土間台所に至る。そこには板間から焚《た》く竈《かまど》があり、そのとなりは茶の間である。しかしその広さは四・五畳しかない。これまでみてきた東日本の住まいの茶の間は広かったが、それに比べてかなり小さい。武士の住まいにおいて、茶の間の広さに大きな地域性があったことがわかる。そこから家族の日常的居場所の居間、寝室の奥の間、納戸へとつづく。それらの部屋は日当たりのよい南に面していた。

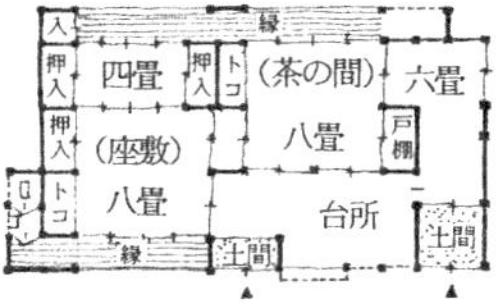

図82　忍藩中級武士の住まい（南入り・26.5坪）（埼玉県の民家より）

湯殿と便所は南に突き出している。このようなつくり方は津山藩の武士の住まいの特徴である。湯殿は板間だけであり、その真ん中に排水溝があって、それに向けて両側の板間が緩やかに下っていた。この湯殿にも湯舟はなく、かかり湯をしていた。

さてこれまで、全国数か所の城下町における中級武士の住まいをみてきたが、では肝心の忍藩の住まいはどうであったか。幸いにも、昭和四〇年代まで残っていた二戸の住まい（中級武士と下級武士）が埼玉県教育委員会によってかつて調査されているので、それをみよう。

図82にその住まいを示すが、それは図8の城下町北側の記号Aの宅地に建っていた。そこに八七石取りの武士が住んでいたという。この武士は残念ながら絵日記には出てこない。住まいの規模は、これまでみてきたほかの藩のものより小さい。その住まいは南入りであり、宅地はかなり広かったという。

客の入口は小さな土間玄関のようだ。そこから台所の左手に上がって八畳の座敷に至る。その座敷には床の間と押入れがあり、その外にはぬれ縁が設けられている。図60でみた若《わか》林《ばやし》宅の座敷もこのような部屋であろう。床の間の裏にはほかの藩と同様に客用便所を備えているが、家族用の便所は見当たらない。おそらく外便所であろう。また湯殿もないが、土屋宅でみた桶風呂が中級武士の住まいでも使われていたのかもしれない。だとすれば、桶風呂は土間に据えるだけなので、その痕跡は残らないから間取り図には出てこない。

家族は右端の土間から出入りしたようだ。そこを入ると台所であって、南には流しのような部分もある。家族の集まり部屋はその奥の八畳の部屋であろう。そこには造り付けの戸棚もあって茶の間のようだ。青山《あおやま》宅で石城が主人と飲んだ部屋はぬれ縁の付いた茶の間のようであったが、それはこのような部屋であろうか。また家族の寝室はその右手の六畳の部屋と座敷の北の四畳の部屋であったとみられる。そして屋根は板葺きであったと伝えられる。

## 城下町の下級武士の住まい

つぎに江戸時代後期の下級武士の住まいについてみてみよう。

村松藩《むらまつ》（城下は現在の新潟県五泉《ごせん》市村松）の北入りの住まいが図83である。そこに住む武士の禄高《ろくだか》は五石四斗であった。それは切米であるから、年に支給されるのはまさに五石四斗しかない。これを今の標準米価格で単純換算すれば、年収三四万円ほどである。下級武士の中でも最下層であった。ところが図の住まいをみると、拝領とはいっても宅地は間口五・七間、奥行き一八・三間の約一〇四・三坪もある。南の庭はかなり広く、そこで自給野菜をつくっていたと伝えられてきたと家人はいう。それに加えて、家賃もいらなかったので何とかやっていけたのであろう。

門はなく、塀は垣根であった。幕末ごろに建てられ、屋根は板葺きの切妻である（図84参照）。左手に土間玄関があり、客も家族もそこから出入りする。そこには上がり段があって、小さな囲炉裏を備えた八畳の部屋に至る。家人はこの部屋を茶の間と呼ぶ。その右となりは八畳の座敷であり、ともに北の庭に面している。この茶の間は客の控えの間的な部屋になっているが、客がいないときには家族の集まり部屋として使う。そのことから、この部屋を茶の間と呼んでいるのであろう。部屋数が少ないゆえの苦心の使い方である。そして南側が家族の部屋で、板間の台所―仏間―奥へとつづく。台所は食事、仏間と奥の

図84　図83の外観

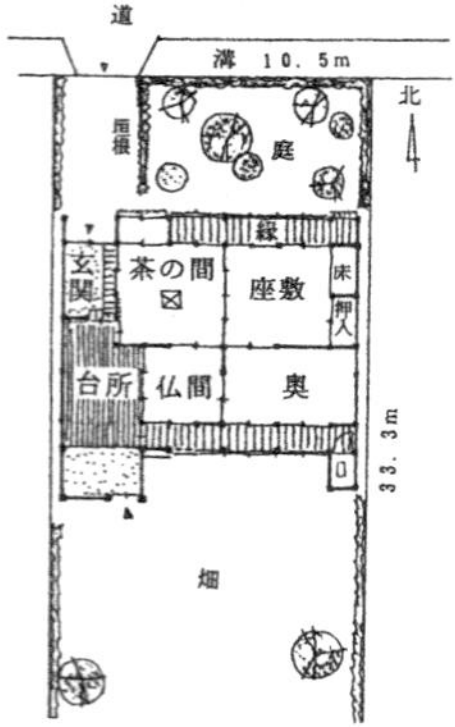


図83　村松藩下級武士の住まい（北入り・20.9坪）

広い部屋は寝室に使ったのであろう。

庄内藩の北入りの住まいが図85である。その間取りは藩の大工棟梁《とうりょう》の家に残されていた指図による。その図には建てた戸主の氏名と足軽であったことが記され、また嘉《か》永《えい》七年（一八五四）とも記し、そのころに建てられたのであろう。間取り図のみで宅地の形状がわからないが、建っていたところは足軽居住地の外高畠丁《そとたかばたけちょう》と記され、その地を調べると、そこに建つ足軽たちの住まいもやはり庭付きの戸建であったことがわかった。

村松藩の住まいと同じく、北に面した八畳座敷のとなりが八畳の茶の間となっており、そこには玄関と記す小さな客入口がある。一方、家族の入口は台所の北にあり、上がり段を経て茶の間にも台所にも行けるようになっている。下級武士の住まいでも、

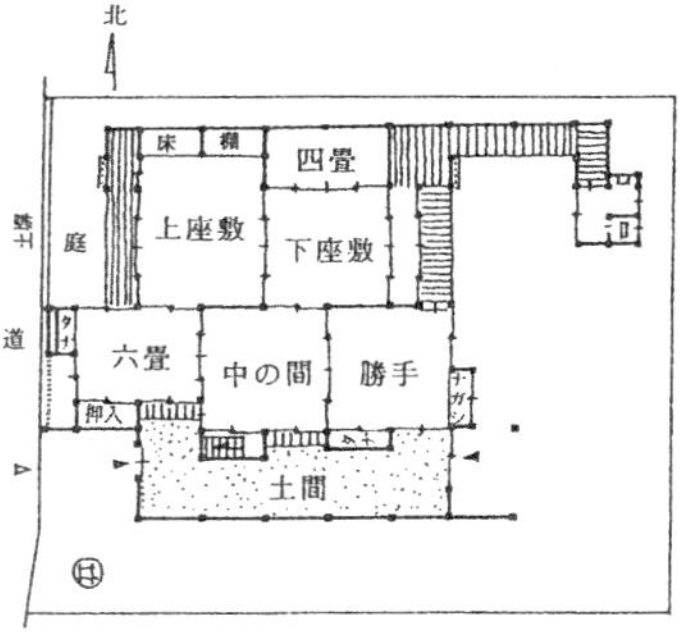


図86　松本藩下級武士の住まい（西入り・39.5坪）

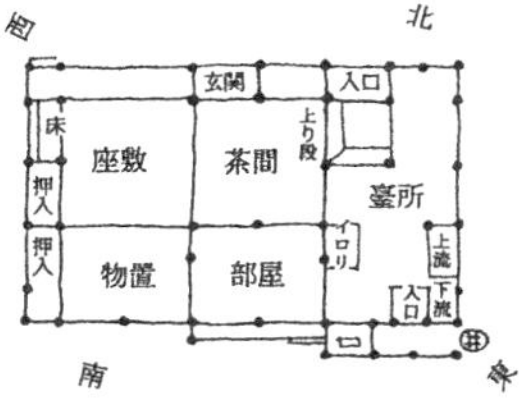


図85　庄内藩下級武士の住まい（北入り・27.5坪）

客用と家族用それぞれの入口が設けられていた。この茶の間の使い方も前にみた住まいと同じであろう。茶の間は客と家族の併用空間であった。家族は台所の囲炉裏付近で食事をし、その後に客のいないときに茶の間でお茶を飲んだり、語らったりしたのであろう。一方、南の部屋と物置は家族の寝室であったとみられる。

信州松本《まつもと》藩（城下は現在の長野県松本市）の西入りの住まいが図86である。そこに住んだ武士は五石弐人扶持《ふち》であった。五石は切米で、弐人扶持が付いているので年に三石六斗が加算されて計八石六斗となる。村松藩の武士よりすこし禄が高いが、それでも単純換算して年収五四万円ほどにしかならない。住まいは江戸時代後期に建てられ、土塀と門があった。

この住まいにもそこに住んだ武士の子孫が住みつづけていた。屋根は板葺《いたぶ》きで、式台はなく、通り土間を入ったところに一〇畳の上座敷へ至る上

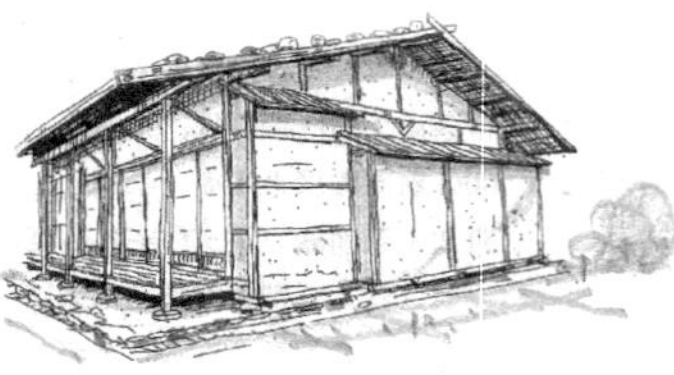

図88　図87の外観

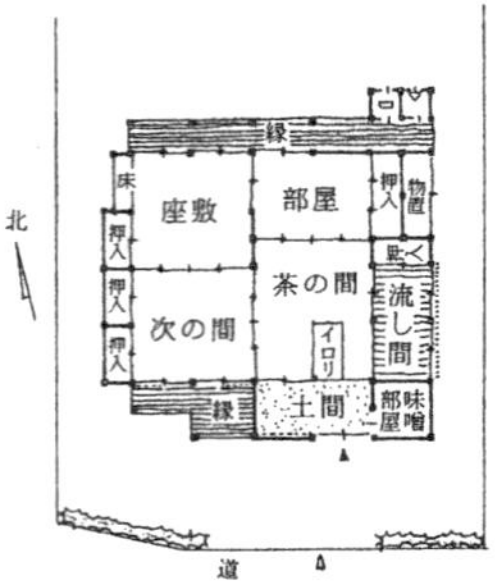


図87　高遠藩下級武士の住まい（南入り・29.2坪）

がり段がある。その上座敷には床の間と違い棚もあり、下級武士の住まいにしてはすこし立派である。一方、家族は通り土間の奥の上がり段から中の間を経て勝手と呼ぶ部屋や奥の下座敷に至る。勝手が家族の集まり部屋の茶の間的な部屋であり、下座敷が居間のような使われ方をしたのであろう。部屋数は六室、規模は四〇坪近くもあり、中級武士の住まいとあまり変わらない。

高遠藩の南入りの住まいが図87である。そこに住んだ武士は二〇俵《ぴょう》弐人扶持であった。切米二〇俵《たわら》だから、四斗俵として八石となる。それに弐人扶持（年に三石六斗）が加算されて計一一石六斗の年収であった。

住まいは幕末ごろに建てられ、今は保存されている。門や塀はなく、低い垣根だけであった。屋根は板葺きの切妻で、その屋根には丸石を何個も載せている。屋根板が風で剥《は》がれないようにするための重しである（図88参照）。信州の武士の住

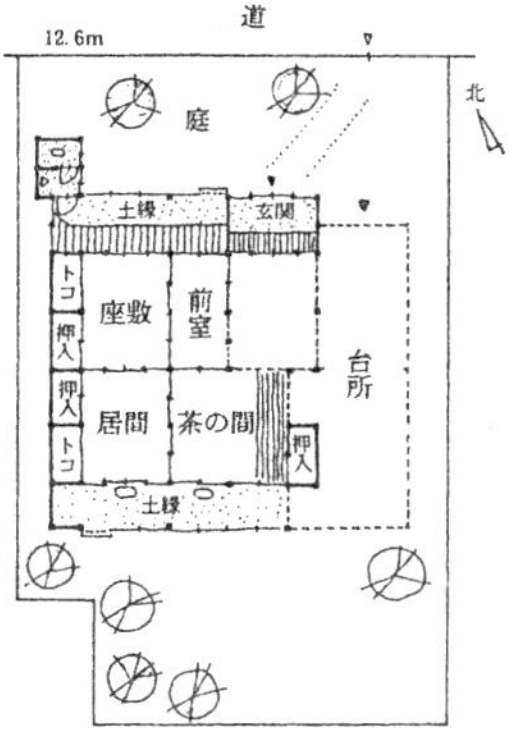

図89　金沢藩下級武士の住まい（北入り・33.1坪）

まいは民家を含めてそのような屋根が多い。

式台はもちろんなく、土間玄関を上がったところは大きな囲炉裏を備えた茶の間である。そこが調理および食事といった家族の集まり部屋であった。茶の間の右に流し間と記す部屋があるが、そこは板間に低い流し台を置いた炊事空間であった。座敷は北に設けている。客は広い南の縁から上がり、次の間を経てそこへ至ったのであろう。家族の寝室は茶の間の奥の部屋と次の間であった。

金沢藩の北入りの住まいが図89である。そこに住む武士は、禄高はわからないが、下級武士の中でも上位の小頭役《こがしらやく》であった。住まいの規模も約三三坪もあり、かなり大きい。また前に金沢藩の住まいに多いとのべた特徴的な空間の土縁も北の座敷前と南の居間―茶の間の前の両方に設けられている。それに上がり段の付いた客用の土間玄関もあり、下級武士の住まいにしては接客構えが整っている。この住まいも座敷は北の庭に面し、家族の部屋である居間―茶の間は日当たりのよい南に面していた。

中津《なかつ》藩（城下は現在の大分県中津市）の南入りの住まいが図90・91である。この住まいは享和《きょうわ》三年（一八〇三）に建ち、今も保存されている。そこに住んだのは一三石弐人扶持の福沢《ふくざわ》家であり、諭吉《ゆきち》は一九歳までをここで暮らした。住まいへの出入りは客も家族も併

図91　図90の外観

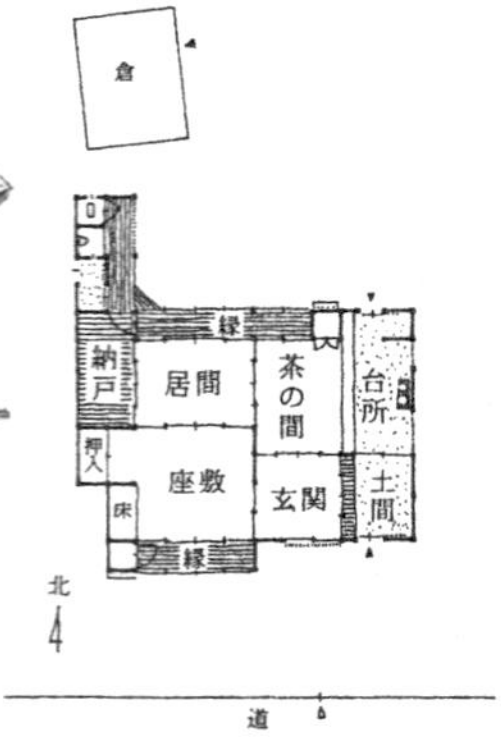


図90　中津藩下級武士の住まい（南入り・28.6坪）

用の土間玄関で、客は上がり段を上がって玄関と呼ぶ部屋から南向きの九畳座敷に至る。家族はその土間玄関から奥の土間台所を経て茶の間―居間―納戸へと至る。宅地の北には倉もある。屋根は茅葺《かやぶ》きであった。

　福岡藩（城下は現在の福岡市）の北入りの住まいが図92である。そこに住んだ武士は無《む》足組《そくぐみ》二七石六人扶持であった。下級武士の中でも上層である。この間取り図は幕末に書かれた絵図であり、その子孫が今に保存していた。客入口の土間玄関があり、そこから二畳の玄関の間を経て一〇畳の座敷に至るが、その座敷は北に面している。家族は東の土間から出入りする。その奥の広い土間には竈《かまど》が据えられ、そこが台所であろう。その竈はやはり板間から焚《た》くようになっている。その板間の奥の三畳の部屋が食事室で、家族の集まり部屋はその西にある神棚を備えた八畳の部

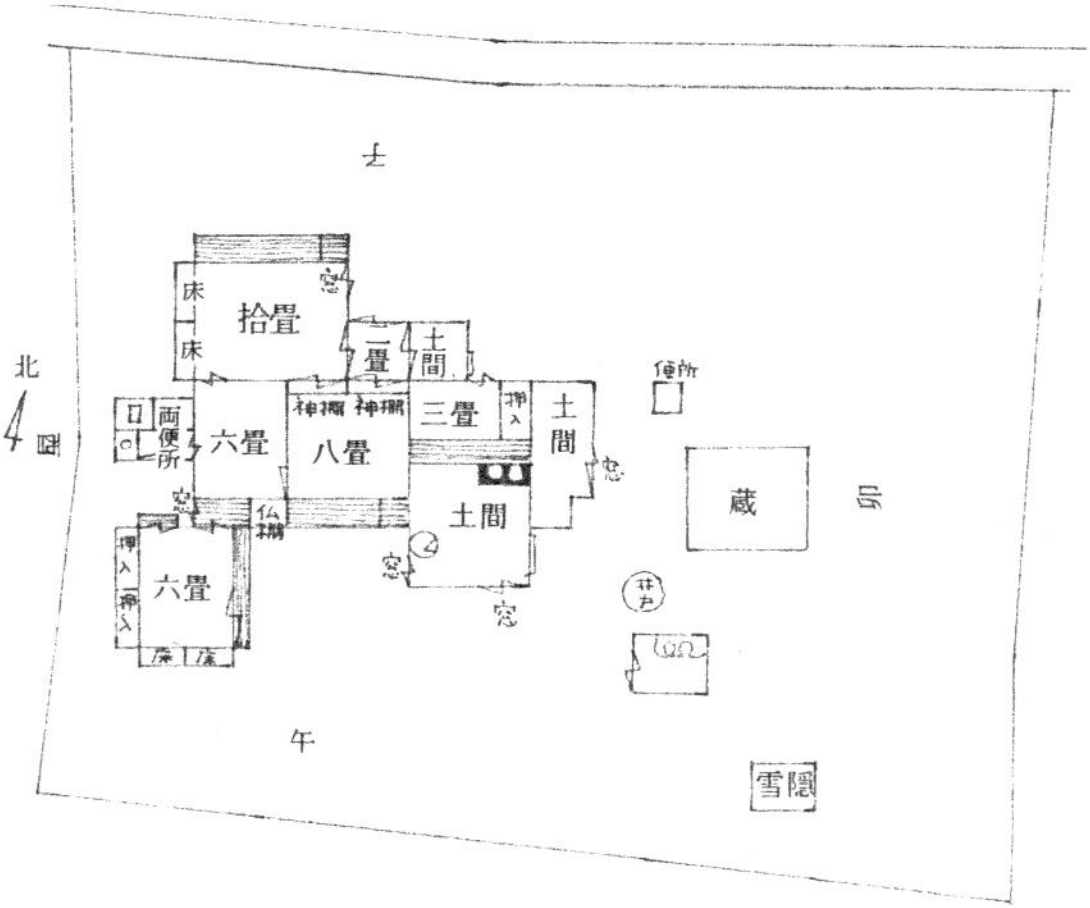


図92　福岡藩下級武士の住まい（北入り・29.5坪）

屋であろう。その南にはぬれ縁もある。そして家族の寝室は西端の仏壇が置かれた六畳の部屋であり、その南の六畳は隠居部屋であったとみられる。便所は住まいの西側に付随し、それを両便所と記す。おそらく客と家族の併用として使っていたのであろう。広い庭には蔵、外便所、外竈《そとがま》などがある。屋根は茅葺きであった。

では石城たちが暮らした忍藩の住まいはどうであったか。前にのべたように、かつて埼玉県教育委員会によって下級武士の住まい一戸が調査されているので、それをみよう。

図93は、図8の城下町南端の撤兵隊、足軽組と称する下級武士たちの居住地に建っていた南入りの住まいである（記号B）。そこに住んだの

図93　忍藩下級武士の住まい（南入り・14.5坪）（埼玉県の民家より）

は一〇人扶持の武士であったとみなされている。この住まいは、これまでにみたほかの藩の下級武士の住まいよりかなり小さい。部屋も台所を除いて八畳の座敷と四・五畳の二室で計三室しかない。

石城は六畳の床の間付きの座敷を専用の書斎にあてがわれていた。また義弟の進が出立し、龍源寺《りゅうげんじ》の猷道《ゆうどう》和尚たちとで集まった茶の間は、この住まいの北側にある四・五畳のような部屋かもしれない。しかしそのときは、五、六人が集まり、また押入れもあった。そしてさらに、この住まいの茶の間とみられる四・五畳の部屋にはぬれ縁はないが、石城の自宅や土屋《つちや》宅の茶の間にはぬれ縁があった。このように考えると、石城宅も土屋宅もこの住まいよりもうすこし大きく、六畳ほどの広さではなかったか。そして部屋数も四室ほどの住まいであったことがうかがえる。

## 武士の住まいの特徴

これまで、江戸時代初めから中後期にかけての中下級武士の住まいをみてきた。ここに示したのは一部の代表例であるが、それは中下級武士の住まいの全体的傾向を示しているとみてよい。では、その住まいの特徴はどこにあったか。

まず、中下級武士の住まいは必ず座敷と茶の間を持っていた。その座敷には床の間があり、その横には押入れや違い棚を備えている。そしてたまには付書院を設けた住まいもあった。そこは祝いの日、または友人たちとの酒宴の部屋であり、ふだんも皆がそこによく集まる。そしてまた主人の日常の居場所であり、書斎でもあった。このような座敷は桃山から江戸時代初めにかけて京都の寺や武士の住まいで成立し、それがやがて江戸や地方城下町の武士の住まいに普及して行く。

一方、茶の間は家族の集まり部屋である。そこで食事をし、またお茶を飲んですごしたり、さらに友人たちもそこによく集まった。だんらんの部屋ともいえる。そのような茶の間も、まず京都の武士の住まいで成立し、地方に普及して行ったのである。

この二つの部屋は、住まいにおける社会生活と家族生活のそれぞれの核的空間であり、武士のすべての住まいに設けられていた。

そのほかに居間、納戸、物置、仏間などの部屋があるが、居間は妻たちの日常の居場所であった。主人は書斎として使う座敷に居たので、妻や子どもたち、そして祖母たちは居間ですごした。そのような居間も江戸時代初めの京都における与力の住まいで初めて成立していた。その場所は茶の間のとなりであったり、それに近いところにある。その居間には押入れもあり、庭に面したぬれ縁もあった。今の住まいでの居間とはリビングのことをいうが、それは明治以降に外来の洋間に建築家が当てはめた名称であって、本来の居間とは異なっている。

納戸や物置には箪笥《たんす》や長持《ながもち》を入れておき、そこを寝室に使った。また仏間もあったが、それは仏壇を置いた部屋のことであり、老人たちの部屋に使われることが多い。そして中級武士の住まいには小者、下男下女たちの小さな部屋もあった。このように武士の住まいは座敷と茶の間を核にして、多様な用途の部屋に分かれていた。

台所は板間と土間の二つがあり、冬寒い東北や北陸信州などの住まいは板間が多く、それ以外の西日本などは土間が多い。住まいにおける地域性である。その点からみれば、茶の間の大きさも、東北や北陸信州ではかなり広く、そのほかの地域では小さい。これも地域性といえるが、このちがいは何によるものか。武士の家族人数は平均五、六人でこの二つの地域でちがいはあまりない。とすればほかに理由がある。

一つは煮炊きの生活文化のちがいであろう。前者の地域の住まいには概《おおむ》ね大きな囲炉裏があり、後者の地域の住まいにはそれがない。囲炉裏では煮炊き、採暖、乾燥、湯沸かしなどをしたが、囲炉裏のない地域での煮炊きは土間の竈でおこなった。このちがいが茶の間の広さに影響を与えたのであろう。

囲炉裏と竈を併用した地域もある。石城たちが暮らした忍藩城下の寺の住まいには、土間に竈、床上の茶の間に小さな囲炉裏があった。その囲炉裏でお茶を沸かしたり、採暖にも使い、煮炊きは竈でおこなっていた。しかし石城宅や土屋宅など武士たちの茶の間には囲炉裏はなく、大きな櫓《やぐら》こたつで暖を採っていた。

このような囲炉裏と竈の併用は江戸の住まいにもあった。たとえば芭蕉《ばしよう》が喧騒《けんそう》な日本橋《にほんばし》を離れて静寂な深川《ふかがわ》に移ったときの庵《いおり》である。それを芭蕉庵《あん》と皆が称したが、庵の中は小さな囲炉裏のある四畳半の部屋とへっついと称する二つ穴の竈を据えた三畳ほどの土間の

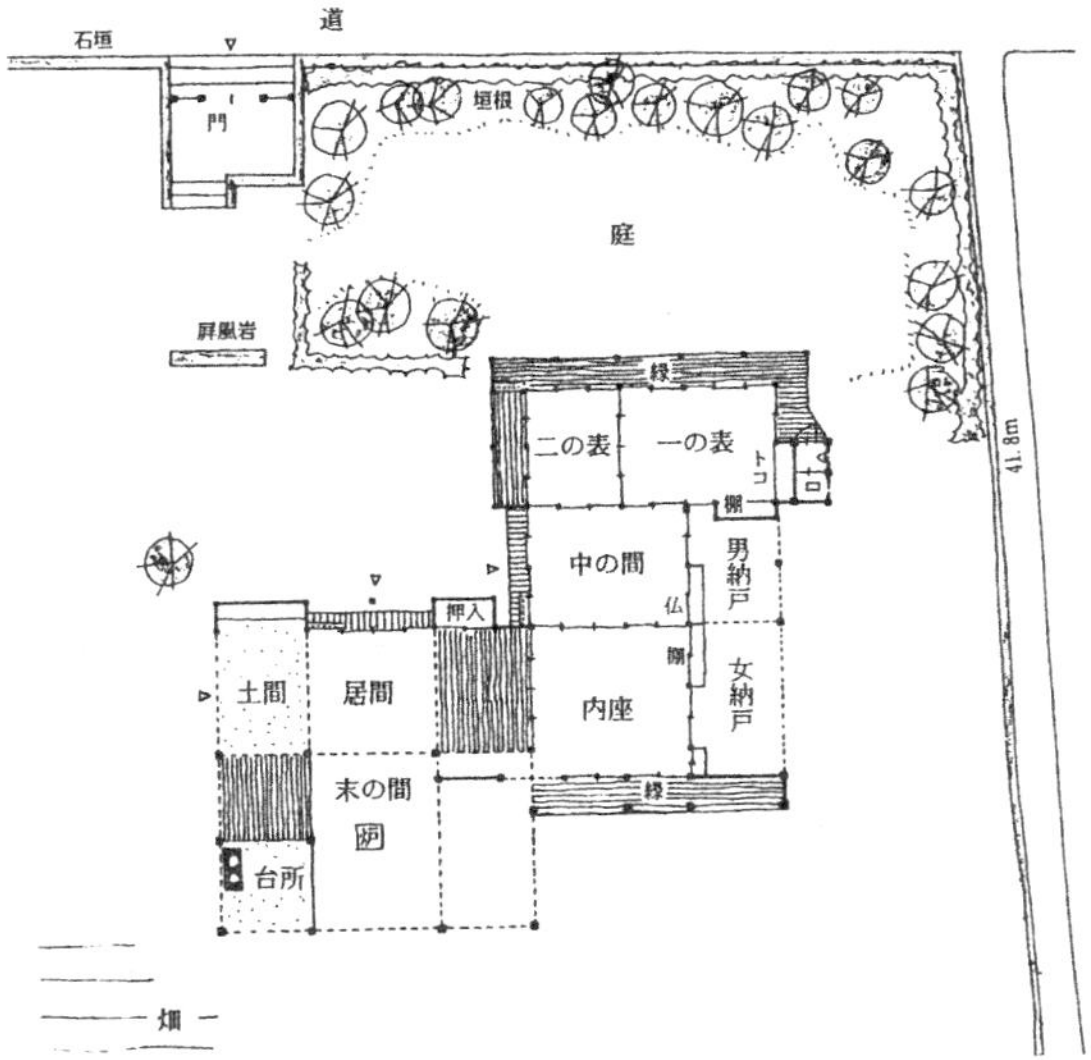


図94　鹿児島藩在郷武士の住まい（北入り・41.8坪）

二室であった。常に多くの俳《はい》諧《かい》を究める仲間が集まってくる。ときには竈で飯を炊き、囲炉裏端で豆腐を肴《さかな》にして酒を飲み、菜飯《なめし》を食べながら夜遅くまで語り合った（拙著『清閑の暮らし』参照）。

以上からして、日本の煮炊きの生活文化は囲炉裏中心型と竈中心型、それに併用型の三つに分かれるようだ。茶の間の広さはそれと関係がある。

もう一つは接客文化であろう。東北や北陸信州における広い茶の間を持つ住まいでは、身近な客も囲炉裏のある茶の間に迎え入れ、囲炉裏を囲んで家族と対応することが多い。

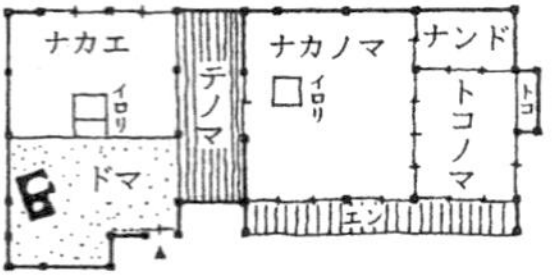


図95　鹿児島藩農民の住まい（宮崎県小林市・26.8坪）

その茶の間の位置も式台や土間玄関近くに設けているのが多い。だが西日本の住まいでは、茶の間は住まいの奥に設けられ、その部屋まで客を迎え入れることはあまりせず、玄関近くの部屋で対応することが多い。接客文化がこの二つの地域で異なっていたといえる。それが茶の間の広さに影響を与えたものと考えられる。

　ところが西日本でも、南九州に入るとその住まいは異なる。鹿児島藩は約三万七〇〇〇戸の下級武士を在郷《ざいごう》（村）に住まわせたが、図94はその一つの知覧郷《ちらんごう》に建つ住まいである。それをみると、末《すえ》の間《ま》と称する囲炉裏を備えた一〇畳の広い茶の間のような部屋がある。そして図95は同じく鹿児島藩の民家であるが、そこにもナカエと称する囲炉裏を備えた一〇畳もの広い茶の間のような部屋が設けられている。このことから日本列島全体でみた場合、囲炉裏を備えた広い茶の間を持つ住まいは南九州と前にのべた東北や北陸信州となる。なぜにそのようなサンドイッチ状の分布になるのか。

　ロマンを持って想像すれば古くは縄文と弥生に行き着く。紀元前三世紀ごろに弥生時代が始まるが、その稲作文化は大陸からの渡来人によってもたらされた。まず北部九州に渡来した彼らは、それまでの土着民であった縄文人と融合しつつも、彼らを南と東および北に追いやり、やがて大和《やまと》を征服する。いわゆる神武東征《じんむとうせい》である。南に追いやった縄文人を熊襲《くまそ》または隼人《はやと》、東と北に追いやった縄文人を蝦夷《えみし》と蔑称《べっしょう》した。その縄文人が暮らした住

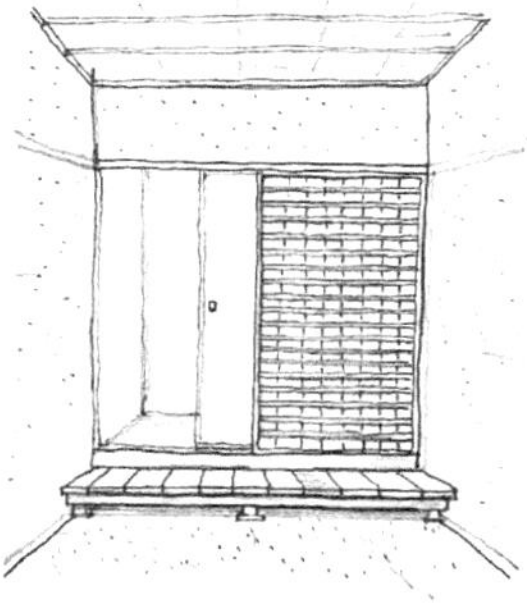

図96　武士の住まいにみる土間玄関

図97　中級武士の住まいにみる式台

まいは囲炉裏のある土間の竪穴《たてあな》住居であった。彼らはその囲炉裏で煮炊きをし、採暖をし、その廻りで休息したり寝たり、また今日の狩猟採集の収穫の喜びを皆で語り合う。そのような暮らしの文化が延々と持続してきたのであろう。因《ちな》みに弥生人がもたらした住まいは床《ゆか》を高くした板間の高床《たかゆか》住居で、そこに囲炉裏はなかった。

住まいの入口は、中級武士の住まいでは客のための土間玄関または式台がある。それらは特別の日にしか使わず、ふだんの客は庭を通ってぬれ縁から座敷に至ることが多い。そして家族の入口は台所へとつながる土間入口である。中級武士の住まいはこの二つの入口があったが、下級武士の住まいになると土間玄関だけで、それを客と家族に併用する場合が多い。

改めてその玄関を説明すると、土間玄関とは間口一間、奥行き半間から一間の土間に巾《はば》一尺ほどの上がり段（上がり框《かまち》ともいう）を設けたもので

図98　寝殿造の中門廊（年中行事絵巻より）

あり（図96）、式台とは間口一間、奥行半間ほどの低い板間の玄関である（図97）。ともに室町時代末期までの住まいにはなかったから、それ以降に成立したものといえる。それより前の玄関とは、管領《かんれい》細川《ほそかわ》邸など一部の支配者層の住まいに平安時代の寝殿造《しんでんづくり》にみる中門と称する客入口がまだ引き継がれていたが（図98）、それ以外の武士の住まいにはなく、客は沓脱台《くつぬぎだい》からぬれ縁に上がって部屋に入る方式であった（図99）。やがて土間玄関と式台は京都における安土桃山

図99　縁と沓脱台（花山院殿－洛中洛外図・町田本より）

から江戸時代初めにかけての上級武士などの住まいで初めてつくられ、それが地方の城下町の武士の住まいに普及する。

武士の住まいといえば、すぐに式台がイメージされるが、実際は土間玄関も多かったのである。この土間玄関は、明治以降の都市中間層の住まいに引き継がれ（図100）、今の住まいにもかたちを変えてつくられつづけている。このような玄関は世界の住まいに類を見ない。たとえば、となりの中国や韓国の住まいは開き戸を入るとそこは室内であり、また欧米の住まいも同様である。玄関は社会と家族との接点空間であり、しかも人を大切に迎えるという日本独特の社会的空間であった。

次にぬれ縁である。それは中下級を問わず、座敷の前と茶の間などの前に必ず設けていた。前にのべたように、座敷前のぬれ縁はふだんの客の出入口であり、また客がそこに腰

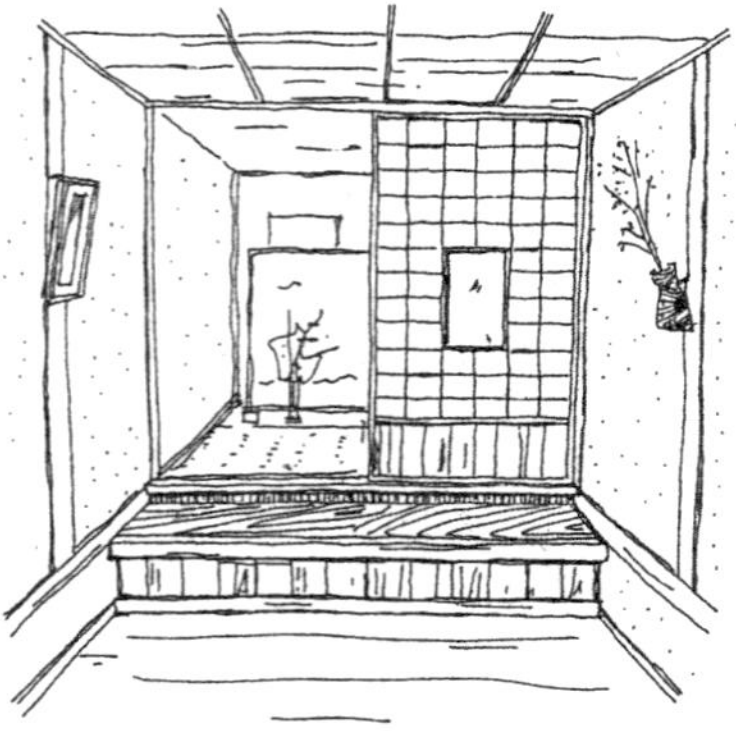

図100　戦前の都市中間層の住まいにみる土間玄関

を掛けて家人らと語らう風景が多くみられた。酒宴のときはそこで田楽を焼くなどさまざまに利用されていた。そして家族にとっても、茶の間の前のぬれ縁は庭と上がり降りのし易い踏み段であり、便所に至る廊下でもあった。そしてまた日本海側の住まいでは土間の縁、すなわち土縁《どえん》が多くみられた。土縁は土間であることから風通しもよく、住まいの内外を開放的に連続させていた。

そのようなはっきりとした役割を持つと同時に、縁は内でもなく、外でもないファジーな空間でもあった。それは外からみても、内からみても広がりのある延長空間となる。このファジーな縁を挟んで住まいの外と内との連続性があった。このことが大きな特徴ともいえる。

ところで縁は平安時代には簀子《すのこ》と呼んでいたことは前にのべた。それが縁と呼ぶようになったのは室町時代からである。なぜそのように変化したのか。それはどうも仏教と関係がありそうだが、今のところはっきりしたことはわからない。

塀は中級武士の住まいでは垣根または板塀と土塀である。概ね東日本の住まいで垣根と板塀、西日本の住まいで土塀という地域性がみられた。また南九州は石塀の傾向にあるから、塀の地域性はこの三つに分かれる。垣根は薬用食用にもなるさまざまな樹木でつくられ、自然の趣ある景観を呈していた。またそれらの樹木の葉は小さく、よって風通しもよい。土塀にしてもそう高くはない。それも土壁の色であるからして落ちついた雰囲気である。このように多少の塀はあっても、道と住まいとの関係は開放的連続的であった。屋根は茅葺《かやぶ》きが全国的にみられる中で、東日本は板葺き、西日本は瓦葺きという地域性がみられる。その板葺にする理由はやはり積雪の重みゆえのことであろう。

そして住まいの大きさは中級武士で四〇坪前後、部屋数も六〜七室もある。今の一般の住まいと比較しても決してひけをとらない。また下級武士の住まいにしても中級武士の住まいより小さいが、それでも規模において三〇坪前後もあり、部屋数も四〜五室ほどはある。このように江戸時代の武士の住まいは思ったよりも大きく、その内容は多様な部屋で構成され、しかもその土地の風土に適応した城下町独特の特徴と地域性も多くみられたのである。

## 武士の住まいのつくり方

これまでにみた中下級武士の住まいには、そのつくり方に共通の考えと理念があった。それは、北入り、南入り、東入り、西入りのいずれの方位の宅地入口であっても、座敷などの接客空間は門のある道側に面し、茶の間、居間などの家族生活空間はその反対側に設けていた。つまり北入りの住まいでは、道のある北に座敷を面し、南に茶の間や居間を設けていたが、南入りの住まいではその反対に、道のある南に座敷を面し、北に茶の間や居間などを設けていた。同じように、東入りの住まいでは道のある東に座敷を面し、西入りの住まいでは道のある西に座敷を面し、茶の間や居間などはその反対側に設けていた。そして住まいの正面を道側に向け、その方向に広く開口し、道と住まいの関係は多少の門と塀があっても開放的なつながりであった。方位よりも道を重視していたのである。

このようなつくり方は表《おもて》—裏《うら》の考えにもとづいている。表とは公的な生活領域であり、晴《はれ》を意味する。一方、裏とは私的な生活領域であり、褻《け》を意味する。

武士の住まいに表—裏の考えがあったことは従来からいわれていたが、しかし表とは南側の領域とみなされていた。したがって晴の空間とされた座敷は日当たりのよい南側を優先的に占有し、そのために家族の部屋は北側の条件の悪いところに追いやられていたとみなされた。このことは、大正以降の住宅改善運動や啓蒙《けいもう》建築家たちによって、武士のつくり方を引き継いだ在来の住まいは接客本位であるので、これからの住まいは家族本位にしなければならないという住まいの近代化論の一つの根拠とされてきたが、事実はそうではなかったのである。

表とは南ではなく、入口のある道の方を示す。そして裏とはこれまた方位に関係なく、それと反対方向を示す。この考えにもとづいて住まいがつくられ、どのような方位の宅地入口であろうとも、その道側に晴の空間である座敷を面し、その反対側に褻の空間を設けていたのである。そのことにより結果的に茶の間と居間などの家族の部屋は南側にも多く面していた。もちろん藩によってはこれと異なる住まいもみられるが、全国的傾向としてみた場合、そのような住まいが主流であった。

このような道に広く開かれた住まいは、外からやってくる人びとを大切にするという考えでつくられたといえる。そしてこの共通の考えで建てられた町並みは、多少の外観のちがいはあっても、統一感のある落ちついた趣を呈していた。今に残る古い町並みが景観的にも優れ、われわれの心を和《なご》ませるのは、このような統一されたつくり方にある。

さらに庭も表庭と裏庭の二つが設けられていた。表庭とは宅地入口のある道側の庭をいい、それは座敷の前にある。そこにはさまざまな草花樹木が植えられ、また築山《つきやま》もつくられていた。一方、裏庭とは道と反対側の庭をいい、それは茶の間や居間の前にある。そこには実のなる樹木なども植えられ、また自給用の菜園もあった。この表庭と裏庭の二つがあることは、住まいの両側にほどよい空地ができること、しかもその庭と座敷および茶の間などの部屋がぬれ縁を介して開放的連続的につながり、そのために風通しはきわめてよい。また道からみた武士の住まいの町並みは、道が狭いにもかかわらず、道の両側に表庭を各々の住まいが設けているために広々とした開放的な雰囲気であった。総じて武士の住まいは、外の自然および社会と非常に調和していたといえる。

では、このような宅地の入口がどのような方位であっても、道に向けて住まいを開放的に構えるというつくり方は日本古来からの特質であったのか、またはいつごろ成立したの

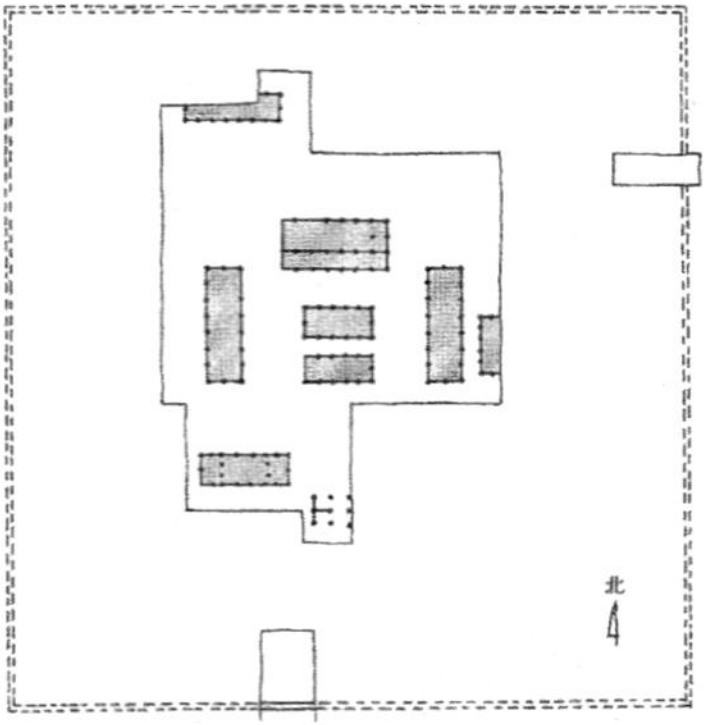


図101　平城京左京五条二坊十四坪の遺跡（奈良時代後半）

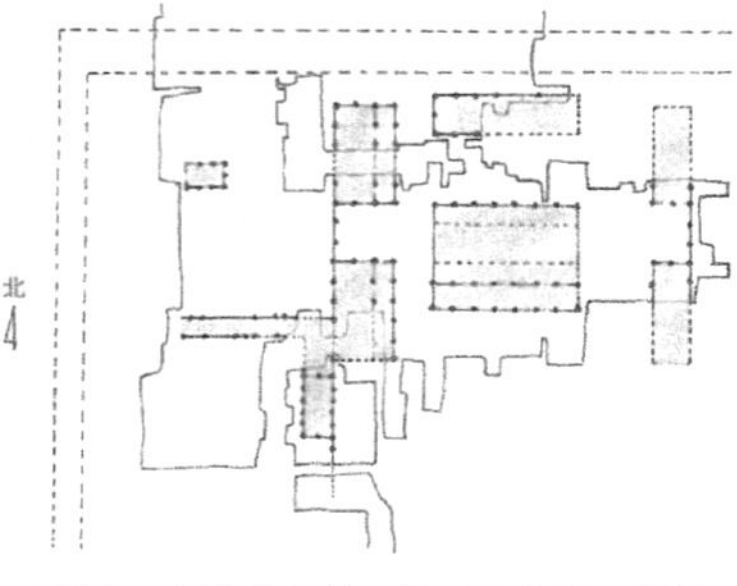


図102　平安京右京一条三坊九町の遺跡（平安時代前期）

であろうか。

江戸時代の武士の住まいの源流をたどれば古代の貴族邸宅に行き着く。これまでの考古学的邸宅遺跡調査によれば、奈良時代から平安時代初めまでの貴族邸宅はどれも南入りで、住まいの正面も南に向けるというつくり方であった（図101・102）。しかも邸宅のかたちも左右対称である。これは南方位を尊重する中国の住まいのつくり方からの流れである。中国では古代から陰陽五行《いんようごぎょう》思想にもとづいた儒教の考えで住まいがつくられ、南を陽の方位として尊び、北を陰の方位として嫌い、「君子南面を擁《よう》す（賢い人の住まいは南面にする）」

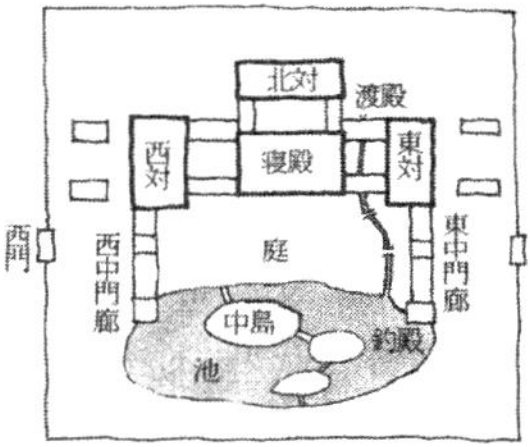


図104　左右対称の寝殿造

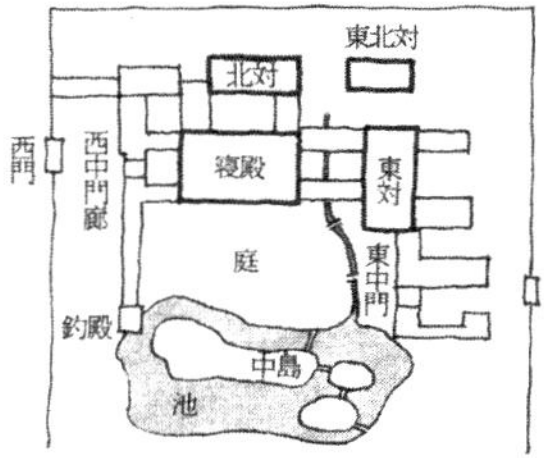


図105　左右対称が崩れた寝殿造

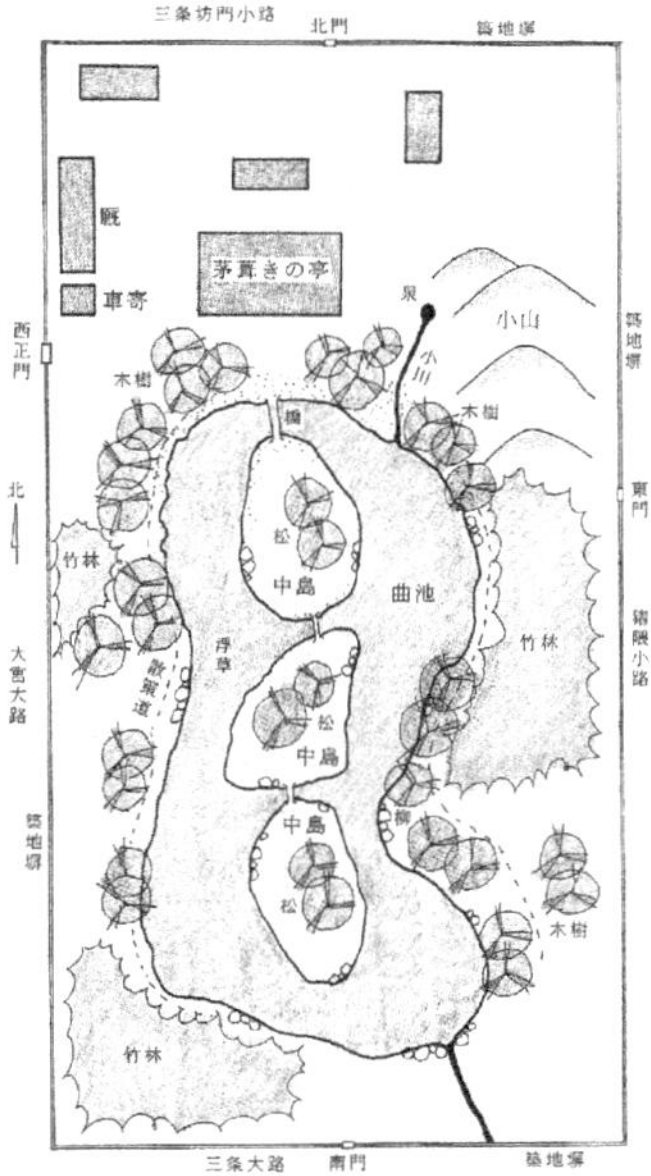


図103　兼明親王の池亭（天徳3年・959）

として南向きと南入りを原則とした。またその建物は厳格な左右対称であった。それに日本も倣ったのである。

　ところが、平安時代の中ごろから終わりごろにかけて東入り、または西入りの邸宅がつくられるようになる。それは南の庭に曲池《きょくち》を設けるようになり、そのために南入りができず、東または西入りとなった。いわゆる寝殿造の成立である。そ

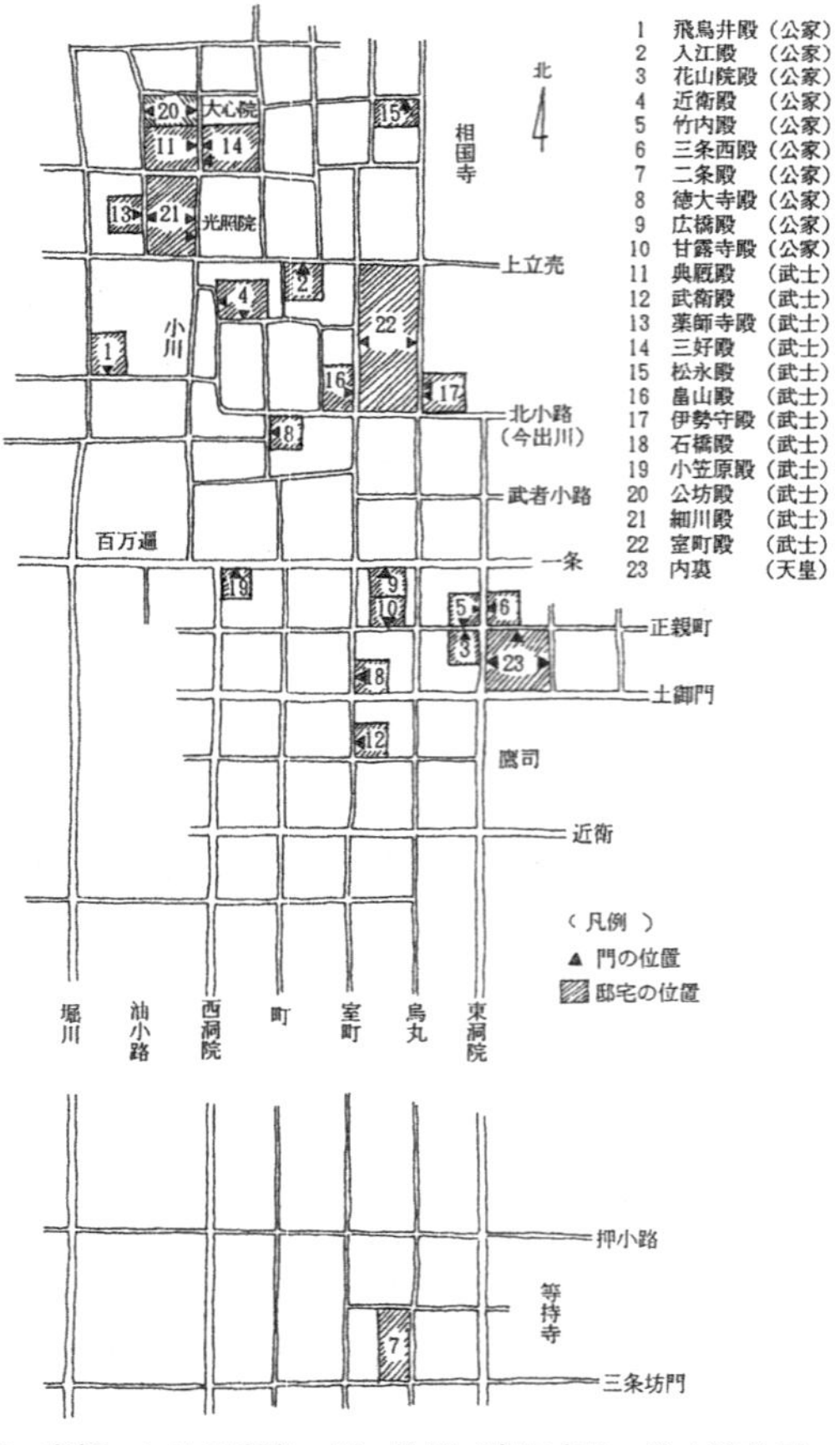

| | | |
|---|---|---|
| 1 | 飛鳥井殿 | （公家） |
| 2 | 入江殿 | （公家） |
| 3 | 花山院殿 | （公家） |
| 4 | 近衛殿 | （公家） |
| 5 | 竹内殿 | （公家） |
| 6 | 三条西殿 | （公家） |
| 7 | 二条殿 | （公家） |
| 8 | 徳大寺殿 | （公家） |
| 9 | 広橋殿 | （公家） |
| 10 | 甘露寺殿 | （公家） |
| 11 | 典厩殿 | （武士） |
| 12 | 武衛殿 | （武士） |
| 13 | 薬師寺殿 | （武士） |
| 14 | 三好殿 | （武士） |
| 15 | 松永殿 | （武士） |
| 16 | 畠山殿 | （武士） |
| 17 | 伊勢守殿 | （武士） |
| 18 | 石橋殿 | （武士） |
| 19 | 小笠原殿 | （武士） |
| 20 | 公坊殿 | （武士） |
| 21 | 細川殿 | （武士） |
| 22 | 室町殿 | （武士） |
| 23 | 内裏 | （天皇） |

図106 京都における邸宅の門の位置（室町末期－洛中洛外図より作成）

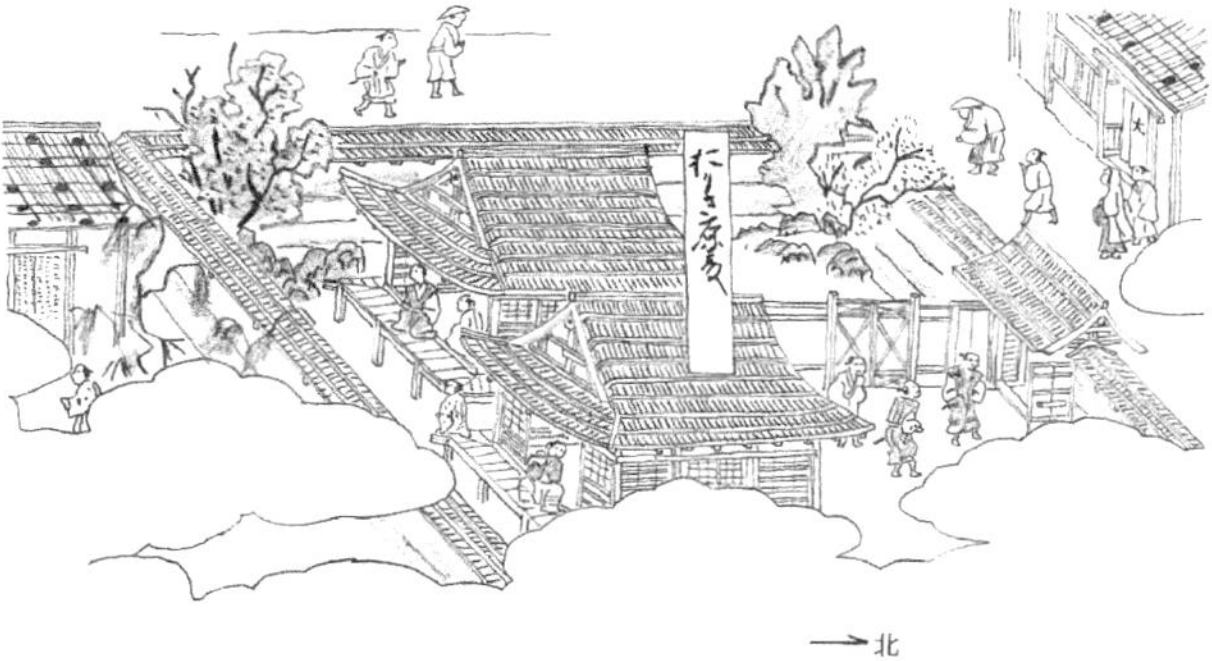


図107　室町末期の北入りの邸宅—小笠原殿（洛中洛外図・東博模本より）

のことは、当時の貴族が書いた『池亭記《ちていき》』、それに『年中行事絵巻』などをみればわかる（図103・104）。また邸宅のかたちも左右対称からしだいに崩れ、変化する。しかし邸宅の南向きは依然として変わらなかった（図105）。

　このことは、宅地の四周に路《みち》が通る一町《ひとまち》以上の大きな邸宅でのことであるが、では、それより小さな邸宅ではどうであったか。当時の宅地の班給《はんきゅう》は官位によって広さが決められていた。三位《さんみ》以上の公卿《くぎょう》（上級貴族）は一町、四、五位の殿上人《てんじょうびと》（宮中の昇殿が許される中級貴族）は二分の一町、六位以下の地《じ》下《げ》人《にん》（宮中の昇殿が許されない下級貴族）は四分の一町である。この二分の一町や四分の一町の宅地になると、場所によっては南に路のない宅地も出てくる。しかしそれでも何とか南入りにしたようだ。たとえば、鎌倉時代初めの歌人藤原定家《ふじわらのていか》の邸宅をみると、その宅地の南には路はなかったが、わざわざ西からの袋小路《ふくろこうじ》を南に設けて南入りにしていた（太田《おおた》静六《せいろく》氏の復元による）。この時代になっても、また小規模であっても、やはり住まいの南向きと南入りへの志向が強かったのである。

ところが室町時代の終わりごろになると、北入りの邸宅が初めて出現する。それまで北の方位を忌み嫌っていたのにである。それは当時の京都の風景を描いた屏風《びょうぶ》絵の『洛中洛外図《らくちゅうらくがいず》』にそのような公家や武士の邸宅が出てくる（図106・107）。つまり東西南北のあらゆる方位の宅地入口に向けて邸宅を構えるというつくり方に変化する。そして邸宅もその方向に広く開くようになる。それはこれまでの中国の住まいのつくり方の受容から日本独自の新たな住まいへの変化と創造であった。それが、前にみた江戸時代初めの公家町の街区であり、与力同心の住まいであった。江戸や地方城下町の住まいはそのような京都の革新的創造的な街区と住まいのつくり方を見倣ったのである。

それでは何故に室町時代にかけて、そのようなあらゆる方位の宅地入口が生まれ、その道に面して住まいを開放的に構えるようになったのか。そこには日本人の方位観の変化があり、その背景に日本仏教の自然化の流れがあったが、そのことをつぎに考えよう。

## 日本人の方位観

中国古代の儒教は飛鳥《あすか》以前にすでに日本に伝来していた。儒教はそれまでの呪的《じゅてき》儀礼や喪《も》祭《さい》などを司《つかさど》っていた原儒《げんじゅ》をもとに孔子《こうし》によって成立したとされ、その本質は祖先祭祀《さいし》にあった。しかし儒教式の冠昏喪祭《かんこんもさい》は日本には根づかず（上山春平《うえやましゅんぺい》『仏教と儒教』）、平安時代の初めまでは、一部権力者の古墳を除いて貴族と庶民は墓を持たず、死体は山野や河原などに遺棄するのがふつうであった。

『続日本後紀《しょくにほんこうき》』の承和《じょうわ》九年（八四二）一〇月一四日条には、「令焼斂嶋田及鴨河等髑髏、惣五千五百余頭（嶋田《しまだ》および鴨河等《かもがわなど》の髑髏《どくろ》すべて五千五百余頭を焼いて埋めさせた）」とあり、鴨川などには膨大な死体が捨てられており、そこが庶民の葬送の場所であった。

また貴族においては宇治《うじ》の木幡山《こはたやま》が埋骨の地であったが、『栄華物語』のうたがひの条には、「真実の御身を斂《おさ》められ給《たま》へるこの山には、たゞ標《しるし》ばかりの石の卒塔婆《そとば》一本ばかり立てれば、又参り寄る人もなし」とあり、木幡山には至るところに勝手に埋葬され、そこには参る人もいない寒々とした風景であったという（田中久夫《たなかひさお》『祖先祭祀の研究』）。この背景には死穢《しあい》（死体のけがれ）を忌《い》むという当時の風潮があり、山送りと呼ばれた荼毘所《だびしょ》への葬送の列には加わらず、また貴族たちは自分の肉親や親の墓に参ることをあまりしなかったし、その場所もはっきりと知らないというのが一般的であった（高取正男《たかとりまさお》『神道の成立』）。

その後、平安時代の中ごろから仏教が葬儀や祖先祭祀をおこなうようになる。その先鞭《せんべん》は空也《くうや》のようだ。彼は遺棄された死者の冥福《めいふく》を念仏によって祈り、また供養などの仏事を催したので市聖《いちのひじり》と呼ばれた。そして平安の終わりごろにかけて遺骨の一部を高野山《こうやさん》に納めることが流行し、以後の日本人の遺骨信仰へと展開していく。

　また儒教とともに伝来した陰陽五行思想は加持祈禱《かじきとう》や方位などを占う陰陽道《おんみょうどう》として平安時代に流行《はや》ったが、それは南を陽、北を陰の方位とし、北東の方位を鬼門《きもん》とした。そして平安京にとって北東にある比叡山延暦寺《ひえいざんえんりゃくじ》は守護神とされた。しかし鬼門とする北東の方位は、もとは中国における黄河中原《こうがちゅうげん》に栄えた都からみて、絶えず浸入され、脅かされてきた北方騎馬民族や匈奴《きょうど》たちがいる方位を指す。よって紀元前四世紀の戦国時代から漢代にかけてその方面を重点に万里の長城が築かれた。鬼門はそれと結びついたものであり、日本に導入してもその意味と根拠はまったくなく、単なる迷信にすぎない。これに便乗した家相も幕末に一種の流行を生んだが、そこにも鬼門の概念が取り入れられている。実態としては、東西南北あらゆる方位に向けて住まいを構えていたので、そのことによる影響はまったくの皆無であった。このようなまやかしはいつの時代も世の中が不安定になると必ず鎌首をもたげてくる。

　日本古来の方位観としては素朴な西方《さいほう》信仰があったとされる。山折哲雄《やまおりてつお》氏がいうように、古神道《こしんとう》においては死者の魂はあの世に行くと考えられていたが、山の稜線の向こうに沈む夕日の荘厳な風景にまさにあの世を連想したのであろう。

　そのような中で、浄土教による西方信仰が起こる。浄土教は平安時代の中ごろから源信《げんしん》、空也らによって貴族庶民の間に急速に広まり、死者の魂は阿弥陀《あみだ》如来のいる浄土に赴くものと信じられた。そのためには念仏をし、阿弥陀を観想《かんそう》（阿弥陀の前で念仏に集中して阿弥陀を思い浮かべる）することが必要とされ、寝殿造の邸宅にも、そのための阿弥陀堂、御《み》堂《どう》または念誦堂《ねんじゅどう》なるものがつくられる。その浄土とは西方十万億土の遥《はる》か彼方《かなた》にあるとされ、西を向いて念仏し観想した。

山折哲雄氏によれば、浄土教の西方信仰はこれまでの素朴な西方信仰と結びついて広く浸透したといい、それは、太陽が没する水平線の彼方が西方であることからすれば、日没時の荘厳な光景を賛美し、日輪の永遠の巡りと蘇《よみがえ》りを祈願する者の心に、西方のイメージがこの世のものならぬ世界に移ったとしても不思議ではないとのべているが（山折哲雄『聖地と方位』）、これは日本の山々を霊山として信仰してきた古来からの山岳宗教にもつながる。

死者は北枕で西向きに寝かせるようになるが、それは死後の西方浄土への旅立ちを願ったのであろう。藤原頼通《よりみち》が建てた宇治の平等院は極楽浄土を表したものとされるが、それは東向きであり、その前には池がある。阿弥陀仏は西壁を背面にして東を向き、拝む人は西を見ることになる。その風景はまさに西方浄土を連想させるものであった。

鴨長明《かものちょうめい》は、鎌倉時代の初めに平安京の南の日野山《ひのやま》に方丈《ほうじょう》（約三・一メートル四方）の草庵を結び、そこでの隠棲《いんせい》の暮らしの風景を『方丈記』に書いている。その庵《いおり》の外から西の方を眺めて「紫雲《しうん》のごとくして西方《さいほう》に匂《にお》ふ（大福光寺本《だいふくこうじぼん》）」と記し、阿弥陀仏が紫雲に乗って来迎《らいごう》するようだと感激する。また「西の垣《かき》に添《そい》て、阿弥陀の畫像《えぞう》を安置し奉《たてまつ》りて、落日を請《こう》て、眉間《みけん》の光とす（流布本《るふぼん》）」とある。西の垣とは庵の西壁のことであり、そこに阿弥陀の画像を掛け、それに向いて念仏をすれば、西に沈む夕日が松葉でつくった壁の隙間から洩《も》れ、それが阿弥陀の眉間の白毫《びゃくごう》（白い毛）の光のように映るという。

このように西を聖地とする方位観は浄土教によって広く普及された。それまでの陰陽五行思想にみる西は陰の方位であったから、それを払拭《ふっしょく》する方位観であった。しかしやがてこのような西方位観は鎌倉時代にしだいに変化する。それは日本仏教の自然化を背景にしていた。

平安時代の中ごろ以降に貴族庶民に大きな影響を与えた浄土教は、鎌倉時代の法然《ほうねん》と親鸞《しんらん》によってさらに庶民の中に深く浸透していく。延暦寺に学んだ法然は民衆のもとに下りて専修《せんじゅ》念仏を広め、長くて難解なお経を読んで阿弥陀を観想しなくとも、南無阿弥陀仏の六文字を唱えるだけで浄土へ赴けると諭す。この大胆な教えに、阿弥陀堂や仏画を持たない貧しい庶民はそれに強く引かれ共鳴した。また女性を排除してきたこれまでの仏教を見直して女性も仏の前では平等であるとのべ、その対象はさらに悪人まで及ぶ。親鸞は法然の思想をさらに進化させ、有名な「善人なをもて往生《おうじょう》をとぐ、いはんや悪人をや（歎異《たんに》抄《しょう》）」のことばを示し、善人でさえ往生できるのに、悪人こそ当然のこと往生できるとする逆説的な考え、すなわち煩悩《ぼんのう》深い悪人こそ救済すべきとする悪人正機《しょうき》の考えを徹底した。

これは男女、悪人善人の分け隔てなく往生できるとする平等思想であり、社会から切り離された人びとへの深遠な救済思想であった。そして親鸞はさらに、これまでの仏教戒律《かいりつ》で禁止されていた肉食妻帯《にくじきさいたい》を自ら率先して実行し、戒律の意味なしを示し、庶民の中へあるがままの自己をさらけ出したのである。すなわち阿弥陀のもとで庶民とともに生きるという自然法爾《じねんほうに》への道であった。

一方、曹洞禅《そうとうぜん》の道元《どうげん》は、当初は臨済禅《りんざいぜん》の栄西《えいさい》に学ぶが、まもなくしてそこを去り、中国に渡って天童寺《てんどうじ》に入門する。帰国後、浄土教の他力本願の考えを批判し、ただひたすら徹底的に坐ることで悟りを開くという只管打坐《しかんたざ》を唱え、やがてその思想を『正法眼蔵《しょうぼうげんぞう》』としてまとめるが、それは貴族や武士に広く受け入れられた。その思想的中心は身心脱落《しんじんだつらく》であり、すべての執着を洗い落とせという。執着とは名利《めいり》（名誉と利益）であり、欲望である。そして正法眼蔵の現成公案《げんじょうこうあん》の条には「仏道を習うということは自己を習うことである、自己を習うということは自己を忘れることである（玉城康四郎《たまきこうしろう》『道元』）」とあり、無私こそ悟りの一歩であると説く。

仏教のすべての経典には必ず「四方仏性《しほうぶっしょう》」ということばがある。これはあらゆる方位に仏性、すなわち仏がおわしますという意味である。これについても道元は摩訶般若波羅蜜《まかはんにゃはらみっ》の条で、「仏祖《ぶっそ》のからだ全体が般若《はんにゃ》（超越的な知恵）であり、東西南北いずれの方角もことごとく般若にほかならない（玉城康四郎『道元』）」とのべ、ここでは四方を具体的に東西南北といい、いずれの方角にも仏がおわします、とのべている。

さらに道元は、仏性は自然にも、また人間がつくった塀、壁、瓦、果ては石ころにまですべてに存在するとし、最澄《さいちょう》後の天台本覚論《ほんがくろん》による「草木国土悉皆成仏《そうもくこくどしっかいじょうぶつ》」すなわち山や川、そして草木一本に至る生きとし生けるものすべてに仏性ありとした考えをさらに進化させる。それらはまさしく、自然と人間を平等にみた思想であり、自然は人間のために存在す

図108　山越阿弥陀図（十三世紀前半・禅林寺所蔵）

るという欧米の思想とは明らかに異なる。

このように鎌倉時代以降の日本仏教にみる思想は、男女、悪人善人にかかわらず人間を平等にとらえ、そして自然や構造物まで平等にとらえ、さらに東西南北の方位までも平等にとらえている。そこには、前にみた陰陽五行思想や、それにもとづいた儒教にみるような方位に陰陽の差別をつける考えを超越する新しい平等的方位観を見出《みいだ》すのである。

ところで、浄土教による西方位観はどうなったか。それは山を霊山とみる日本古来の山岳宗教と習合し、身近な山に浄土があるという山中浄土観に変質するという（山折哲雄『日本人と浄土』）。つまり阿弥陀仏は西方の遥か彼方から紫雲に乗って来迎するのではなく、近くの霊山からやってくるのである。鎌倉時代になると、阿弥陀如来が山の上からこちらに降りてこようとする山越えの阿弥陀絵がつくられる（図108）。それは室町時代の終わりごろまでつづき、大坂の当麻《たいま》寺に祀《まつ》る恵心僧都《えしんそうず》の「山こしの阿弥陀」にわざわざ京都から拝みに行ったことが貴族の山科言経《やましなときつね》の日記『言経卿記《きょうき》』に書かれている。それは貴族だけではなく、庶民たちにも広く拝観されていた。

霊山と呼ばれる山は全国に存在し、北は恐山《おそれざん》、出羽《でわ》三山から南は英彦山《ひこさん》、阿蘇山《あそさん》まで九〇の山が数えられる（長野覺《ながのただし》『方位と風土』）。そして京都の近くには比叡山、愛宕山《あたごやま》、熊野《くま》《の》三山《さんざん》がある。このように霊山は身近なところにあったし、その山の方位は住むところから見れば、北であったり、南であったりさまざまである。そこには西を聖地とみる方位観はすでに消滅している。

京都の夏の伝統行事として有名な五山《ござん》の送り火がある。その山は東の大文字山《だいもんじやま》（大文字）、北東の西山《にしやま》と東山《ひがしやま》（妙法）、北西の船山《ふねやま》（舟形）と左大文字山（左大文字）、そして西の曼荼羅山《まんだらやま》（鳥居形）に火が灯《とも》され、人びとはそれらの山の向こうに亡き近親者や祖先の居るあの世を想った。この行事は盂蘭盆会《うらぼんえ》の祭事として室町時代の終わりごろから盛んにおこなわれるようになったとされる。ここにもすでに特定の方位観はなく、周囲の山々を一様に崇《あが》めている。

また江戸時代初めの京都の公家《くげ》たちの日記をみると、朝は「拝天地四方諸神」と記され、毎年元日の朝には東西南北の四方と天と地に向けて拝んでいた（『通誠公記《みちともこうき》』『廣橋兼胤公《ひろはしかねたねこう》武御用日記《ぶごようにっき》』）。そこでもあらゆる方位を平等に崇めている。

以上にのべたように、平安時代の中ごろに浄土教によってもたらされた西方位観は、鎌倉時代以降の日本仏教の自然化、平等化の中で、すべての方位を平等にとらえる全方位観に変化発展した。このことが、それまでの北など特定方位への抵抗感を無くさせ、室町末期から江戸時代初めにかけて北入りの住まいが生まれ、あらゆる方位の道に面して住まいを構えるようになった思想的背景であったと思う。つまりあらゆる方位を尊重するという考えである。そして同時に、座敷などの接客空間を創造するに至るが、それを明確に晴の社会的空間として道側に構えるようになった。やがて正門のある道側を表と称し、住まいの内外をつなぐ大切な接点空間としての位置づけがはっきりとしてくる。そのような住まいのつくり方の背景には、やはり外のあらゆる自然や人びとに仏性の存在を平等にみた日本仏教の自然化と平等化があろう。ともあれ、ここに武士の住まいにおける表―裏の空間秩序の成立とその意味がある。

江戸時代になって葬儀などの祖先祭祀《さいし》は仏教によって本格的におこなわれるようになり、並行してそれまでなかった仏壇、墓などが一般化する。そして平等思想と全方位観の仏教は寺檀《じだん》制度（家の構成員はすべてどこかの寺の檀家となる）のもとでさらに全国に普及する。各城下町には多くの宗派の異なる寺が建てられ共存し、檀家の祖先祭祀を武士町人の身分および男女の区別なく受け持ち、また貧富の区別なくすべての家が寺檀関係を結んだ。さらに家族の中でも成員によっては宗派の異なる寺と寺檀関係を結ぶ場合もみられた。その目的がキリシタン禁制のためであったとはいえ、江戸時代の寺はきわめて平等主義であり、鎌倉時代以降の仏教思想を忠実に継承していた。

すでにのべてきたように、江戸時代後期になっても、あらゆる方位の宅地入口の道に面して住まいを開放的に構えるというつくり方が主流であったが、それはこのような思想と方位観が幕末まで持続していたからであろうと思う。

## これからの住まい

現代の都市における戸建の住まいは、これまでのべてきた武士の住まいのつくり方とは大きく異なっている。それは東西南北どの宅地入口の方位であっても、建物は南側の宅地を広く空けて北側に詰めている。道からみれば、南入りの場合は南側に庭があるために開放的であるが、北入りの住まいは道のある北側に建物を詰めているために閉鎖的で圧迫された雰囲気である。

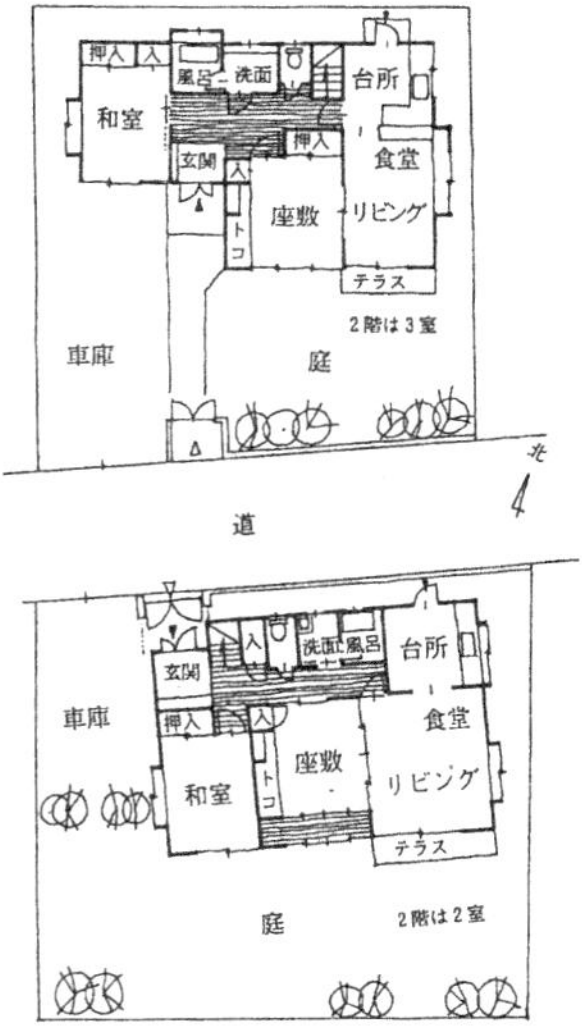


図109　現代の戸建の住まい（北入りと南入り）

間取りをみても、南入りと北入りの住まいのどちらも座敷と居間（リビング）などの部屋を押しなべて南面し、北側に便所、風呂、台所などの水まわり空間をまとめて並べている。建物の北側は、そこが水まわり空間ゆえに窓が小さいことと、北側の宅地の狭さとが相まってますます閉鎖的になっている（図109）。そのことは、東入りと西入りの住まいにもいえることである。

このように現代の住まいは南方位を偏重《へんちょう》なまでに重視した配置と間取りであり、とくに北入りの住まいを初めとして、東入りと西入りの住まいも近隣社会に背を向けた構え方である。すなわち道と住まいの関係が非常に閉鎖化しているのである。このことは、自然および社会との関係においてさまざまな問題が生じる。

その一つは風通しの悪さである。住まいの通風と換気は夏の高温多湿な日本風土においてきわめて大切であり、そのよし悪しが住む人の快適性と健康面を強く左右する。換気が悪いと結露が生じ易くなり、それは黴《かび》となっていわゆるシックハウスの原因ともなる。また住まいの構造材の腐食、仕上げ材の劣化にもつながり、住まいの安全性と耐久性に大きな影響をもたらす。

二つは近隣との社会的関係である。道に背を向けた閉鎖的な住まいは、その中の様子をうかがうことは難しいし、その住まいに人がいるかどうかがわからないようでは、近くに住む人にとって不安である。それとは逆に、道に開かれた開放的な住まいは近隣からみても住まいの中の様子がわかり易いし、また訪ね易い。このことは、近隣交流がうまくおこなわれるとともに、地域の安心にもつながる。

そしてこのような道に背を向けた住まいの町並みは、何か圧迫された感じをもたらし、統一感がなく、落ちつかない景観となる。

この現代の戸建の住まいの源流は、これまでにのべてきた江戸時代の中下級武士の住まいであるから、そのつくり方は、明治から現代にかけて大きく変化したことになる。それは明治以降の欧米文化の伝来により、それに強く影響された大正からの住宅改善運動や啓《けい》蒙《もう》建築家たちによる住まいの近代化論の主張に原因があった。その主張の主なものはプライバシーと家族本位、そしてふたたび南面化である。

それはまず、武士の住まいの流れを汲む在来の住まいは障子と襖《ふすま》で仕切られ、また通り抜けもあり、プライバシーのない遅れたものであるという考えである。しかしながらかつての住まいには日本的プライバシーといえるものがあった。それは互いに人を気遣うという気配《きくば》りの文化である。となりの部屋に人が居ても、障子と襖を閉めれば、そこに無下《むげ》に立ち入らないという謙虚さである。またそれを開けていても、そこに居る人の許可なく敷居をまたぐことがはばかられた。そして日本の住まいは夏を旨とするから、風通しのためには、広く開けられる障子と襖は最適の建具であった。それにその開け閉めを微妙に調整することができる。この引き違いの建具は古代の日本人が創造し発明したものであり、そのような建具は世界の住まいに例をみない。これに似たものがあっても、それは建具の上部に滑車を付けて吊り動かす方式で、しかも両引きである。日本のように敷居と鴨居に細い溝を彫り、建具をはめ込んだり、外《はず》したりして簡単に取り外しができる方式は細かい技を得意とした日本独特のものであった。

このように日本の在来の住まいは、個人主義と自己主張を理念とし、煉瓦《れんが》の壁で頑丈に

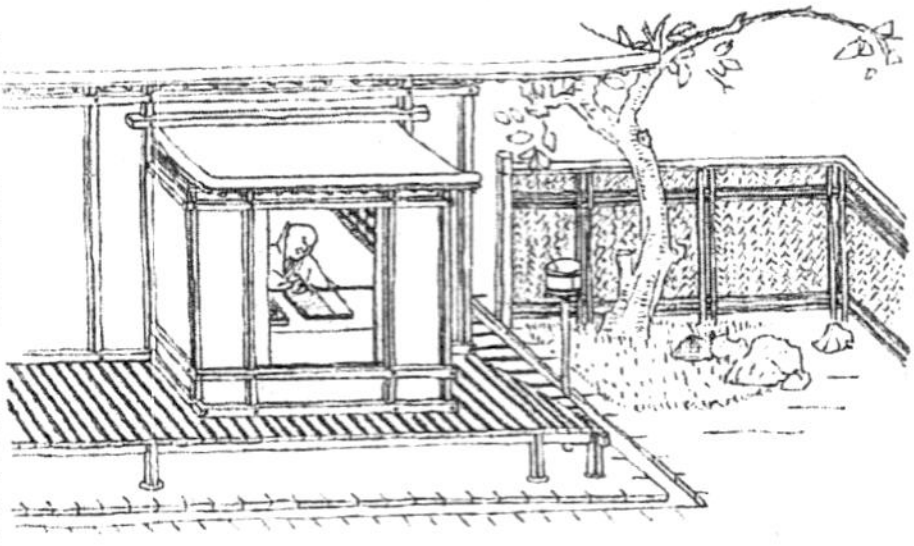

図110　付書院（法然上人絵伝より）

区画することを旨とした欧米の住まいの考え方とはまったく異なっていたのである。そのような日本の住まいのよさと文化を考えず、ひたすら欧米風の考えで住まいをつくってきた結果、現代にみる閉鎖的な住まいに変化してしまったといえる。

つぎに在来の住まいは接客本位であったとする考えである。すなわち座敷などの接客空間は住まいの多くの面積を占め、しかも南側の日当たりのよい場所を占有されて家族の部屋は条件の悪い北側に追いやられていた、そしてその座敷はたまの接客にしか使わず、家の格式を表す封建性の残骸《ざんがい》であり、これからの住まいはそれを追放し、家族本位にするべきという考えであった。

しかしながらこれまでみてきたように、武士の住まいにおける座敷などの接客空間は、面積的にも室数においても住まいの多くを占めておらず、むしろ茶の間を含めた家族の部屋の方が多い。またその座敷は、方位に関係なく道に面していたから、北向きの座敷もあれば、東または西向きもあり、さまざまであった。多くの住まいにおいて座敷は南側を占有していなかったのである。しかもその座敷はたまにしか使わないのではなく、ふだんは主人の書斎であり、友人たちもよく訪れ集まり、そこでと

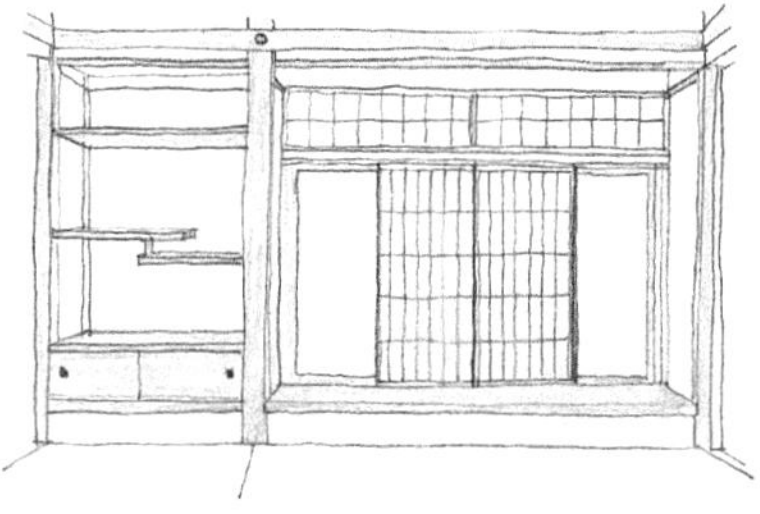

図111　東求堂同仁斎にみる違い棚と付書院

もに酒宴をしたりする。このような座敷は身分のちがいにかかわらずどの住まいでも設けられていた。よって座敷を格式性を表す封建性の残骸とする見方も当てはまらない。たしかに家作規制によって座敷の広さを身分ごとに決めていた藩もあるが、下級武士でもだいたい八畳程度は認められていた。座敷は武士の生活にとって必要な部屋であったからである。そのような住まいの使い方は明治になっても都市中間層の住まいに受け継がれていく。

また前にのべたように、座敷は安土桃山から江戸時代初めにかけて京都で成立した。その部屋には床の間、違い棚、付書院などが設けられ、それを座敷飾りといい、そのような空間のある住まいを書院造《しょいんづくり》という。これは日本が創造したところの誇るべき文化的芸術的空間である。その付書院は貴族や僧侶《そうりょ》の勉強机としての文机《ふづくえ》が造り付けとなり（図110）、また違い棚は日用品を入れる平安時代の厨子《ずし》棚に源流がある（図111）。そして床の間の歴史はきわめて面白い。

まず鎌倉時代初めに書かれた方丈記《ほうじょうき》（建暦《けんりやく》二年・一二一二）をみると、鴨長明が暮らした方丈（約三・一メートル四方）の草庵では西壁に阿弥陀と普賢《ふげん》の絵を掛け、その前に置かれた文机に法華経《ほけきょう》を置いて毎日念仏をした。その後の室町時代初めに描かれた慕帰絵詞《ぼきえことば》（観応《かんのう》二年・

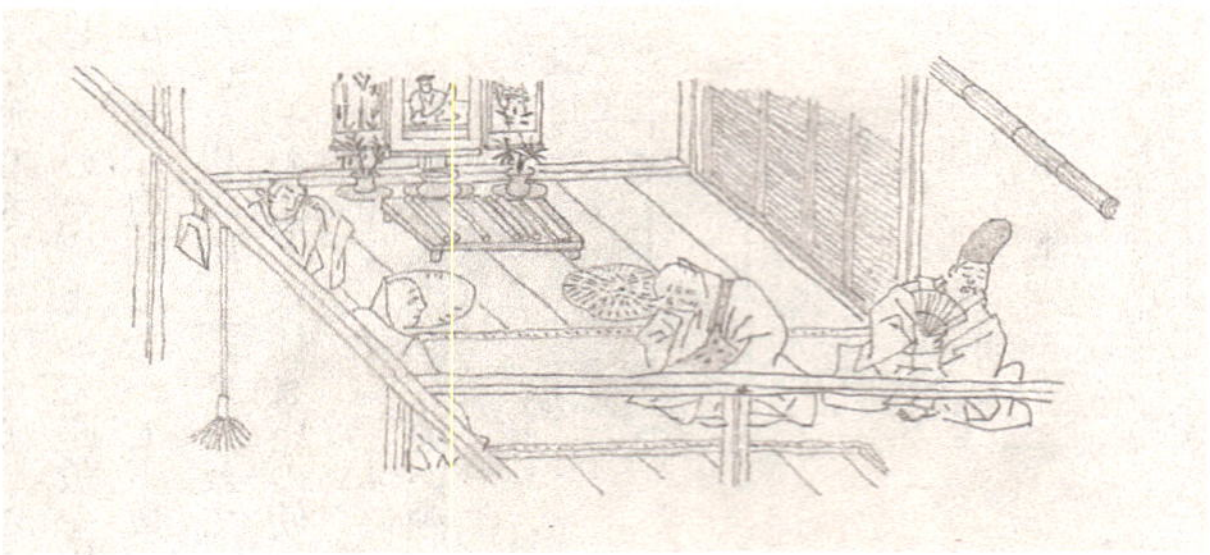

図112　文台と三幅対（慕帰絵詞より）

一三五一）を図112にみると、寺の客間の壁際に低い文台《ふみだい》を置き、その上に詠草《えいそう》（和歌などの草稿）を並べ、壁には三幅対《さんぷくつい》（三つで一組の掛け軸）を掛けている。そして壁と文台の間には花瓶と香炉のようなものも置かれている。それらは仏事用または絵画観賞用であった。

室町時代の中ごろに補《おぎな》われた慕帰絵詞（文明《ぶんめい》一四年・一四八二）では、それらの文机や文台は壁に造り付けとなり、押板《おしいた》と呼ばれるようになる（図113）。床の間の源流であった。それは床面《ゆかめん》から高さ一尺ほど、間口は二～三間、奥行き一～二尺ほどの板間である。壁には掛け軸を掛け、板間には花瓶を置いた。間口のかなり広い押板もあり、その板間に壺や茶器などの工芸品などを飾ったものとみられる。当時盛んであった客間で茶を飲みながら工芸品の由来を当て合うという闘茶《とうちゃ》の影響もあろう。ここでは絵画および工芸品の観賞用となっている。

桃山時代になると押板を床《とこ》と称するようになる。さらに江戸時代の初めには、床の高さは柱の径（約三～四寸）ほどに低くなり、奥行きは三尺ほどに広がり、間口

図113　押板（慕帰絵詞より）

はその逆に一間ほどに縮小する。それが床の間であった。その床面は板床もあるが、畳床が本流であった。なぜ押板から床の間に変化したのかについては、諸説があって定まってはいない。一つは村田《むらた》珠光《じゅこう》や利休《りきゅう》などの草庵茶室に設けられた床の間からの流れという説もある。その両者の構造はほとんど同じであり、奥行きが広がり板間が畳敷きであるのは、そこが人の坐る場所でもあったからという（太田《おおた》博太郎《ひろたろう》『床の間』）。もしそうだとすれば、座敷は茶の湯の文化につながる空間ということになる。

それらの座敷飾りはそれぞれ別の部屋につくられていたが、しだいに一つの部屋にまとめられ定型化する。なぜにそれらを一つにまとめたかについてはよくわかっていないが、いずれにせよ、このような空間も世界の住まいに類をみない。

フランスの著名な近代建築家であるル・コル

ビュジエは「住宅は住むための機械である」といい、その機能主義的な考えは日本の多くの建築家たちに大きな影響を与えた。しかしそれは、住まいを物としての合理的側面からしかみておらず、住まいの主人公である人と家族の暮らしというものがそこから完全に抜け落ちている。そのような薄ぺらで無機質な住まいを求めるならばそれでもよいが、家族が喜怒哀楽をもって暮らし、人間が成長していく人生空間とみれば、やはり文化的芸術的要素は住まいには欠かせないであろう。そこからときには心のゆとりと潤いを得るからである。それを格式的封建性の残骸というのは、まさに歴史を文化的にみない偏狭な観念論でしかない。

そしてさらに在来の住まいは衛生面で悪く、日当たりのよい南に向けて住まいをつくるべきと近代化論は主張した。ここにも現代の住まいにみる南面偏重の原因がある。たしかに南面、とくに南東面は冬温かく、夏は比較的涼しい。そこに部屋を設ければよいのはわかりきっている。しかし日本人は古来、あまり日の当たらない北の方角も好んだ。北の窓を開けると、そこから見える草花はこちらを向いている。そしてその静けさも好んだ。茶室もそうである。苔《こけ》むした庭を見つめて茶を飲みながら人生の奥義《おうぎ》を悟る。窓の障子に映る明るさと暗さの微妙な変化に時の移り変わりを感じた。それは前にのべてきたように、すべての方位を尊重し、大切にしてきたからである。

また薄暗いところにはさまざまな神が住んでいた。民家に設けられた奥深い座敷には座敷童《わらし》、その屋根裏には家の守り神や貧乏神、井戸と竈《かまど》にもそれぞれ水神《すいじん》と荒神《こうじん》がいた。さらにまた薄暗い納戸の中には産土《うぶすな》の神を祀《まつ》った。これも明るいところと暗いところを分け隔てなく、到るところに八百万《やおよろず》の神を見出《みいだ》す多神教の日本と、一神教で明るいところのみを善とする欧米の生活文化とのちがいであろう。

部屋を南ばかりに集中すれば、住まいの間取りが歪《ゆが》むことは目に見えている。また住まいは家族の生活だけで成り立っているのではない。近隣および友人知人たちとの交流があり、さまざまな年中行事も多い。それに住まいの外からやってくるさわやかなそよ風がある。庭から入るその風は涼しくて心地よい。庭の草木が風を冷やしているのである。その庭の草花とのつながりも暮らしに潤いをもたらす。

現代の住まいは近代的な設備が多く取り入れられ、それは一見快適に見える。しかしそれは機械による一時凌《しの》ぎの快適性である。また間取りも便利で機能的であるが、プライバシー強調のもとに個室化が進んでアパートのような住まいに陥《おちい》ってしまった。たとえば、子どもが学校から帰ってきても、中廊下にある階段から二階の自分の部屋に直接入る。親はリビングや台所にいても子どもの帰宅にまったく気づかない。そのような住まいでは家族の対話も減少するであろう。そして外との関係は自然的にも社会的にも閉鎖的である。現代における住まいの貧困化現象といえよう。

また住まいの寿命にしても、今の住まいは僅《わず》か三〇年ほどしかない。これに比べて武士の住まいや民家の寿命は非常に長い。今なおそこに住みつづけている家族もいる。それは幕末ごろから数えても何と一五〇年以上にもなる。一代限りのバラックのような現代の住まいに比べて、何世代にも渡って住みつづけた武士の住まいであった。それは住まいの間取りに融通性があって、しかも開放的であるので風通しがよく、日本の風土に適応した木と土の自然材料でつくられた住まいであるからであろう。

# 七　寺の風景

ふたたび絵日記に戻ろう。石城《せきじょう》は寺にもよく出かける。この城下町には大小合わせて一三の寺があったが、とくに大蔵寺《だいぞうじ》、龍源寺《りゅうげんじ》、清善寺《せいぜんじ》、長徳寺《ちょうとくじ》と親交が深い。そこへは石城だけではなく、武士仲間と多くの町人たちも訪れる。つぎにそれらの寺の風景をみよう。

**（大蔵寺にて）舞曲をうなる**

彼は大蔵寺の和尚ともとても仲がよい。その寺は自宅のすぐ近くにあり、龍源寺とともに毎日のように行く。どちらも臨済宗の寺であった。今日は親友の三木《みき》といっしょに龍源寺を訪ねたが、和尚が留守であったのですぐに大蔵寺に赴く。

「十一月朔旦《さくたん》（一日の朝）　乙酉《きのととり》　雨。（前略）龍源寺に至りしに寂寞《せきばく》（ひっそりとして静か）音なし。然《しか》ハ、大蔵寺に遊《あそ》ハんと三木と共に至る。和尚不在。良啓《りょうけい》、藤兵衛《とうべえ》なり。予《よ》、酔大《よいおおい》に発し、雨またしきりに降《ふる》。大声に舞曲をうなりちらし、果《はて》ハ、打臥《うちふ》して暁《あかつき》に至る」

その風景が図114である。大蔵寺の和尚も不在であったが、手作の良啓がおり、町人の藤兵衛もきていた。石城（永慶《えいけい》）が囲炉裏ばたで酒を飲みながら酔いにまかせて舞曲を大声をはりあげて歌う。絵日記にはそれを「うなりちらし」と記しているので、よほどの奇怪な声だったのであろう。となりの三木も石城に合わせて歌い始め、それを年老いた風に見える町人の藤兵衛がたばこをふかしながら聞き入っている。外は雨がしきりに降りつづく。真っ暗な深夜の城下町の一角、この寺はまだ薄暗い行灯《あんどん》の明かりが洩《も》れつづけていた。

## ねぎ雑炊と酒宴

石城は翌日にもまた大蔵寺に行く。

「十一月二日　丙戌《ひのえいぬ》　雨自昨朝不止烈風至夜（雨は昨日の朝より止《や》まず、烈風は夜に至る）。鈴屋文集一巻よむ。西遊記六巻両閲覧。（中略）午後より巨燵《こたつ》に臥《ふ》して小児を愛す。夜、大蔵寺に遊ひしに、良啓、藤兵衛両人にて一盃《いっぱい》を喫《きつ》する所《ところ》なり。四ッ（一〇時）過《すぎ》まで語《かた》す。歌舞伎物語いろ〳〵、和尚昨夜よりかへらす。右ニ付、良啓四ッ（一〇時）後より迎ひに行《いき》、共に予も辞してかへり臥す」

図114　大蔵寺で舞曲をうなる

昨日の朝より降る雨は今日になっても止まず、夜にかけて風は烈《はげ》しい。石城は午前中、昨夜に酔い臥したにもかかわらず書物を読み、午後はこたつに入って姪《めい》のおきぬをあやす。可愛くてたまらない様子が「小児を愛す」ということばに込められている。そして夜になって大蔵寺に行くが、和尚は昨夜から帰らず、そこには手作の良啓と町

図115　ねぎ雑炊と酒宴

人の藤兵衛がまたいた。そこで三人で「ねき雑水」をつくって酒を飲む。その風景が図115である。

囲炉裏端にはねぎ雑炊を入れた鍋があり、その右横に大きな行灯が置かれている。それは四角い台形をした台の上に急須《きゅうす》も置ける珍しい行灯である。三人で歌舞伎の物語を話し合いながらの酒宴であった。今日の石城（永慶）はたばこをふかしながら、それをゆっくりと語っているようだ。そして今日もまた町人の藤兵衛がきているが、その静かなふるまいが印象的である。

## 院本をうなる

石城は寺でただ単に酒を飲み、飯を喰うだけではない。中国の故事《こじ》逸話《いつわ》を学び合い、また歌舞伎の物語を語り合

図116　大蔵寺和尚と院本をうなる

う。それを日ごろから寺の和尚たちとおこなっていた。このような風景はつぎの絵日記にもある。

「**十二月五日　戊午**《つちのえうま》　**晴**。朝、大蔵寺に遊ふ。院本二三冊有し、輿《きょう》に乗《じょう》し、和尚と共にうなりちらす。笑ふへし。（以下略）」

今日は朝から晴れる。そこでさっそく院本二、三冊を持って大蔵寺へ行く。院本とは浄瑠璃《じょうるり》の脚本のことである。囲炉裏端で和尚、良啓の三人で院本を開いてうなり出す。その風景が図116である。両手を動かしながらうなっているのは和尚と石城（華頂《かちょう》）であり、良啓はそのうなりに調子を合わせるように坊主頭を鼓《つづみ》に見立ててそれを叩く。何となく可笑《おか》しくて愉快な風景である。左に見える小さな床の間に置いた達磨《だるま》

図117　大蔵寺での集い

人形も笑っているようだ。

一三日の大蔵寺ではつぎのように記す。

「十二月十三日　丙寅《ひのえとら》　晴大風。今日より藩翰譜《はんかんふ》うつしはしめ十二葉《よう》出来。八碑半(三時)より大蔵寺に遊ふ。大藪辰衛《おおやぶたつえ》、天《てん》祥寺《しょうじ》使僧会《そうかい》す。右かへりて後《のち》、大風寒甚《かんはなはだ》し。今より一盃《いっぱい》催《もよお》すへしとの事にてさけ豆腐求め、炉を囲《かこ》ミて酌《しゃく》、はて(果て)ハ大声に例の院本をよみうなる事、烈風よりも甚《はなはだ》し」

午前から午後まで書物を写し、三時すぎに大蔵寺に行く。そこにいた客も帰り、また今日は甚だ寒いので一杯飲もうということになった。酒と豆腐を町屋の店まで買いに走り、囲炉裏端での酒宴となる。その風景が図117である。

しだいに酔い、そこでまた院本を和尚と石城(華頂)の二人でうなり始める。そこには良啓もおり、藤兵衛もなぜかまたまたきている。一日と二日の絵日記にもいたことが記されており、彼もこの寺によくくるようだ。和尚と石城がうなるように浄瑠璃《じょうるり》を語るのをたばこをふかしながら神妙に聞き入る姿が妙に愉快だ。今日は嵐のような風が吹いているが、このうなり声を「烈風よりも甚し」と記しているから、よほどの大きな奇声であったのであろう。

## さまざまな女たち

この大蔵寺にはいろんな人がやってくる。多くの武士たち、藤兵衛のような町人たち、さらにさまざまな女たちも出入りする。今日の正月一〇日は、この寺のとなりにある金毘《こんぴ》羅《ら》の祝い日であり、大蔵寺でも酒宴が開かれた。

「正月十日　癸巳《みずのとみ》　快晴夕少し雪。今日ハ金毘羅の祝日とて朝より太鼓《たいこ》のおと抔《など》賑々《にぎにぎ》し、午後津田《つだ》に至りて年賀を述《のべ》、夫《それ》より大蔵寺におもきしに、折から同寺の隠居秦幢《しんどう》和尚外《ほか》ニ保寧寺《ほねいじ》入来《いりき》。幸《さいわい》なりとて速《すみやか》にさけ出、折《おり》からまた〳〵浪之助《なみのすけ》、妻子供とも来り会し、盃飛《さかずきとぶ》に及ひて各々興に乗し歌舞《かぶ》し、夕暮皆々辞す（以下略）」

石城が大蔵寺に赴くと、すでに大蔵寺隠居の秦幢和尚と保寧寺の和尚もいたが、石城の顔を見て、これ幸いとただちに酒宴が始まった。彼と飲む酒はよほど愉快で楽しいのであろう。まもなくして下級武士仲間の浪之助もやってくるが、その妻子もいっしょである。酒宴はさらに盛り上がり、そのさまは盃が飛び交うようで、やがて皆々は歌い踊り始める。

図118　石城と和尚たち

その酒宴で盛り上がる前の風景が図118である。良啓はお銚子二本を運び、皆かなり飲みだしたようだ。そこには浪之助の妻子はいないが、挨拶をしてすぐに帰ったのであろう。酒宴の料理も挿絵に記しているが、それは「いり午房、にまめ、あら汁、昆布巻」と記す。「いり午房」とは牛蒡の炒《い》り煮であり、あら汁とは、魚の身を取った残り部分を入れた汁である。仏に仕える者は殺生《せっしょう》が禁じられていたはずだが、そんなことはお構いなしに魚などをよく食べた。

酒宴は夕方にお開きとなって皆が帰って行ったが、そこへある婦人が一人でやってくる。そのことを前の絵日記のつづきにつぎのように記す。

「然《しか》るに去方《さるかた》の婦人壱人入来《いりき》りぬ。いと（大変）めつらしく（めずらしく）来りて、さけ酌給《しゃくしたま》へとて引《ひき》とゝめぬるに、和尚もわ

図119　酔いのたわむれ

か側《そば》にて是食《これしょく》し給《たま》へと引《ひき》と丶む。右と左に僧俗《そうぞく》たちてたわむる丶にそ、婦人も中〳〵にくるし（つらい）とや思ひけん。（中略）其時《そのとき》のさまいかなりけん（どんなことになるのか）しらす（わからず）時に岸《きし》の左右《そう》助《すけ》来りて、予ハそのま丶積日《せきじつ》の鬱《うつ》一時《いちじ》にひらけしゆへにや酔《よう》てたへす（堪《た》えず）打臥しぬ。夜八ッ（二時）過に至りて目さめ、夫より臥しなから語談し、あけ（夜明け）に至りぬ」

石城はその婦人の到来を珍しく思い、酒を勧めようと引き止めるが、和尚も酔いにまかせて自分の方へと引っぱる。二人で婦人を引っぱり合いをしている風景が図119である。それを「右と左に僧俗（僧侶《そうりょ》の和尚と俗人の石城）たちて（立ちて）たわむる丶に」と記す。

　婦人は戸惑いながらも嫌がる様子はなくその場を楽しんでいるようにも見える。そこへ友人の岸左右助がやってきて、良啓といっしょに襖《ふすま》の向こうでそのたわむれを見て笑う。すこし艶《つや》っぽいが和《なご》やかである。それにしてもこの大蔵寺の和尚、かなりの女好きであった。前にみた図31の土屋宅での集まりのときにも岡村とともに女色を論じていた。しかし人間の性《さが》を率直にさらけ出す愉快な和尚ではある。

石城はまた「積日の鬱一時にひらけし」と記し、ここ数日のもやもやしていた嫌な気分が一挙に晴れたという。それは昨年の暮れの藩による不当な咎《とが》めによる閉戸《へいこ》のことであろう。彼はその後、酔い臥《ふ》してしまう。夜中の二時過ぎに目を覚ますが、和尚たちと横になって語り合い、夜明けに帰って行った。

二日後の酒宴にはまた女が参加していた。

「**正月十二日　乙未《きのとひつじ》**。（前略）大蔵寺に至りしに、山本《やまもと》やの後家《ごけ》居《お》り、今より酌《しゃく》へしとの事ゆへ、予、肴を求めはしまる。遂《つい》に歌舞し、酔い臥してしらす（わけがわからなくなる）。七ッ（四時）前、皆々目さめ、夫《それ》より茶つけを食してまた〳〵臥す」

この日の午前に川の舎に招かれて鮭や湯豆腐などの料理と酒をよばれる。そして昼過ぎになって、いつものように大蔵寺へ行く。そこにはちょうど山本屋の後家がきており、今から皆で飲もうということになった。石城はすぐさま酒の肴《さかな》を求めて町屋の店に走る。この山本屋の後家とは料亭山本屋の女将《おかみ》のことであり、図56でみた津田宅での福引のときにもきていた。それに石城と大蔵寺和尚はいっしょに料亭山本屋にもよく行くことから女将とは以前からの気心知れた馴染《なじ》みのようだ。

図120　大蔵寺の末摘花

図120の挿絵では、女将のことを末摘花《すえつむはな》と記しているのが面白い。それは紅花《べにばな》の別名であり、茎《くき》の末（先端）につく花を摘《つ》み取って紅色の染料にしたことからその名が付けられたという。女将はその花のように鮮やかで優雅な女性だったのであろう。

買ってきた肴は「しゃけ、つく芋」と記す。今日の午前の川の舎宅でも鮭が出たが、午後も同じ魚であり、この鮭もよく食べられていたようだ。またつく芋とはつくね芋ともいい、とろろにする長芋の一つである。それらの料理で宴《うたげ》は盛り上がり、女将が得意の歌舞を始める。扇子を片手に舞う姿は色っぽく、それを和尚、石城、良啓の三人が手をたたいて喝《かっ》采《さい》する。とくに石城が興に乗っているようだ。やがて皆は酔いつぶれて寝てしまったが、夕方の四時ごろに目を覚まし、お茶づけを食べるとふたたびそこに寝てしまう。何とも愉快で楽しい風景であった。

## 素人歌舞伎

料亭山本屋の女将はこの寺によく出入りする。明後日の夜にもまたくるが、その日はちょうど寺の境内《けいだい》で歌舞伎が催されていた。絵日記にはつぎのように記す。

「正月十四日　丁酉《ひのととり》　快晴。朝、大蔵寺に遊ぶ。此日《このひ》、歌舞伎の真似するものこのあたりを徘徊する。今日、こゝらへも来りしにそ、近隣のもの遊《あそび》ていつ（出つ）に浮立《うきた》て、各《おのおの》白米一升つゝを与へて歌舞さすへしとの事にて、壱斗三升ほとをあつめ大蔵寺の境内にて催すよし。予、龍源寺に遊ひ、和尚同道《どうどう》にて見物にゆく。敵討《かたきう》ちすゝのにしき飛《ひ》脚《きゃく》の段、妹背山《いもせやま》おミわの段。跡《あと》にて手おとり（踊り）あり。見るに足るものなしぬとも、辺土《へんど》（片田舎）の地にはこれらもまた目をよろこハするとの一事《いちじ》といふへし。夜に入《い》り、大蔵寺に遊ひしに山本や後家居《お》り、龍源寺とも〳〵さけはしまり居り、相会《あいかい》して酌《しゃく》。五ツ（八時）前止《やむ》。夫《それ》より院本ともうなり、四ツ（一〇時）過《すぎ》に至りて帰る。近日山本やに到るへきに約ス」

素人歌舞伎は、このような地方城下町では皆が心浮き立つような楽しみの一つであった。城下町の各町を巡り、いよいよ石城たちが住む町にもやってくる。場所は大蔵寺の境内であった。観劇料は木戸銭ではなく、一人米一升である。それも前もって集めるらしい。米一升とは、今の標準米の価格に換算すると約六三〇円となる。それほど高くはなかったよ

図121　大蔵寺での素人歌舞伎

うだ。一斗三升を集めたというから見物人は一三人である。石城はそれを見るに足らない素人芝居であるが、娯楽の少ない片田舎にあっては皆を喜ばす行事の一つだという。

その歌舞伎の風景が図121であり、ちょうど妹背山おミわの段を上演中である。舞台は境内の一角に二畳ほどの筵《むしろ》を敷き、その後ろに屏風《びょうぶ》を立てるだけの簡素なものであった。その上手《かみて》（右側）に舞台袖となるような小さな衝立《ついたて》を置き、その陰で女が三味線《しゃみせん》をひき、その後ろにいる太夫《たゆう》なる男が台本を見ながら何かを語っている。そして別の男が拍子木を持って屏風前の床几《しょうぎ》を叩く。それらの男女の姿表情が素朴で楽しい。

歌舞伎が終わり、夜になって石城はまた大蔵寺を訪ねる。そこには料亭山本屋の女将（末摘花）と龍源寺の和尚がおり、酒宴がすでに始まっていた。図122がその風景である。

図122　末摘花と酒宴

石城もそれに加わり、場はさらに盛り上がる。やがて酒もひけ、その後に石城は院本をうなりだす。今日の素人歌舞伎はたわいもなかったので、江戸で観た本物を聞かせようと思ったのであろう。一〇時過ぎにお開きとなるが、その帰り際、近いうちに山本屋に行くことを約束する。そのような夜の遅い時刻に女将は少し離れた行田《ぎょうだ》の町人地の自宅までを一人で帰ることになる。前にみた土屋宅でも熊《くま》谷《がや》宿から料亭四つ目屋の女将およしが度々きて深夜まで語らい、その後に帰宅した。とすれば江戸時代の城下町は治安もかなりよかったらしい。

**（龍源寺にて）中国書物を読む**

石城は龍源寺にもよく行く。またこの寺にも多くの武士や町人たちが集まる。もちろん女たちもである。一方、龍源寺や大蔵寺の和尚たちも石城の自宅や土屋宅などによく出入りする。そしてそれらの和尚たちと料亭に繰り出すこともある。寺と武士町人たちの関係は親密であった。この龍源寺は大蔵寺から西へ僅《わず》か百メートルほどしか離れていない。大蔵寺の近くに住んでいた石城にとってはその寺も絶好の遊び場であった。

今日も午後に龍源寺に行ったが、すでに大蔵寺和尚と友人の俊平《しゅんぺい》、そして酒店中《なか》屋の主人もきていた。そのことをつぎのように記す。

「十一月朔旦《さくたん》（一日）乙酉《きのととり》　晴。（前略）午後遊干《ゆうかん》（遊びゆく）龍源寺。大蔵寺会し、予《よ》、蒙求《もうぎゅう》（中国唐代の李《り》瀚《かん》の書）を開《ひら》いて閲《えつ》して語《ご》譚《たん》す（語り話す）。国友《くにとも》（俊平）、中屋も会す。（以下略）」

皆でお茶を飲みながら、石城（永慶）が持ってきた古人逸話を集めた中国唐代文人の李瀚の書物を開いて語り合う。その風景が図123である。皆が石城の話しを真剣に聞いているようだ。左にいる酒店中屋の主人もすこし離れたところで神妙な顔つきで聞く。寺の和尚たちがこのような難しい書物の勉強会をしているのも意外であるが、中屋の主人もともに学ぼうとしているのも意外な風景である。

## うどんと酒宴

絵日記はさかのぼるが、八月五日のまだ熱い日にちょっと龍源寺に立ち寄ると、竈《かまど》のある台所の外に床几《しょうぎ》を持ち出して一杯を勧められた。その風景が図124である。和尚の猷道《ゆうどう》は

図123　龍源寺で読書会

ふんどしだけの裸、大蔵寺所作《しょさ》（寺の手伝い）の達宗《たつしゅう》も同じである。汗だくだくの身体を手拭《てぬぐ》いでふきながらたまらなそうな顔をしている。図14にみた石城の自宅にきたときもこの和尚は皆の前で素っ裸になって風呂《ふろ》へと向かった。この和尚、すぐに裸になるようだ。

石城はこの龍源寺にも毎日のように出かけ、和尚もまた彼らとよくつき合う。九月のことをつぎのように記す。

「**九月三日　戊子**《つちのえね》　**晴夜少々雨。**（前略）午後龍源寺に遊ふ。坪井《つぼい》、松村《まつむら》、森《もり》、良啓会す。夜、甫山《ほやま》方へ至らんとせしに龍源寺に呼留《よびとめ》られ、残酒に温飩《うどん》あり飲《のむ》へしとの事にて夫《それ》より相対し酌《しゃく》。跡《あと》より俊平、良啓来る。俊平は飯後《めしご》なりとて喫《きっ》せす。和尚ハ酔い臥ス。良啓両人ニて飲し四ツ半（一一時）後帰る。朝な汁、午《ご》おとし玉子、夕茶つけ」

図124　龍源寺で一杯

この日は午後に龍源寺に行く。そこには坪井などの下級武士の友人たちと大蔵寺の良啓がいた。その後一旦自宅に帰り、茶漬けの夕食を済ました後、夜になってふたたび龍源寺に立ち寄る。それから甫山宅へ行こうとするが、和尚に呼び止められ、二人で残り酒を飲むことになる。酒の肴《さかな》はうどんであった。しばらくして友人の俊平と大蔵寺の良啓がやってくる。その風景が図125である。俊平は夕飯を済ませたので飲まなかったが、和尚、良啓、石城の三人で飲んでいるうちに、まず和尚が酔いつぶれてしまった。さらに良啓と石城の二人で飲みつづけ、一一時過ぎにやっとお開きとなった。それにしても、この龍源寺の和尚も大蔵寺の良啓もよく酒を飲む。それも頻繁にである。仏に仕え、修行する身でありながら、多くの時間を武士や町人たちとのにぎやかなつき合いにすごしていた。まさに仏《ほとけ》ほ

図125　うどんと残り酒

っとけの愉快な僧侶《そうりょ》たちであった。

## さまざまな女たち

翌日も龍源寺に行くが、それは近くの逍遥《しょうよう》に和尚たちを誘い出すためであった。和尚が支度をしている間、寺にて雑煮三椀《わん》を岡村《おかむら》とともにつくって食べた後、三人で郊外の田園を散策する。このことは前にみた図28・29のところですでにのべた。そして帰りに酒店中屋に立ち寄って三人で酒を飲み、この日は龍源寺に泊まる。このように気さくで人つき合いのよい和尚の寺には女たちもよく訪れる。

それは四月のことであった。

「**令月**《れいげつ》（四月の別称の書きまちがい）**四日丙辰**《ひのえたつ》　**晴**。今日和尚、庭中の模様を改め、菊の苗とも植《うわ》る間《ま》、手伝ひくれとの事ゆへ、先《さき》家に帰り鍬《くわ》を持て剗《けず》る。和尚、良祖《りょうそ》三人にて土掘《つちほり》はしめ、夕方にてあらかた（粗《あら》か

図126　龍源寺と女たち（1）

た）畢《おわ》る。夫《それ》よりさけ、高垣《たかがき》娘さた、寺しますか抔《など》来る。弥《や》右衛《え》門《もん》も会し、後《あと》ハ酔臥《よいふ》す」

龍源寺の和尚から庭に菊の苗を植えるので、その手伝いを頼まれる。家に鍬《くわ》を取りに帰り、和尚と手作の良祖とで土を掘り、夕方まで粗かた終わる。その後に酒を飲むこととなったが、そこへ女二人がやってくる。一人は友人の高垣半助《はんすけ》の娘おさたであり、もう一人は日ごろから面倒をみている元太郎の母、寺嶋おすかであった。その風景が図126である。

酒の肴はこの日もうどんらしい。おさたは酔って石城の膝にもたれかかり、彼は彼女を優しくなだめているようにも見える。左横にいる寺嶋おすかもいたわっているようだ。そして和尚（猷道）は頭に手をやり、すこし飲ませすぎたかなあ、とでもいっている様子。気楽に行ける寺での心触れ合う風景である。

図127　龍源寺と女たち（2）

この月の一四日の夜も大勢の女たちが集まる。

「卯月《うづき》（四月）十四日　丙寅《ひのえとら》　晴。終日一覧を抄《しょう》す。笹岡来遊《きてあそ》ふ。うつき（卯《う》の花）一枚送る。夜、龍源寺精舎《しょうじゃ》（仏道を修行するところ）ニ遊ふ。近隣の婦女子とも来《き》り紛雑《ふんざつ》なり。和尚くわしいたし（甚だ美しくてうるわしいと）打興《うちきょう》す（ご満悦）。（以下略）」

終日、一覧の書物を写し、夜になって龍源寺に行く。そこには近隣の大勢の婦女子が集まっていた。その風景が図127である。「紛雑なり」と記しているので、よほどにぎやかだったのであろう。四日にもきていた元太郎の母寺嶋おすか、それに髷《まげ》をつくって生計を立てている独り暮らしの岸お俊《しゅん》もいる。そのような中年らしき婦人に混じって、まだ若い女の子もいる。それらの婦女子に熱心に語りかけているのは猷道和尚である。今日きた婦女子たちは甚だ美しくてうるわしいと、和尚はすごくご満悦の様子であった。この和尚も大蔵寺和尚と同じくかなりの女好きのようだ。

　挿絵の右側には石城や友人の森、それに手作の良祖たちが長火鉢を囲んで、和尚と婦女子たちのやりとりの様子をにこやかに見ている。絵日記には、いつも単に龍源寺とだけ記すのに、この日に限って「龍源寺精舎」と記している。精舎とは仏道にひたすら精進、修行するところの意味だ。それとはちがう和尚のふるまいに皮肉をこめて書いたのかもしれない。

図128　龍源寺和尚とお八重

　和尚の女好きの姿はつぎの絵日記にも見える。それは、図128にみる八月九日と記された挿絵である。そこには和尚の猷道、石城（永慶）、大蔵寺の良啓に加えてお八重《やえ》という婦人がいる。お八重とは酒店中屋の女将のようだ。とすれば、ここは酒店の風景であろう。左にいる石城は上半身裸になり、かなり酔っている様子。和尚はお八重の着物の裾《すそ》を引っぱり、もっと飲もうと誘っているのか、また何かをねだっているのか、仏に仕える僧侶としてはちょっと見苦しい姿である。

図129　龍源寺での酒宴

## 和尚の情

右にのべた酒宴の前日八日にも夜の龍源寺で酒宴がおこなわれたばかりであった。その風景が図129である。そこには大蔵寺と龍源寺の二人の和尚、それに大蔵寺の良啓、そして善老と記する老いた僧侶と石城がいる。このように酒好きで女好きのこの和尚、一方で世話好きで情にもろい。そのことをつぎに記す。

「乾月《けんげつ》（四月）十五日　丁卯《ひのとう》　晴。（前略）龍源寺明日佐野表《おもて》へ出立ニ付《つき》、少し内用有之《これあり》。右ハ寺嶋の男児出家いたし度《たく》のそミ（望み）の所《ところ》、和尚も右をあわれに思ひ、其事《そのこと》、世話致すへしと申せしに、寺嶋よりも予にたのミくれとの事、先日相談有之。夫《それ》らの事、弥《いや》（いよいよ）、此度《このたび》心当り有之由《これありのよし》、申談《もうしだん》する由《よし》、其旨《そのむね》同人へも申《もうし》くれ、且《かつ》いろ〳〵用事の事も申ス。承知の趣《おもむき》返答いたし帰る」

それは日ごろから石城が面倒をみている寺嶋元太郎のことであろうか。あるいは昨年の一二月六日、元太郎に自宅の煤払《すすはら》いを手伝ってもらった日の夕方にいっしょに食事をしたが（図12参照）、そのときに連れてきた元太郎の弟牛六《うしろく》のことであろうか。寺にもよくくる母のおすかがその子どもの出家の世話を和尚に頼む。和尚も彼らの貧しい状況を哀れに思い、できるだけ世話をしてやりたいと石城に告げる。すでに石城も寺嶋の母より和尚への橋渡しの依頼をされていた。そしていよいよ出家先の心当たりが見つかったこと、その出家についてもいろいろと申したい事があると寺嶋おすかに伝えてほしいと石城に依頼し、彼は心よく承諾して帰宅する。

生活の窮乏から出家して仏門に入ることは古来からよくあることで、かつての日蓮《にちれん》もそうであり、貧しい漁村の生まれであった。和尚は寺嶋の子どもを不憫《ふびん》に思い、出家先を探して奔走したものとみられる。どこへ出家したかは、絵日記が四月で終わっているので知る由《よし》もない。

**投宿の僧**

ところで僧侶もいろいろといるようだ。この日は龍源寺に投宿《とうしゅく》した僧が品玉《しなだま》や茶碗《ちゃわん》の芸を披露する。

「**維夏**《いか》**（四月）十日　壬戌**《みずのえいぬ》**　雨**。雨降《ふる》、徒然《つれづれ》なるゝまゝ龍源寺へ遊ふ。投宿の僧祖景《そけい》と申人至《もうすひといたつ》て口軽《くちがる》にて、またいろ〳〵の品玉を遣《つか》ふ。茶碗五ツを弐本の指にて持事《もっこと》を申出ス。各〳〵《それぞれ》工夫すれともしれす、外《ほか》に玉章結《たまずさむす》ひと申事《もうすこと》を学ふニてハ、男女密会（あいびき）の媒《ばい》（橋渡し）に為の用なりといふ。予、十二三の頃ハしきりに品玉を好む。さま〳〵《ざま》の手品とも伝授せしか、今ハ皆わすれたり」

寺には旅の僧がよく泊まる。修行のために各地を行脚《あんぎゃ》する僧たちであり、家の門前に立って物を乞《こ》う托鉢《たくはつ》をし、そのお返しに説教を語って家の人びとの極楽往生を祈るという乞《こつ》

図130　龍源寺の宿僧

食《じき》の旅であった。泊まるところは村のお堂や庵《いおり》などもあったが、多くは寺に投宿した。そのような行脚僧は奈良時代の薬師寺《やくしじ》僧侶の行《ぎょう》基《き》から始まる。それまでの理論に重きを置いた学問としての奈良仏教にたいして、民衆の中に入って彼らの悩みや苦悩を救おうとし、後の空也《くうや》などに受け継がれ、江戸時代には僧《そう》侶《りょ》になるための修行の一つとなった。

しかし修行のためとはいっても、何か楽しみを持っていなければ息がつまる。この行脚僧は品玉芸を得意とし、それを披露しながら寺宿を巡っていたのであろう。その品玉とは、手玉を空中に投げ上げ、これを巧みに受け取るという曲芸である。さらに茶碗五つを二本の指で持つというから、それはかなりの技のようだ。その風景が図130である。挿絵にみる投宿の僧はまだ若く見える。猷道和尚と良啓がそれを真似ているが、なかなかうまくいかないようだ。それらに凝《こ》った昔の自分を思いだしながら、微笑みながら眺めている石城である。ところで玉章結《たまずさむす》びとは、巻いた手紙の中ほどをひねり結ぶことであり、折《お》り文《ふみ》ともいう。男女の恋を成就《じょうじゅ》させるに必要であるといわれ、そのやり方も学ぶ。投宿の若い僧を温かく迎える龍源寺の風景であった。

## 寺の留守番

石城はこの龍源寺でも自分の家のようにふるまう。

「十一月四日　戊子《つちのえね》　晴。朝、和尚と共に麦めしたき、菜汁煮て食し。（以下略）」

図131　龍源寺で朝食準備

昨日も龍源寺に午後と夜の二度行く。午後に訪ねたときは、和尚が残酒ありといい、ともに飲むが、夜に訪ねたときは、ちょうど桃林寺《とうりんじ》の和尚がきていたので、またいっしょに酒を飲む。そして今日も朝早くから出かけ、和尚といっしょに朝飯の準備をする。その風景が図131である。台所の端には二つ穴の竈《かまど》があり、石城は大きな釜をかけた焚《た》き穴に吹竹《ふきだけ》を吹いて火勢を強くする。その横では猷道和尚がすり鉢で何かをすっている。絵日記には「麦めし菜汁」と記し、質素な朝食であった。

また和尚から寺の手伝いを頼まれることも多い。

それは年末の障子の貼り替えから寺の留守番、庭の花の植え替え、そして祭りの飾りつけまで多岐に渡る。正月の二八日には留守番を頼まれた。

「**正月二十八日。**暁《あかつき》七ッ（四時）過《すぎ》、龍源寺来りて、只今天祥寺《てんしょうじ》大切の旨中来《むねもうしき》りぬ。予、大蔵寺（龍源寺の間ちがい）に越《こえ》て不在を守る人なし、頼みたしとの事ゆへ、起出《おきいで》て日本史一巻、日記持して至り。和尚やかて出《でて》ゆく。火炉《かろ》を制し書をよみしに既に夜あけぬ。天祥寺は予父没《よのちちぼつ》せし時、はるかに書香奠《ふみこうでん》をよせ、また予閉居《よのへいこ》中にも時ニ消息ありけり。一度面謝《めんしゃ》せんとせしに、時を得すして死別となりぬ。歎《たん》すへし。起出《おきいで》て飯《めし》をかしき（炊《た》く）、本尊に備《そな》へ掃除し、豆腐のわつか（僅《わず》か）ありしを煮て朝食し、そこらふき拭《ぬぐ》ひ、書をひらきて読《よむ》。巳《み》碑《ひ》（一〇時）後土屋《つちや》来る。後大蔵寺（龍源寺の間ちがい）かへる。餅をやきて出す。（以下略）」

夜明け前の四時すぎに龍源寺の和尚がやってくる。天祥寺の和尚が亡くなったので、急《きゅう》遽《きょ》行かねばならず、寺の留守番を頼むという。手作たちも皆出かけるのであろう。さっそく日本史一巻と日記を持って寺に駆けつける。しばらくして和尚たちは出て行った。囲炉裏の火を調整して、そのそばで日本史を読みふけっていたが、そのうちに夜が明ける。そこで寺には誰もいないので台所で飯を勝手に炊いて本尊にお供えする。その風景が図132である。

毎日のように行き、しかも自分の家のようにふるまってきたので、それらのことは手馴れたものだ。お供えのご飯をお膳の小さなお椀《わん》（仏飯器《ぶっぱんき》）一つ一つに高く盛りつけ、その

図132　龍源寺の留守番

後に残っていた僅かの豆腐で朝食をとる。さらにその辺《あた》りの床拭《ぬぐ》いなどの掃除もした。それからしばらく書物を読んでいると、一〇時ごろになって土屋仁《に》右衛《え》門《もん》がひょっこり顔を見せる。やがて和尚が帰ってくるが、腹を空《す》かしているだろうと石城は餅を焼いてやる。

それにしても石城は勉強家だ。寺の留守番であるからもっと気軽な書物を読めばよいのに日本史である。また亡くなった天祥寺の和尚も情の深い人だったようだ。石城の江戸にいる父が亡くなった折り、お悔《くや》みの書と香典を寄せ、また彼が昨年の暮れに不当な咎《とが》めで閉戸《へいこ》されたときにも何かと心配し、気遣ってくれたという。一度会ってお礼をと思っていた矢先の死別にかれは嘆くことしきりであった。

## 施餓鬼と酔っぱらい和尚

さて四月六日は大変な日であった。

「麦秋《ばくしゅう》（四月）六日　戊午《つちのえうま》　晴。巳碑《みひ》（一〇時）後、龍源寺に至る。今日より一二《いちに》日《にち》の間《あいだ》、良祖他出《ほかで》ニ付《つき》、花御堂《はなみどう》を予に製してくれとの事也。午飯《ごはん》をおさたと共に食し、夫《それ》より土屋に至る。不在ゆへ帰る。夜また龍源寺へ行《いき》、良啓居り、五ツ（八時）過坪井《すぎつぼい》来りて爰《ここ》まで和尚同道《どうどう》にて参《まい》りし所《ところ》、殊《こと》の外《ほか》の大酔《おおよい》にて、中屋ニ立入《たちいり》、中〳〵出す。参りてつれ来《き》りくれとの事ゆへ、良啓至りしに今熟睡の事ゆへそのまゝかへりしとの事也《ことなり》。

（以下略）」

一〇時すぎにいつものように龍源寺に行くが、花まつりに使う花御堂をつくってくれと和尚に頼まれる。花御堂とは釈迦《しゃか》像を安置する飾り物のことである。そのことを頼むと、和尚はさっさと出かけてしまった。ちょうど友人高垣半助の娘おさたがきていたので、彼女といっしょに昼飯を食べる。おさたは図126の挿絵にもいたが、この寺によくくるようだ。

夜になってふたたび龍源寺に行くが、午前に出かけた和尚はまだ帰っていない。ところがその後に坪井がやってきて申すには、和尚といっしょに近くまで歩いてきたが、かなりぐでんぐでんに酔っており、帰りの途中に酒店中屋に入ったまま出てこないので、寺の誰かが迎えに行ってくれという。そこで大蔵寺の良啓が急ぎ足で中屋に行くと、和尚はすっかり熟睡していたので、そのままにして帰ってきた。

ところが明日は多くの寺の和尚たちが集まる大事な施餓鬼《せがき》の寄り合い日である。施餓鬼とは餓鬼道に堕《お》ちて餓鬼に苦しんでいるものに食物を施《ほどこ》して供養する法会《ほうえ》であった。それを龍源寺が主催する当番になっていた。しかし和尚は酒店中屋で酔いつぶれ、未《いま》だ帰ってこない。翌日の絵日記にはつぎのように記す。

「新夏《しんか》（四月）七日　己未《つちのとひつじ》　晴。　暁《あかつき》六ツ（六時）、和尚かへり来り、其儘打臥《そのままうちふ》す。今日ハ施《せ》餓《が》鬼有之所《きこれありのところ》、宿酔《しゅくよい》にて中々起《なかなかおき》へくもあらす。良啓一人にて奔走《ほんそう》す。予もその手伝ひなし。辰碑《たつひ》（八時）此《ころ》より午《うま》（一二時）後半まて少しも休息なし。和尚看経《かんきん》（声を出さずに経文を読む）ニ出て又々打臥す」

和尚は早朝の六時に帰り、そのまま寝てしまった。かなりの二日酔いで寝ている和尚を起こすのもかわいそうだし、龍源寺の若和尚や手作の良祖は出立していない。昨夜《ゆうべ》から大蔵寺の良啓が手伝いにきていたが、彼は必死になって施餓鬼の食事の準備に奔走する。そしてついに石城も手伝うはめになるが、その風景が図133である。

竈に掛けた釜からはご飯の湯気が立ちのぼり、そのそばでは石城（華頂《かちょう》）がすり鉢で必死に料理をつくる。台所の向こうの部屋には、桃林寺、天祥寺（普伝《ふでん》）、大蔵寺などの和尚たちが談笑しながら銘々膳で食事を始めている。宗派はちがっても、寺の和尚たちのこのような寄り合いは度々開かれていた。石城と良啓の二人は朝の八時から一二時まで奔走し、休む間もないほど忙しかった。和尚は臥せっていたが、大切な看経《かんきん》だけは出ようと必死に起きあがる。しかしそれが終わるとふたたび寝こんでしまった。

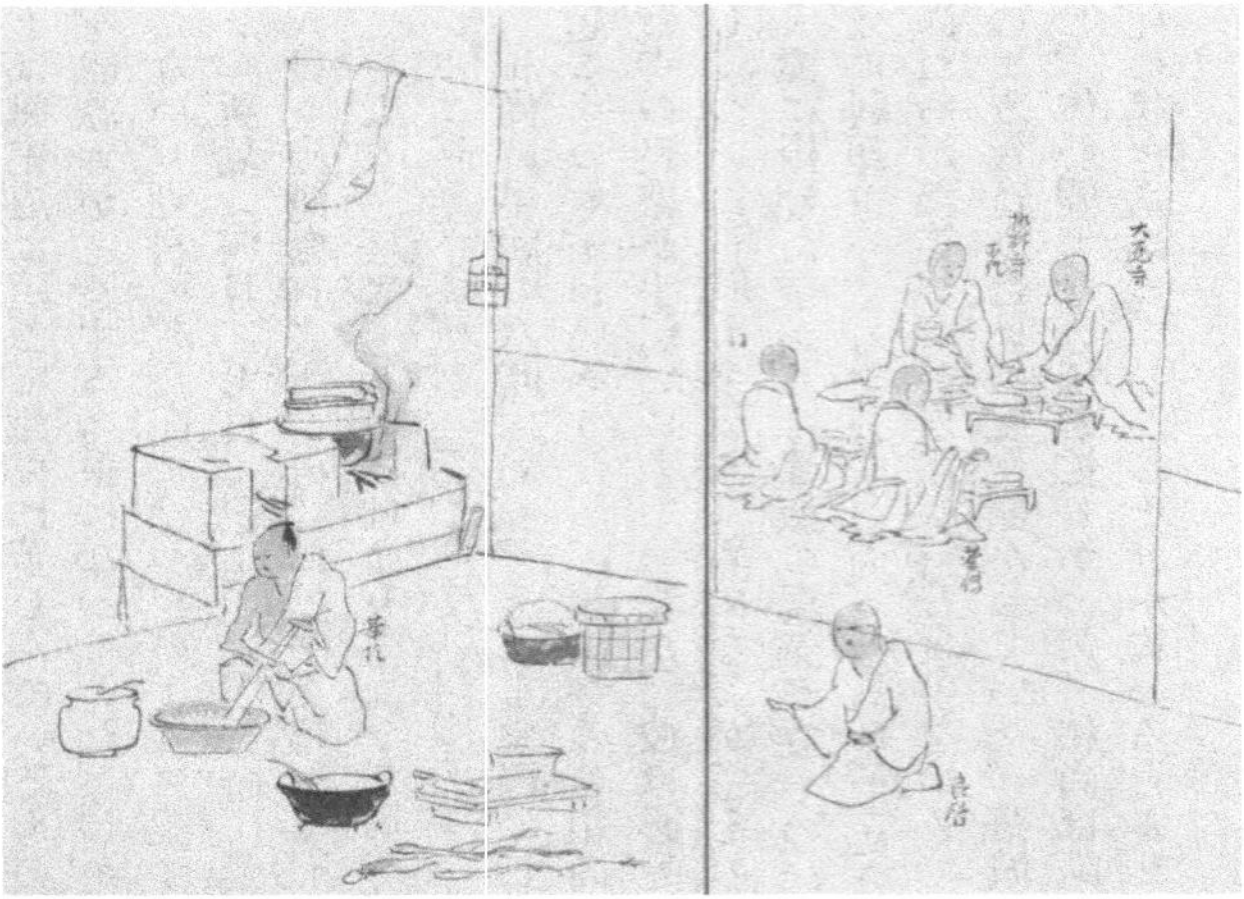

図133　施餓鬼の手伝い

## 花まつり

和尚たちの施餓鬼の法会は昼過ぎに終わり、石城は頼まれた花御堂の製作に二時より取りかかる。そのことを前の絵日記のつづきに記す。

「八碑《はちひ》（二時）より花堂《かどう》の細工にかゝる。中々手間とり、予、はしめての事ゆへ様子もしれす。薄暮に及ふゆへ和尚来りて手伝ひ、折から投宿の僧来り。六ツ（六時）前やうやく出来。夫より良啓とさけを酌。和尚まつ（先《ま》ず）宿酔《しゆくよい》もさめしよし、来客も一二盃はてハ両人にてくむ。越智新右衛門《おちしんえもん》来る。予、打臥す」

彼にとっては初めての作業であったらしく、いかにも大変そうだ。しかし持ち前の器用さでそれをこなす。しばらくして悪酔いから回復した和尚もそ

図134　花御堂の手伝い

れを手伝う。その風景が図134である。二人は花御堂の屋根に草花を飾りつけている。そしてやっと花御堂ができあがったのは午後の六時前になっていた。その後に良啓とで打ち上げの酒となる。そこへ和尚も参加し、やがて投宿の僧と友人の越智新右衛門を交えた酒宴となり、石城はまたまた寺に泊まることになる。

明くる四月八日はいよいよ花まつりの日だ。

「**浴仏日**《よくぶつび》　**庚申**《かのえさる》　**晴暖**。早朝より小児輩《やから》（たち）、甘茶を求メ二来る」

今日は晴れて暖かい。石城がつくった花御堂に小さなお釈迦の像を安置し、それに甘茶をかける。花まつりは別名灌仏会《かんぶつえ》ともいい、釈迦の誕生日とされる陰暦四月八日に祝う。釈迦像に甘茶をかける風習は、釈迦誕生の産湯《うぶゆ》としての清浄の水を九つの龍が天から注《そそ》いだとする伝説に由来するという。その甘茶がいただけるので、子どもたちにとっては待ちに待ったうれしいまつりだ。早朝より大勢の親子連れが参拝にやってくるが、その風景が図135である。本堂の正面には花御堂が置かれている。その右と

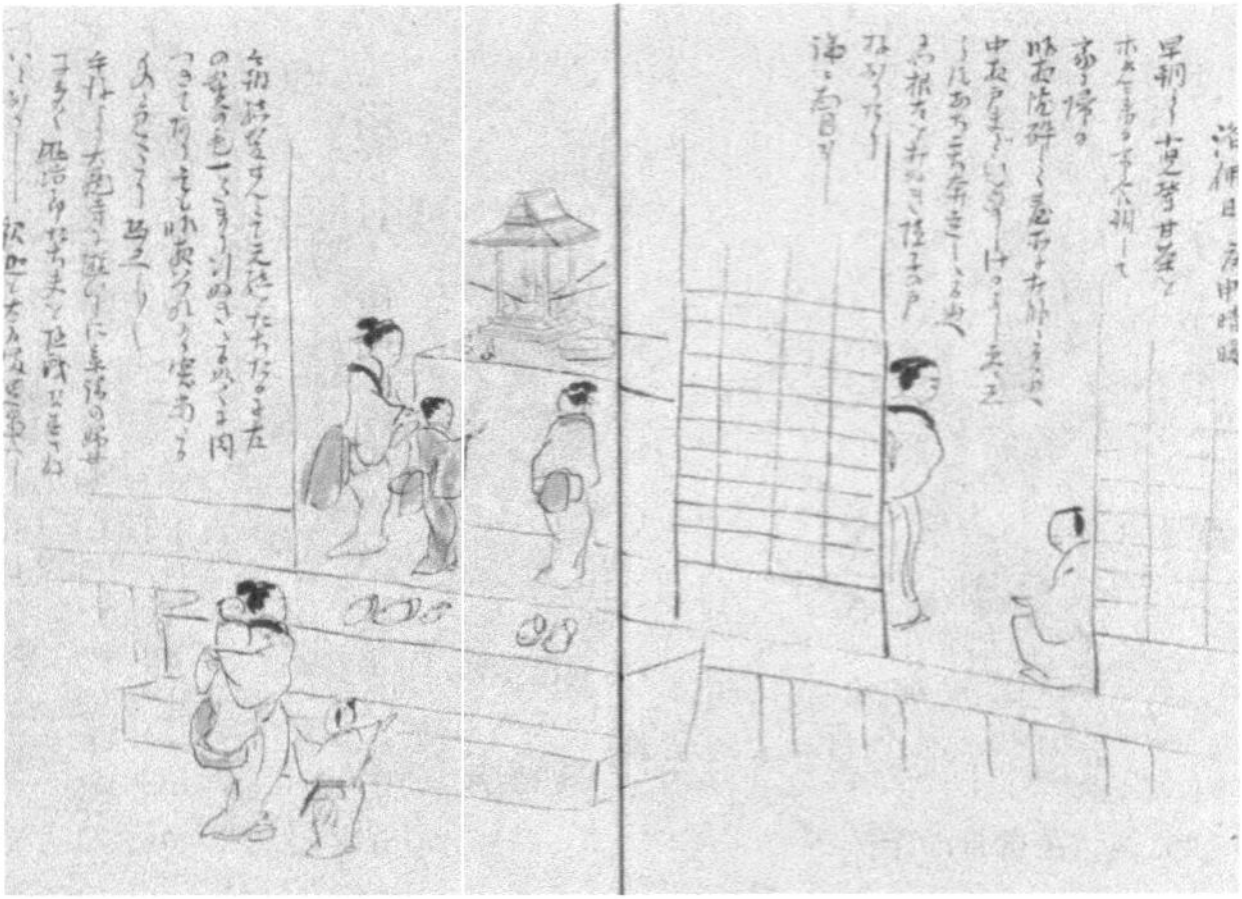

図135　龍源寺の花まつり

なりの障子際に坐っているのは石城である。着飾った小さな子どもたちが母親に連れられて参る様子をうれしそうに、かつ満足そうに眺めるのであった。

ところで、前夜の酒宴で石城は相当に悪酔いしたらしく、夜中まであばれ狂って寺の戸や障子をぶち壊し、さらに床板やその下の根太《ねだ》までを打ち抜いた。酔って、戸や障子を壊すことはよくあるにしても、床の根太まで打ち抜くのはよほどの狂乱ぶりである。

彼はその反省を前の絵日記のつづきに記す。

「昨夜、泥酔《でいすい》して台所に打臥したるかゆへ、中夜《ちゅうや》（夜半）、戸まとひ（戸惑い＝寺の様子や進む方向がわからなくなる）をなしけるよし、更《さら》ニしらす（知らず）。あちこち奔走したるゆへにや根太を打ぬき、障子の戸、数《かず》おりたり。誠ニ面目《めんもく》なし」

そしてさらにつぎのようなことも書く。

「今朝《けさ》、髪結《かみゆい》せんとて元結《もとゆい》（髪をまとめて結ぶ用具）をたちたる（外す）に、左の髪の毛一《ひと》かたまり引ぬきたる如くに肉つきてあり、是《これ》も昨夜いつれにか突当《つきあ》たるものと見へたり。恐るへし〳〵」

朝起きて、乱れた髪を結び直そうとしたのであろう。ところが左の髪の毛一かたまりが抜けそうになり、その毛根には肉が付着していたという。おそらくどこかに頭を突き当て頭髪を絡ませてしまい、そのまま強く引きぬいたのかもしれない。ともかくも大暴れで面目なしの石城であった。

花まつりは大蔵寺でもおこなわれていた。石城は午後になってそこへも行くが、多くの参詣《さんけい》の婦女子たちが訪れ、釈迦も大変満足であろうと書き、この日の絵日記を締めくくる。

**（清善寺にて）宗派を越えて**

清善寺《せいぜんじ》とは性善寺または精善寺ともいい、曹洞宗《そうとうしゅう》の寺であった。それは城下町の東、町人地に近いところにある。そこにも多くの人びとが集まってくる。八月六日の絵日記にはつぎのように記す。

「**八月六日　壬戌《みずのえいぬ》**　雨。扇子三本したゝむ。午後より性善寺に遊ふの約、大蔵寺と龍源とありし（在《あ》りし）ゆへ、今日往《ゆく》むやとせしに大蔵断《ことわ》なれハ志村《しむら》へゆきしに、同人も当直のよしゆへ独歩《どくほ》ニておもむく道より元太郎同道ニてゆく。和尚昨日、有卦《うけ》（運が向いてよいことがつづく）に入《いり》候所、今日、小幡伊左衛門《おばたいざえもん》方へまねかれゆくよし。酒一二杯にて出ゆく跡に、菱《ひし》や直外《なおほか》ニ成田龍源寺の隠居来《き》り、三人にてさけ酌、同宿比丘《どうしゅくびく》（尼僧）二人あり、壱人ハ二十四五、壱人ハ三十一二、共に出て歌舞す。（中略）万福寺《まんぷくじ》隠居、寺嶋の貧するをきゝて元太郎をあわれと一朱与《あた》ふ」

石城は午前、扇子三本に得意の絵を書く。一本を大蔵寺の達宗に、二本を清善寺に贈るためであった。前々から清善寺にいっしょに行くことを約束していた大蔵寺と龍源寺がちょうど居あわせたので、今日の午後より行こうとしたが、しかし大蔵寺の和尚に都合が悪いと断わられ、しかたなく友人の志村宅へ誘いに行くも、彼はあいにく登城《とじょう》の当直であった。よって一人で赴くが、ちょうど清善寺の近くが町人地であり、そこに住む寺嶋元太郎を連れ出す。大蔵寺の和尚は昨日の占いで有卦であったので運が開けてよいことがつづくと思っていたら、さっそく今日、小幡伊左衛門方によい事に招かれたと記す。

清善寺では酒と料理が出され、酒宴が始まる。その風景が図136である。そこには清善寺の和尚に加えて真言宗万福寺の隠居、臨済宗龍源寺の隠居たちがいた。宗派のちがいを越えての集まりである。さらに納所《なっしょ》の普明《ふめい》、それに投宿の若い尼僧二人、そして町人の菱屋《ひしや》までもがいる。石城（襄山《じょうざん》）は酒宴の輪の中で踊っており、若い尼僧二人もやがて歌い踊りだしたと記しているので、石城と意気投合したのかもしれない。

一方、連れてきた元太郎はその手前で美味《おい》しそうに何かを食べている。それは食べるし

図136　清善寺の寄り合い

ぐさからみてうどんのようだ。絵日記には、万福寺の隠居が元太郎家族が貧窮しているのを聞いて哀れに思い、彼に一朱を援助したことを記している。一朱は今の価値にして約四一〇〇円ほどである。心温まる風景であった。

**（長徳寺にて）浄瑠璃会**

長徳寺は城下町の北東の端にある。石城の自宅からは約〇・三里（約一・二キロ）ほどはあろうか。石城はそこへも和術の稽古などでよく行く。前にみたように四月八日は浴仏日で、龍源寺では花まつりが開かれていたが、長徳寺では浄瑠璃《じょうるり》会がおこなわれた。石城は午前中は龍源寺にいたが、午後に大蔵寺に立ち寄った後、二時ごろに友人の岸左右助といっしょに浄瑠璃の見

図137　長徳寺の浄瑠璃会

物に行く。その風景が図137である。

浄瑠璃は広い本堂でおこなわれているようだ。語り手と三味線をひくお囃《はや》子《し》の女二人が簡易につくった小さな舞台で演じている。石城が大蔵寺で院本をうなったように、浄瑠璃の脚本を前にして大きな声で語るのであった。そこに集まる見物人は、この寺が町人地の中にあるので、おそらく武士よりも町人の方が多いとみられる。

その挿絵に見る人びとの表情が楽しい。右端には赤子を抱いた若い女、その左には白髪の年老いた婦人、その前には坊主頭の僧侶のような男、左には壮年らしき大勢の男女、そして舞台のすぐ下には年若い男が坐っている。皆楽しそうに聞き入っているようだ。となりの部屋では、この寺の和尚の篤雲《とくうん》、そして石城と岸左右助らがその模様をにこやかに眺めている。演目は「お俊伝兵衛《しゆんでんべえ》―堀川《ほりかわ》の段、忠臣蔵《ちゆうしんぐら》―喧嘩場《けんかば》、安達ケ原《あだちがはら》―雪降《ゆきふり》の段、忠臣講釈―十太郎《じゆうたろう》宅、躄仇討《いざりのあだうち》―箱根《はこね》の段」であった。

浄瑠璃は夕方の五時ごろに終わる。石城は、後からきた三木といっしょにいろいろなところに立ち寄り、やがて友人の佐藤《さとう》宅に至る。そのことをつぎのように記す。

「夫《それ》より佐藤方に到《いた》る。むなきの外《ほか》なしと申《もうす》、右を食しぬ。むなき蒲焼《かばやき》にてさけ酌《しやく》」

佐藤宅では、むなぎ蒲焼を食べ、酒を飲んだという。この風景も挿絵に描いているが、串刺しにした蒲焼が大皿に出されていた。そのかたちは今のうなぎの蒲焼にそっくりである。もっとも江戸時代の「むなぎ」が転じて今の「うなぎ」になったとされる。すでに江戸時代にうなぎの蒲焼が酒の肴《さかな》として武士の家で食されていた。石城と三木はその後、さらに料亭大利楼《おおとねろう》に登ることになるが、そのことは酒店と料亭の風景のところでのべよう。

**和術の稽古**

この寺では、居合《いあい》、棒、太刀《たち》、長刀、柔術などの和術の稽古も催されていた。これにも石城を含めて多くの武士と町人たちがやってくる。寺で和術の稽古をしていたとは興味深いが、武士町人たちがともに稽古に励んでいたことも面白い。それは和術を教える指南がこの寺の和尚であったからである。よってこの和尚、武士の出であったのかもしれない。

図138は一二月一〇日の夜稽古が終わった後の休憩の風景である。指南の篤雲和尚（別名

図138　長徳寺の和術稽古

は泰流軒《たいりゅうけん》と名乗る）を真ん中にして、その廻りには武士の石城と熊二郎《くまじろう》ら、荒井《あらい》屋の主人福太郎《ふくたろう》ら、それに石城たちがよく行く料亭大利楼の主人と若主人の中二郎《ちゅうじろう》もいる。皆は小さな角火鉢を囲み、大きなやかんで湯を沸かし、それでお茶を飲んでいる様子。石城の前には硯《すずり》と筆があり、何かを書いているようだ。今夜の出席者を記載しているのかもしれない。武士町人を交えての和気あいあいとした長徳寺の夜の風景であった。

図139は石城（隼之助《はやのすけ》）と篤雲和尚との居合稽古の風景であり、そのことを絵日記につぎのように記す。

「**八月九日　乙丑《きのとうし》　雨夕晴冷気。**夕方より東作《とうさく》と金毘羅にあそふ。夜、長徳寺にゆきて居合入門、数刻稽古」

石城は居合に入門し、和尚からその手ほどきを受ける。挿絵にみる和尚の横に「居合懸《かけ》ふ」と記しているので、和尚が長刀を上段から切りこむようにして居合をかけ、石城が精神を冷静にしてそれを受けるのであろう。その和尚の姿はかつて剣豪であったと思われるような雰囲気がにじみ出ている。

このような稽古は夜だけでなく、つぎにみるように早朝にもおこなわれていた。

「**十一月十五日**　**己亥**《つちのとい》　曇。夙《つと》に起《おき》、拝畢《はいひつ》。今朝より長徳寺、寒稽古のよしゆへ、六ツ（六時）時分至る。二十日よりと定《さだめ》候よし申《もう》す。棒稽古五ツ（八時）過《すぎ》かへる。（以下略）」

図139　篤雲和尚と居合稽古

ところでこの篤雲和尚は独り暮らしであった。ところが急に病に臥《ふ》せ、ほかの寺の和尚や石城たちが手厚く看病する。また世話をする者がいないので龍源寺に引きとろうとする話しまでまとまりかける。そして当面の生活費も皆で援助した。このことは世相と時代のところで詳しくのべる。

石城は稽古のない日でも、和尚との仲のよさから、すこし遠いこの寺にもよく行く。一一月一七日の絵日記にはつぎのように記す。

「**十一月十七日**　**辛丑**《かのとうし》　曇。朝、柴田《しばた》母かへる。日記しらへ。風呂をわかし浴ス。八碑（二時）後より甫山方へ至り、同道ニて長徳寺に至るへきの

図140　衝立絵の制作と町人たち

所、甫山用事有之《これあり》よしゆへ、予一人至る。和尚不在なれとも、兼《かね》ての約ゆへ筆取出し衝立に画《え》かく。夕、和尚かへり来り、また唐紙三まいかく。後《のち》、にしめ、さけ出、飯を食し、弟子とも（ども）来る。五ッ（八時）過かへる。今日、甫山より傘借りしに、雨降るさる（去る＝止む）かゆへ帰途《きと》立《たち》よりしに早く臥したり。則《そく》、門戸《もんこ》の内へさし入《いれ》てかへりぬ。長徳寺近辺の小児、異国の鼠《ねずみ》を持《じ》し来《く》る。則《そく》、写生す」

昨日は義弟の進《すすむ》が和宮通輿《かずのみやつうよ》の警備から無事に帰った日であり、その慰労にきていた柴田母も今日の朝早くに帰って行く。その後、絵日記を書き、風呂《ふろ》に入り、午後二時を過ぎたころになって、前々から篤雲和尚に頼まれていた衝立《ついたて》の絵を描くために長徳寺に行く。親友の岡村を誘って行くつもりであったが、彼は用事があるので一人でやってきた。しかし和尚は不在だったので、勝手に上がりこみ、筆を取りだして描いていたところ、夕方になって和尚が帰ってきた。その後、唐紙三枚にも描き、和尚のつくった煮しめで酒を飲み、飯を食っていたところに和術稽古の弟子たちが集まってくる。図140がその風景である。

それらの面々は荒井屋の福太郎、大黒屋《だいこく》（大利楼）の中二郎、綿屋《わたや》の新太郎《しんたろう》、そして佐官の佐助《さすけ》という町人四人衆であった。石城の描いた衝立と唐紙の絵を見て感心している様子。この日も武士と町人と和尚とが、身分のちがいなどおかまいなしに屈託もなく語り合う夜の長徳寺の風景であった。

石城は八時過ぎに寺を辞するが、雨が止んだらしいので借りていた傘を返そうと帰り道に岡村（甫山）宅に立ち寄る。彼はすでに寝ていたので、門戸の内にそっと置いて帰る。

ところで、この寺の近辺の子どもたちが持ってきた異国の鼠とはリスのことであろう。石城はさっそく得意の写生をした。

# 八　酒店と料亭の風景

この小さな城下町にも多くの酒店や料亭があった。石城《せきじょう》はそこへもよく行くが、友人の武士や寺の和尚たちもである。またその店の主人や女将《おかみ》たちも寺や武士の自宅をよく訪れる。とくによく行くのは酒店の中屋《なかや》、料亭の山本屋《やまもとや》、四つ目屋《よめや》、大利楼《おおとねろう》のようだ。それらの風景をみてみよう。

### 中屋

一一月一日は午後に龍源寺《りゆうげんじ》で中国書物の読書会があった。その後に酒が出なかったので、龍源寺の手作（見習い僧）二人を連れて夕暮れの中屋に繰り出す。

「（前略）今日無興《きようなき》ゆへ、夕暮より酒店に至るへきの事そなり。則《そく》、二《に》僧一俗《そういちぞく》六ッ（六時）前よりおもむく。二僧一俗酒を呑跡《のむあと》より三《み》木十八公《きじゆうはちこう》来り会し、各《おのおの》酒肴命す」

手作二人と石城を二僧一俗と記しているのがうまい表現だ。三人で飲んでいると、そこへ友人の三木がやってきた。十八公とはあだならしく、本名は新平《しんぺい》らしい。その風景が図141である。床の間のある広い座敷を低い衝立《ついたて》で何箇所かに仕切り、それぞれの場所で客が酒を飲み、料理を食べている。今でいう居酒屋のような店であった。よってほかの客の顔も見え、声も聞こえることから、ときにはとなりの酔い客が絡んでくることもある。そのことをつづいてつぎのように記す。

「側《そば》に一酔客ありて、頗《すこぶる》乱語を吐出《はきだ》し狼藉《ろうぜき》にて予《よ》輩《はい》の席へ入《い》らんとする。十八公の知《ち》己《こ》ゆへ同人いろ〳〵なたむ（なだめる）。言語大《だい》ニ高くゆへに夕二《ゆうじ》郎《ろう》席にたへす（堪《た》えら

図141　酒店中屋

れず）はしり出《いで》つヽいく。大羅《たいら》もにけ出《いで》ぬ。（以下略）」

となりの酔い客は乱暴なことばを発する狼藉者で、石城たちの方へと絡んできた。その客は途中でやってきた三木（新平）の知り合いらしく、彼が客をなだめ、また女将のお八重《やえ》もいきり立つのを止めているようだ。また石城の前にいるのは友人の東作《とうさく》である。彼も後からやってきたのであろう。それまで気もちよく飲んでいた手作の夕二郎と大羅の二人は、酔い客の大声にたまらなくなり、その場をあわてて逃げ出してしまった。

今日の料理は「蕎麦《そば》六椀、鰤煮《ぶりに》附《つけ》二皿、酢章魚《すだこ》二皿、鰤魚軒《ぎょけん》二皿」と挿絵に記す。鰤魚軒とは鰤の刺し身のことであり、また酢だこもある。魚中心の

図142　茶店の埼玉屋

なかなか豪華な料理であった。

手作二人が逃げ出した後、石城と三木は残って酒と肴《さかな》を注文し直して飲みつづけるが、やがて中屋を出て大蔵寺《だいぞうじ》に行く。そこには良《りょう》啓《けい》と町人の藤兵衛《とうべえ》がきており、舞曲をうなりちらす。それが図114にみる風景であった。

さる九月四日には、龍源寺の猷道《ゆうどう》和尚と親友の岡村《おかむら》（甫山《ほやま》）の三人で郊外に逍遥《しょうよう》に出かけたことは図28・29のところでのべた。その帰り道に立ち寄ったのが埼玉屋であったが、その風景が図142である。そのことをつぎのように記す。

「（前略）前谷《まえたに》村の不動に立《たち》より、遂《つい》に頂上に至り埼玉やに休せしに。先に日方《ひかた》役人三人此屋《このや》に憩《けい》して奥の間塞《ふさぎ》たり。障子を隔《へだ》て、予輩《よはい》三人唯之《ただこれ》盃《さかずき》を酌《しゃく》。肴《さかな》ハ新鮭《しんざけ》、生《なま》節《ぶし》の外《ほか》なし。去《さる》とも興《きょう》に入《いり》、兎《と》角《かく》次の間心《こころ》せハ、彼も又相同《あいおな》しかるへし。薄暮辞す。

就《つき》るに和尚手巾《しゆきん》を不動にわすれたりとの事にて、帰途《きと》光明寺《こうみようじ》へ立寄《たちより》しに、法印《ほういん》（和尚）志《し》きりにとゝめてまたさけ出、和尚輿に乗し、出す所の肴残りなく食《く》ひ、笑ふへし。そのさま左の図のことし」

それは小さな山の頂上に建つ茶店であろう。そこで一休みしようと思い立ち寄るが、一番よい部屋の奥の間は、ちょうど囚人二人を連れた三人の日方役人が休憩していた。平盆の上にはお銚子と小鉢があり、役人たちは囚人を土間に坐らせたまま酒を飲んでいた。石城（襄山《じようざん》）たちはやむなく障子を隔てたとなりの部屋に入る。そこで新鮭と生節を肴に酒を飲む。もっとほかの料理も食べたかったが、この茶店にはそれだけしかない。それでもしだいに盛り上がった。となりの奥の間が気になるが、彼らもまた大変な仕事であろうと思いを寄せる。

ところで、この茶店と前にみた酒店中屋はふつうの座敷と次の間を店として使っており、客は畳敷に坐って飲食し、その料理は畳の上の平膳か木具膳に置かれている。今のテレビや映画の時代劇によく見る椅子に腰掛けてテーブルのような台で飲食する風景や、または座卓で飲食する風景とはかなりちがっていた。

石城たちは夕暮れにそこを辞するが、帰る途中に猷道和尚が手巾《しゆきん》（手拭《てぬぐ》い）を茶店に忘れたことに気づいた。手や顔を洗いたかったのかも知れない。すぐさま近くの光明寺に立ち寄る。やがて帰ろうとするも、法印《ほういん》和尚に強く引き留められて酒となる。その風景が図143である。出された料理は「芋、焼とうふ、茄子煮付、茄子香ノ物」と記す。それにして

図143　光明寺で酒宴

も、ちょっと立ち寄っただけなのに、すぐに酒宴となるとは、それだけ人の情が濃《こ》かったのであろう。挿絵の風景は龍源寺和尚と光明寺和尚とが楽しそうにことばをやり取りしているようだ。絵日記には、出された料理を残さずきれいに食べてしまったと記しているが、それにしてもよく飲み、よく食べる人たちだ。しかも今日はそれだけでは終わらなかった。絵日記はつづいてつぎのように記す。

「六ッ（六時）過《すぎ》、下忍《しもおし》に来《き》り、また〳〵美濃《みの》や中屋に至る。次の間に角《かく》や元太郎《げんたろう》、蒔二郎《まきじろう》、鈴木清《すずききよし》来り居り、然《しか》るに蒔二郎酔《よい》に乗《じょう》し不礼《ぶれい》の言《ことば》を出ス。右を龍源寺咎《とが》めしに彼いかりて元太郎共ニ和尚といゝ（言い）込《こま》んとすゝみ来るかゆへ和尚も怒りて一二《いちに》言《こと》争ふ。市人《いちびと》の所行悪《しょぎょうあく》むへきかゆへ、予《よ》、側《そば》より大発《だいはつ》して両人とも平伏《へいふく》せしめぬ。甫山《ほやま》（岡村）も是《これ》か為《ため》に激《げき》して先へかへる。

同時東作も会し行田《ぎょうだ》へ赴《おもむ》かんとの事なれとも辞す、一人出行《いでゆく》。龍源寺へ帰り同寺に一《いっ》宿《しゅく》」

石城たち三人は六時過ぎにやっと下忍に着くが、そこは城下町の南に位置する。すぐに酒店中屋に至ったというから、この辺りにも小さな町人地があったのであろう。ところがとなりの場所では町人の角屋元太郎、美濃屋蒔二郎らがすでに酔っぱらっており、酔いに任せて石城たちに無礼なことばを投げかける。その言動に猷道和尚が立腹して蒔二郎らを咎《とが》めたが、彼らは和尚にさらに盾突き進みくるので、和尚も一言、二言いい返す。石城はその様子を見てたまりかね、市人《いちびと》すなわち町人といえどもそこまでの言動は許されないと大声で諫《いさ》める。その怒りぶりを見て彼らは途端にしゅんとなって平伏したという。

図144　酒店中屋と市人

　それにしても、いざというときの石城はすごいものがある。これに比べて親友の岡村は激怒してさっさと先に帰ってしまった。この町人二人が石城（永慶《えいけい》）たちに難癖をつけようとする風景が図144である。挿絵はちょうど和尚（龍源寺）が一二言いい返す場面を描い

図145　龍源寺で朝食

ている。町人が武士に盾突くこのような風景は決して珍しいことではなかったようだ。

中屋で注文した料理は「酢章魚《すだこ》、初さけ、うどん」と記す。またも酢だこを食べていた。そこへ友人の東作がやってきて、行田の料亭に行こうと誘う。石城と和尚は飲み過ぎの食べ過ぎなのか断り、やがて二人は龍源寺に帰って行く。石城はその夜もそこに泊まることになる。

翌朝、龍源寺にやってきた男がいた。それは昨夜の蒔二郎である。絵日記はつぎのように記す。

「**九月五日　庚寅《かのえとら》**　晴。和尚はしめ皆〱打臥たりし所へ蒔二郎入来《いりき》りて昨夜の失礼を詫《わび》たり。起出《おきいで》て盥漱《かんそう》（盥《たらい》で口《くち》を漱《すす》ぐ）し、爰《ここ》にて朝食す。五ツ（八時）過帰る」

その風景が図145である。石城と和尚が朝ご飯を食べているところへ蒔二郎が二日酔いの疲れた様子で謝りにくる。挿絵に見る彼の風貌《ふうぼう》が何とも面白い。腰をふにゃと曲げ、やつれ顔のやせ男であった。ともかくも、次の朝すぐに謝りにくるとはなかなか素直である。この日の朝食は「茄子油揚汁、餅芋」と記し、茄子《なす》と油揚げを入れた味噌汁で餅芋を食べる。その餅芋とは、お櫃《ひつ》の中からお椀《わん》に入れて食べているようなので、さつま芋を入れた芋粥《いもがゆ》のようなものかもしれない。左の竈《かまど》の前では大工の藤吉《とうきち》が懸命に薪《まき》をくべる。和尚たちの朝ご飯の用意にきているのであろう。寺はいろんな人びとに助けられていた。

## 山本屋

寺の風景でみたように、料亭山本屋の女将《おかみ》は大蔵寺に度々遊びにきていた。そこでは石城と和尚たちとで酒宴となり、石城は帰り際に山本屋に近日中に遊びに行くと約束したが、何と翌日にはさっそく訪れる。その模様をつぎのように記す。

「孟春《もうしゅん》（正月）十六日　戊戌《つちのえいぬ》　晴。髪月代《かみさかやき》し、大蔵寺に遊ふ。今日、山本や方へ至るへしとの事にて、午後より大蔵寺同道にて立出《たちいで》しか、何となく間《ま》なして（絶え間がないので）龍源寺にたちよりしに人々にいさめられ、おかしくも至りしに後《のち》、室（女将）出迎ひて、夫《それ》よりさけあたゝめ酌。夜に入りて平野《ひらの》後家、此《この》家へ年礼に来りしに、いさ一興《いっきょう》あり、また柴後家の娘十八九なる不縁にて戻り居り、夫《それ》か恋を叶えんとて、近辺の遊治《ゆうぢ》郎《ろう》替る〳〵来るか、予輩《よはい》の為にむなしく帰りゆくもおかし。主人助二郎《すけじろう》かへり来り。猶《なお》又《また》さけ四ツ（一〇時）過に至りて辞し、夫《それ》より大蔵寺にゆきて打臥《うちふ》し、暁《あかつき》帰る」

午前に月代を剃《そ》って髪結いした後に大蔵寺に行き、昨夜に約束した山本屋に行こうと和尚を誘う。午後になってその和尚といっしょに出かけようとするが、山本屋へはどうしたものか絶え間がないので、すこしはばかられ龍源寺に立ち寄る。そこでは猷道和尚たちに

図146　料亭山本屋と末摘花

諌《いさ》められるが、それを可笑《おか》しく思いつつも山本屋に至った。店に入ると女将が喜んで出迎えてくれてさっそく酒を温め酒宴となる。その風景が図146である。

末摘花《すえつむはな》と記しているのが女将であり、そこには娘婿とみられる若主人の助二郎も歓待している。女将が差し出す蕎麦《そば》を口を大きくあけて食べようとする石城の姿が如何《いか》にも滑稽だ。和尚もまた娘の若女将に酌をされてご満悦の様子。

ところで、酒宴の途中に近辺の遊治郎（酒色にふけり身持ちの悪い男）なる何人もが恋を叶《かな》えんとやってくるが、その目当ては不縁で戻っていた柴後家の娘であった。彼女はこの山本屋で働き、石城たちのお相手をしていたのであろう。遊治郎たちはその場を見てしかたなく諦めて帰る。それを「予輩の為にむなしく帰りゆくもおかし」と記しており、すこし意地悪な石城であった。

酒宴は夜までつづき、一〇時すぎにやっとお開きとなる。彼は山本屋を出て大蔵寺に立ち寄り、和尚とともにそこに打ち臥《ふ》す。そして夜明けごろに自宅に帰って行った。

## 四つ目屋

四つ目屋の女将は土屋仁右衛門《つちやにえもん》の家によくきており、何かと土屋に相談していた。そこに石城も出くわし、こたつに入って夜遅くまで語らったこともある。四つ目屋は城下から約一里半（約六キロ）も離れた熊谷宿《くまがや》にあった。女将はこのような遠いところから土屋宅を度々訪ねていたことになる。土屋も何度か四つ目屋に行ったことがあり、その縁がつづいていたのであろう。

二月一八日にもそこを訪ねることになるが、話しはその前日から始まる。早朝に土屋が石城の自宅にやってきた。彼が申すには「今日、出遊《しゅつゆう》すへし事也」という。出遊とはちょっと他郷に旅して遊ぶことである。その目的地は熊谷宿の少し北あたりの肥塚《こいづか》村から南良《なら》村にかけてであった。まず肥塚村には土屋の縁者の納見《のうみ》家があり、そこへ出向くという。やがて二人は九ツ（一二時）ごろにたどり着く。そこで「菜ニ甘ひたし、塩いわし」の昼飯をよばれ、それより南良村の松村《まつむら》家に至る。そこは納見家の娘お逸《いつ》の嫁ぎ先であった。しかしちょうど主人は伊勢《いせ》参宮にて不在であり、隠居老夫が対応する。その後に目沼《めぬま》の聖《しょう》天宮《てんぐう》に参詣《さんけい》する。そのことをつぎのように記す。

図147　茶店小倉屋

「聞きしにハまさりし（優りし）荘《そう》厳《ごん》にて、たくミ（巧み）さま（様子）すへて（全て）のかたり（語るも）容易ならす（口で表すことで難しいほどに）。境内もひろく、そこ〳〵逍遥し、立《たち》いてヽ門前なる小《こ》倉《くら》やという茶肆《ちゃし》（茶店）休す。料理のさまも中〳〵見事也」

二人は目沼の聖天宮の見事さに感激する。そしてまもなくその門前にある茶店の小倉屋に入る。その風景が図147である。そこにはお逸とその子どもの市《いち》二《じ》郎《ろう》とふさもいる。茶店とはいっても料亭風の構えである。障子の向こうにはぬれ縁があり、その上に薄べりを敷いている。そして庭の中を通る渡り廊下で向こうの部屋と結んでいた。なかなか風流な茶店であった。土屋はた

図148　松村宅での歓待の宴

ばこをふかしながら、石城はお茶を飲みながら料理がくるのを待つが、やがて通《かよ》い（料理の給仕をする人）がいろいろと運んでくる。その料理は「まくろさしミ、いりうまに、口取《くちと》りもの、めし、さけ」と記す。口取りものとは、料理の最初の皿盛りのことで、いりうまにとはよくわからない。うま煮の一つであろうか。それらの値段は弐朱三〇〇文で、今のお金に換算すると約一万二八〇〇円であった。すこし高いような気もするが、まぐろの刺し身が出たのでその位かもしれない。

その夜はお逸の嫁ぎ先の松村宅で隠居夫婦の歓待を受ける。その風景が図148である。立派な屏風《びょうぶ》を背景にしてたくさんの料理で歓迎されていた。お逸は寒さを気配りして火鉢の炭を起こす。

図149　松村宅での寝床

その姿は優しく、横にいる石城も感激しているようだ。図149はその夜の寝床の風景である。先ほどの座敷とみられる部屋に床を敷いたのであろう。頭の方を屏風で隔てることで風も当たらず、また落ちついた雰囲気をつくる。お逸は土屋の枕元でたばこを吸いながら昔の思い出尽きぬ話しをいつまでも語り合っているようだ。

そして翌日のことはつぎのように記す。

「**二月十八日　辛未《かのとひつじ》　快晴夜少し雨**。起《おき》出《いで》て盥漱《かんそう》、拝畢《はいひつ》。朝食す、玉子とうふ、大根汁。辰碑（八時）後より老夫扇子二本出ス。右にしたゝめ近隣の医生より半切二まい来る。右もしたゝめ萩餅《はぎもち》出す。午前この家を辞す。おいつも同道にて八ツ（二時）前肥塚に至り、夫より熊谷四つ目屋に遊ふ。図のことし。八ツ（二時）過、四つ目屋に至り、主婦大悦《たいえつ》にて速《すみやか》にさけ肴命《めい》しもてなす。かまほこ、鯛、三ツ葉、くわい（塊茎《かいくき》の煮もの）、よせ鍋、玉子、のり、まくろ、すし、貝。娘か三味せんならし、関ノ戸抔《など》かたる。別に肴《さかな》なけれハ壱朱遣《つかわ》ス。予、大酔《おおよい》して土屋に誘引《ゆういん》せられ五ツ（八時）過《すぎ》かへり、同人宅に至りて砕臥《くだけふ》し、四ツ（一〇時）過目さ

図150　松村宅の三幅対

めてかへる。笹岡《ささおか》、西村《にしむら》も居《お》りしなり」

松村宅での朝食は玉子豆腐と大根汁であった。石城は食後に隠居から扇子二本の絵を頼まれ、すぐさま快く描く。また隣の家の医学を習う学生僧からも半切りの紙二枚に描く。その風景が図150である。萩餅でお茶を飲みながら、老父と記す隠居が自慢の三幅対《さんぷくつい》の掛け軸を説明しているのであろう、皆がそれに聞き入り眺めているようだ。右横にいるお逸のしなやかな後ろ姿がとくに印象的である。

さて土屋と石城は松村宅を辞するが、途中までお逸と同行する。彼女は肥塚の実家に帰るためであった。その帰り道に熊谷宿の四つ目屋に出向く。その突然の訪問に女将《おかみ》のおよしはびっくり

図151　料亭四つ目屋とおよし

し、大喜びで歓迎する。やがて出された料理は豪華であった。まぐろと鯛があり、よせ鍋から寿《す》しまで出される。女将のおよしは土屋に世話になっていたから、そのお返しの意味もあったであろう。その風景が図151である。

土屋宅で話していた娘のらくも三味線を弾いて浄瑠璃《じょうるり》を精一杯に語る。およしが土屋宅を訪問した際に、娘らくを近々奉公に出すと聞かされていた土屋らは、これから四つ目屋に行っても彼女がいないので、静かで寂しくなると笑っていたが、その姿はやはり皆を楽しませる快活な娘のようだ。そのらくの語り声を土屋は寝そべって気もちよさそうに聞いている。一方、石城は女将のおよしと長火鉢を間にして対面し、仲良く酒を酌み交わす。

熊谷の四つ目屋を出て城下の土屋宅に帰り着いたのは夜の八時過ぎになっていた。約一里半の道を大酔いの石城は、ふらふらしながら土屋に導かれて帰ったが、着くとたちまちその場に臥してしまった。それを「砕臥《くだけふ》し」と記しているからまさにくたくたであった。土屋宅で一〇時過ぎに目を覚まし、自宅に帰ると友人の笹岡と西村がきていた。そこでまた酒宴が始まったかどうかは絵日記には何も書かれていない。

**大利楼**

石城たちはこの大利楼にもよく行く。その場所は行田町の町人地にあり、自宅とみられるところからは約〇・三里（一・二キロ）ほどのところである。この日（四月八日）は龍源寺のところでのべた浴仏日。昨夜は龍源寺で悪酔いして障子を壊し、床の根太《ねだ》を打ち抜くほどの大暴れをした。今日はそれに反省しつつ午前に花まつりを見た後に長徳寺の浄瑠璃を見学し、そして夕方になって川上《かわかみ》宅から佐藤《さとう》宅に立ち寄るが、そこで夕食をご馳走《ちそう》になる。それから友人の三木とで和術稽古の仲間が営む大利楼に繰り出す。まことに多忙で迫力さえ感じる一日であるが、その料亭の風景が図152である。

左手にいるおきよが女将である。石城と三木は三人の女たちに酌をされ、主人の踊りも加わってさらに盛り上がる。今日の料理は「鯔《ぼら》さしみ、吸《すい》もの、煮肴、口取物、筍甘煮《たけのこあまに》、酢のもの」と記す。そしてその帰りも石城らしくまことに滑稽であった。それを四月八日の絵日記のつづきにつぎのように記す。

「予、大酔いして前後をしらす。三木の肩にかゝりて龍源寺までかへりぬ。途《と》、小柄《こづか》

図152　料亭大利楼での酒宴（1）

（小刀《こがたな》）ぬけ落て右の足の小指に立て、甚《はなはだ》いたみし事ハ覚へたるのミ」

大利楼で大酔いした石城は三木の肩に寄り掛かりながら帰途につく。その途中に、腰に差していた刀の鞘《さや》に付けている小柄（小刀、手裏《しゅり》剣《けん》のようなもの）が抜け落ちてしまった。それだけ大酔いし、ふらふらに酩酊《めいてい》していたのであろう。ところが不幸にも落ちた小柄は足の小指を突き刺してしまう。よほど痛かったにちがいない。

このようなことは、昨年の師走《しわす》の一二月一〇日にもあった。午後に龍源寺にて障子の紙貼りを手伝った後に長徳寺で和術の稽古をし、一〇時ごろにそれが終わる。ちょうど三木がやってきたので帰り道に二人で大利楼に登る。その風景が図153である。

図153　料亭大利楼での酒宴（2）

部屋には正面に床の間があって左手が障子である。前図も同じ部屋であったとみられるが、障子の向こうには廻り縁と欄干《らんかん》が見えた。よってこの部屋は、欄干のある廻り縁に囲まれ、床の間が付いた立派な座敷であろう。今日の酒宴にも主人と女将のおきよが二人を歓迎する。石城と三木は二本差しを床の間の前に投げ置いて酒宴にふけっていた。

今日の料理は「茶碗、三ツ葉、松茸、鯛、煮肴、かまほこ、よせくるミ、ゆは」と記す。よせくるみとは、煮《に》て溶《と》かした寒天に醤油《しょうゆ》と砂糖で味つけ、それに崩れた豆腐を入れて固めたものを豆腐よせというが、それにくるみを入れた料理ではないか。また「ゆは」とはいわゆる豆腐のゆばのことであろう。

いずれにしても、魚と豆腐が中心の豪華な料理であった。

それにしても不思議なのは、単衣《ひとえ》しか持たず、重陽《ちょうよう》の日に着て行く寒服《かんぷく》（袷《あわせ》の着物）がないので仮病をしたり、また僅《わず》か二八文（約四四〇〇円）を友人の岡村に借金をするという余裕のない不安定な生活において、なぜにこのように料亭によく行けるのか。それは石城だけではなく、下級武士仲間にもいえる。六月二二日にも（図6参照）、下級武士仲間といっしょに大利楼を訪れているが、そのときの料理の値段は八〇〇文（約一万三〇〇〇円）もした。大利楼の主人がいくら和術稽古の仲間だとはいっても、きちんとお金は払っているであろう。それは頼まれた行灯《あんどん》絵と屏風《びょうぶ》絵、または手習いの教えで得た収入でそれを賄うのであろうが、まさに宵越《よいご》しの金は持たないというきっぷのよい暮らし方である。

石城はこの大利楼での酒宴の最中と帰り道でまたも失敗をする。そのことを絵日記につぎのように記す。

「十二月十日　癸亥《みずのとい》　晴。八碑《はちひ》（二時）後、龍源寺に遊ふ。障子切はり手伝ひ、かへり三木へ立寄《たちよる》。髪を束ね金毘羅《こんぴら》へ賽《さい》ス。夜　於長徳寺《よるちょうとくじにおいて》　和術稽古《けいこ》。四ツ（一〇時）過《すぎ》、稽古畢《おわ》りて皆々と共に立出《たちいで》しに、三木の来るに逢《あい》たり。皆々に別れ、同道にて長徳に至り直《ただち》にかへり道大利楼に遊ふ。折《おり》から主人、先月和宮様御下向《おんげこう》の節《せつ》、野宮宰相《ののみやさいそう》に短冊《たんざく》を乞《こう》たり、その句、意解《いかい》しかたし（難《かた》し）、ときて（解《と》いて）給《たま》われとてさし出すその歌。
さゝ波やなからの山の峯つゝき見せはや人に花のさかりを
是《これ》ハかく〳〵の意なりと物語るそハ（側《そば》）ニ、予、あやまちて燭台《しょくだい》を打《うち》たをしぬるに、主人の面《つら》にこけかゝり、あハて（慌《あわ》て）取《と》おこせしに、眉毛《まゆげ》のちり〳〵と焦《こげ》たり、おかしくも気の毒になりて」

酒宴の最中に大利楼の主人は、皇女和宮が下向（江戸に向かう）の途中に、付添《つきそい》の野宮に乞うた短冊の歌の意味がわからず、それを石城に尋ねようとした。石城はそれを燭台の明かりのそばに近づいて読み、その意味を主人に説明しようとしたところ、燭台を主人の顔の方へこかしてしまう。あわてて燭台を起こしたがすでに遅く、主人の眉毛はちりちりに焼け焦げていた。それを見て石城は「おかしくも気の毒になりて」と他人事《ひとごと》のように記す。絵日記はさらにつづく。

「九ッ（一二時）過、利楼《とねろう》を立出《たちいで》、三木は当直のよしにて天満《てんま》にて別れ、独行吟《ひとりぎょうぎん》しながら、はてハねむりつゝあゆミしに、下忍《しもおし》にて堰《せき》の中へ落入《おちいり》たり。おとろきて目さめはい出たれとも衣類狼藉《ろうぜき》の躰《てい》ゆへ、側《そば》の井戸にていさゝかそゝき、はしりかへりぬ。あゝ寒しく〳〵」

大利楼を出たのは一二時過ぎにもなっていた。途中の天満で三木と別れるが、彼は今から当直という。それはおそらく城の夜番であろう。当時は酒を持って登城《とじょう》したり、酔って出勤することは大目にみられていたらしい。それにしてもおおらかであった。石城は三木と別れて独り詩吟を歌いながら気分よさそうに歩くが、そのうちに歩きながら眠ってしまう。しかしこの城下町は道沿いに沼と水路が多かったから、ついに堰《せき》（土手）の中へ転げ落ちてしまった。着物はびしょびしょの泥だらけである。そばにあった井戸ですこし洗い、

上より図154　井戸と頰かぶり、図155　湯上り姿の女将

そのまま走って家にたどり着く。その井戸の風景が図154である。手拭《てぬぐ》いで頬《ほお》かぶりをして誰かに見られていないかと辺《あた》りを見まわす石城の姿がやはり愉快で滑稽《こっけい》である。

石城は五日後にもまた三木といっしょに大利楼を訪れた。図155はその風景である。ちょうど女将はなまめかしい湯上りの長襦袢《ながじゅばん》姿であった。それを挿絵に「大利女房、湯あかりのさま至《いたつ》てよろし」と記す。料亭の中でも大利楼に行くのが多いが、どうも石城の目当てはこの女将にあったのではないか。

# 九　世相と時代

絵日記にはさまざまな世相と幕末の激動に関することも記されている。つぎにそのことをみてみよう。

## 男女の関係

「九月七日　癸辰《みずのとたつ》　晴。昨夜、吉田《よしだ》甚之《じんの》助《すけ》母中春《なかはる》の嫁、同道ニ而《て》近付《ちかづき》に来る。右ハ加藤《かとう》雄助《ゆうすけ》の女《むすめ》にして昨年中より毎日中嶋《なかじま》方へ遊ひに行《いき》し由《よし》、春三郎《はるさぶろう》と密通せしに、当年に至り甚しく、春三郎家内を追出して此《この》女を迎《むかえ》んと両親に談《だん》せしに、雄助夫婦大《おおい》に怒りて娘を遠方へ遣《つかわ》したり。然《しか》るに又、雄助春三郎内実相和《ないじつあいわ》して此事《このこと》を津田《つだ》にたのミて頻《しき》りに（度々）諂諛《てんゆ》（媚《こ》びへつらう）せしか、その同人も曲道《きょくどう》をえらはす（選ばず）其旨《そのむね》に任せ、卒《つい》に一点の罪もなき家内を先月末離別して江戸へ帰し、未《いまだ》一月をも過《すぎ》さるに、今日其《その》女を娶《めと》りて、けに（とんでもない）、アヽ、世上此道《このみち》に砕《くだけ》てふものハ尤論《もつともろん》なし。是《これ》をたすけ、是をすゝむるもの則《そく》罪人なり。悪計《あつけい》（わるだくみ）一端時を得るとも豈《あに》永久あらん。禍《わざわい》遠からす、歎《たん》すへし」

わかりやすくいえば、加藤雄助なる者の娘が昨年より家内のいる中嶋春三郎と密通に至る。石城《せきじょう》はこの二人とも知り合いで、ともに下級武士である。前にみた津田宅の引っ越しのときに二人は並んで仲良く酒を飲んでいた（図54参照）。年齢も同じころに見える。また石城の自宅にもときどき訪ねてくる。春三郎はいい歳をして、家内と別れてもこの娘といっしょになりたいと娘の両親（加藤雄助夫婦）に懇願した。当初はそのことに怒り心頭の雄助夫婦は娘を春三郎から引き離すために遠方に出すが、しばらくして雄助と春三郎は和合する。結局、雄助は人の道よりも娘の気もちの方を選んだわけである。そこで雄助と春三郎は、それが叶《かな》うように中級武士の津田に媚《こ》びへつらって嘆願する。津田はそのような結婚や離縁などの藩への届けをおこなう任務にあったらしい。そしてついに先月、春三郎は長年連れ添った家内を離縁して江戸に帰すが、それから一か月も経たない今日、その娘を娶《めと》る。この春三郎にはすでにその娘と同じ歳ごろの自分の娘もいたようだ。それは津田宅での福引に参加していたが（図56参照）、その娘の哀しみはいかばかりであったか。石城は、このことにとんでもないと驚き怒り、これを進めた者も、支援した者も即罪人であるとまでいい切る。またこのことを悪計《あっけい》すなわち悪だくみともいう。そしてそれは一時のものであって、どうして永くつづくわけがあろうか、いずれ禍《わざわい》が必ずやってくるであろう、と嘆く。

江戸時代の不義密通はきわめて重罪であったが、何らかの理由をつけて家内と離別したことを前もって藩に届けていれば問題はなかったようだ。それにしても男優位の制度であった。このようなことはほかにもある。

「**宿月《しゅくづき》（三月）二十四日**　**丙午《ひのえうま》**　晴。風呂をわかす。朝、松村俊平《まつむらしゅんぺい》より木瓜《きうり》の枝貰《もら》ふ、同人事《どうにんこと》、大蔵寺《だいぞうじ》の達宗《たつしゅう》の為に妻を姦通《かんつう》せられ、右の事露顕《ろけん》し、此節御咎中也《このせつおとがめちゅうなり》。妻ハ離別。右木瓜写生、終日か〻る。夜早く臥す」

友人の松村俊平の妻が大蔵寺の所作《しょさ》（寺の手伝い）の達宗から姦通《かんつう》させられた。このことが世間に知れわたり、松村は藩から咎《とが》めを受ける。そして妻を離別したという。姦通されたと記しているので、手込《てご》めにされたのであろうか。とすれば、妻には何ら問題はないはずであり、むしろ被害者である。にもかかわらず、世間に知れわたれば咎めを受け、また妻を離別しなければならないとすれば、これはまさに理不尽な世の中というよりほかない。このことについての記述はそれだけであり、石城のそれにたいする考えは記していない。この手込めにした大蔵寺の達宗とは石城が毎日のように行く寺の手伝いである。図124の龍源寺での風景にも石城といっしょにいた男であり、石城とは馴染みであった。よって彼の複雑な思いがそこにうかがえる。

石城は親友の岡村荘七郎《おかむらそうしちろう》のことでもまた悩む。それは彼が娶《めと》ろうとする女のことであった。絵日記はつぎのように記す。

「**余月《よげつ》（四月）五日　丁巳《ひのとみ》　辰碑半《たつひ》（九時）より雨終日。**起《おき》いてゝ蘭菊根わけ、雨降《ふり》出しかゆへ止《や》む。篦頭《へらず》にて髪月代《かみさかやき》し、又龍源寺《りゅうげんじ》へ至る。岡村甫山《ほやま》会す。一昨日、土屋《つちや》来りて、甫山（岡村）事《こと》同僚なる伊藤庄内《いとうしょうない》の娘を迎ひ候よし、願書《ねがいしょ》も出候趣《でそうろうのおもむき》、同人も殊《こと》の外《ほか》気の毒の由申《よしもう》ス。右娘定女《さだじょ》と申《もうす》ハ、当年十四才にして昨年中より早くも春心《しゅんしん》（好色な気もち）を発し、そこゝの少年とみたり（妄《みだ》り）の事も多く、近隣皆是《みなこれ》を知る。甫山も常々其事《そのこと》を申《もうし》てハ忌嫌《きげん》（嫌忌《げんき》＝いやがる）たるものゝ、いかなれハ不偶《ふぐう》（不遇＝よい相手にめぐまれず）と申具《しんぐ》（具申《ぐしん》＝詳しくのべれば）、多淫《たいん》の女を娶《めと》る事、旁《ぼう》（あまねく）謂《いわ》れなし（いわれがない）。此事《このこと》、予《よ》、切諌《せつれん》（強く諌《いさ》める）すへしと思ひたれとも、既に願書も出たりとの事なれハ其詮《そのせん》なし（しかたがない）。扨《さて》と苦々敷事也《にがにがしきことなり》と思ひしに、今日、和尚其事を申出たるゆへ、予も又甫山と論弁《ろんべん》（論じること）数刻《すうこく》に及ひぬ。去《さる》とも彼人《あのひと》の心改《あらたむ》へきもあらす、いたつらに切諫《せつれん》して友の心をやふらん（傷つける）よりも、しハらく世評《せひよう》（世の評判）をもたゝし（正し）、猶《なお》又申すへき事も遅からすと決しぬ。八《はち》碑《ひ》（二時）後かへりて書を読《よむ》」

その女とは、土屋仁右衛門の同僚なる伊藤庄内の一四歳になる娘であるが、彼女は昨年から多くの少年たちと淫《みだ》らな交際を繰り返す女であった。藩への結婚の願書もすでに出しているが、そのような女であり、またそのことが近隣の噂にもなっていて岡村（甫山）が気の毒だと土屋はいう。そして龍源寺の猷道《ゆうどう》和尚もまた心配する。岡村自身もそのような女のふるまいを嫌ってはいるが、独り身を長くつづけてきたからなのか、それでもやむなしと考えているようだ。石城は岡村に多淫の女は諦《あきら》めるようにと説得するが、彼の気もちは変わらず、これ以上いいつづけても親友の心を傷つけるばかりであり、しばらくは世の評判も正しながら様子を見て、それからいうべきことをいっても遅くはないであろうと決心する。

その後、岡村がこの娘と結婚したかどうかは、絵日記がこの四月で終わっているのでわからない。それにしても石城の男女関係に対する見方は厳しい。

石城はこの絵日記が書かれた三三歳から三四歳までは独り身であった。まだ理想の伴侶《はんりょ》にめぐり会えていないのであろう。絵日記には彼の女性観を示すような記述はほとんど出てこない。しかし女性にたいしては至って真面目で誠実である。それは絵日記の文章においてもそうであるが、とくに挿絵の人物表現にそれをみる。その絵における彼の目線はいつも皆と同じ高さにあり、その視線は優しい。絵は一人一人のさまざまなしぐさとある瞬間の表情をうまく描写しており、それを捉《とら》える確かな視点が石城にあったといえる。その彼の女性観を直接に示すような記述は一か所しかないが、それはつぎのように記されている。

「**仲春**《ちゅうしゅん》**（二月）十五日　戊辰**《つちのえたつ》**　晴。**（前略）吾《われ》、常に婦人を見る毎《ごと》に、此《この》女終身、予配《よのはい》偶《ぐう》と為《なす》にたれる（足《た》りる）や否《いなや》を黙算する也《なり》。此《この》よし女、一時の快《かい》を追《おう》るハよろし、終身の婦《よめ》と為《なす》へからす。まして父と母とに孝養を尽《つく》す為《ため》に企《くわだて》もすへからす」

それは、終生夫婦として添い遂げ、父母にも孝養を尽くすべきという忠孝の儒教的倫理観にもとづいていた。四つ目屋のおよしとも仲がよかったようだが、やはりそれは一時の心地よさであって、終身連《つ》れ添《そ》う相手とは見ていなかった。この幕末の時代、夫婦の離婚率は意外に高かったが、そのことの風潮にたいする反発もあったのであろう。彼は酒をよく飲み、往々にしてはめを外すことも多い。しかしながら一方で、随筆、詩、絵といった文芸を究め、多くの日本と中国の古典を読み、お金はないので、それを写し取ることも多い。そして幕末の動きにも敏感に反応し、勢いあまって藩政を論じたために重役の逆鱗《げきりん》に触れて禄《ろく》を取り上げられ蟄居《ちっきょ》させられてしまう。多感で烈しい一面を持つが、まさに実直な生き方である。それは女性にも向けられ、一貫して誠実な対応であった。

## 世相を皮肉る

石城はつぎのような世相の面白い皮肉も絵日記にしたためている。これは土屋が書いたものを写したのであるが、よほどに気に入ったのであろう。その一部を示そう。

・早いもの…………外国行立身《ゆき》、巧見《くみ》せの直《なお》し
・役に立ちそうでたたないもの……雷よけくすり、見付番人
・こわそうでこわくない……海岸の大筒《おおづつ》、芝居の化物《ばけもの》
・あき風が吹きそうなもの……神田《かんだ》橋河内、中村芝翫《なかむらしかん》
・大きに御苦労…………西丸下《にしのまるした》の下り藤、夏の自身番
・ちいさくなった…………さぬきの隠居、やきとうふ
・尻の出てもかまわない…………小石川《こいしかわ》の旦那《だんな》、茶店の新造《しんぞう》（若い女房）

## 情の心

絵日記にみる世相には情の心を感じる風景が多い。それは、これまでにみてきたさまざまな風景で見出《みいだ》される。たとえば、石城の寺嶋元太郎《てらしまげんたろう》やお俊《しゅん》への思いやり、万福寺《まんぷくじ》隠居の元太郎への援助、そして義弟進《すすむ》の石城への心遣いなどがある。また下級武士と寺の和尚たち、それに町人との間でもそのような情のこもったやり取りが見られる。つぎにみるのもその一つである。

長徳寺《ちょうとくじ》の篤雲《とくうん》和尚が急な病に臥《ふ》せってしまった。しかも貧窮しており、石城たち武士仲間とほかの寺の和尚たちが彼を支えようとする。そのいきさつをつぎのように記す。

「正月二十六日。（前略）是《これ》につけても篤雲の事、心もとなし（心許《こころもと》なし＝安心できず）。早々見舞《そうそうみまう》へしと龍源寺に至りしに、和尚、政二郎《まさじろう》もありて其事《そのこと》相談也《なり》。遍照院《へんじょういん》の申《もうす》ハ、聢《しか》と弟子《でし》と定めしものにもあらす。美濃《みの》や金蔵《きんぞう》、越中《えっちゅう》や政二郎、世話人ニ而《て》頼《たのみ》ニ付《つき》、剃《てい》髪《はつ》いたし遣《つかわ》したる而已《のみ》なれハ、事《こと》あらハ夫時《ふじ》（不時《ふじ》＝思いがけない時）只今一分《ただいまいちぶん》の世話ハ出来かたし（難《がた》し）とのよし（話し）。此泰僧《このたいそう》（篤雲和尚）元よりたのむへき人にあらす（頼むような人はいない）。去《さる》ハ龍源寺ニて引取《ひきとり》世話致《いた》すへし。予《よ》も近辺なれハ看病にもたよりかし（本当に都合がよい）。一事《いちじ》も早く至るへしと爰《ここ》ニて餅を食《しょく》し立出《たちいで》。予、又思ふにはか〱しき（捗々《はかばか》しい）医にもかゝるましけれいと（とてもかかってはいないだろう）、途《と》（途中《とちゅう》に）、遠藤執庵方《えんどうしつあんかた》へ至りしに不在ゆへ長徳寺へ行《ゆき》しか、何さま（どうしたのか）和尚大《おおい》につかれたる体《てい》なれとも、日頃の剛気《ごうき》ニて不覚《ふかく》の体《てい》も見へす（意識もしっかりしており）。去《さる》とも苦痛強かるへし思はるゝハ、龍源寺の申《もう》せし事とも、又予《よの》こゝろさし（気もち）をもかたり（語り）しに、同人も大によろこひ、跡々《あとあと》の事をも申談《もうしだん》し、速《すみやか》ニ貴意《きい》に随《したが》ふへしと申ス。去《さる》ハ当所の世話人の内、佐野屋《さのや》長左衛門《ちょうざえもん》ニ一通申談《ひととおりもうしだん》すへしと爰《ここ》にて執庵への書状したゝめ、いとまをつけ（ここを辞し）佐野屋に至り、右の事をつけ（告げ）、夫《それ》よりほくちゃニ至り、和尚病気中就而《にっきて》、古道具ハ不残《のこらず》、其方《そのほう》へ預置《あずけおき》候まゝ余人《よにん》ニかし（貸し）申《もうし》ましく旨申由《むねもうしよし》。遠藤方へ書状とゝけ、此事《このこと》甫山へも申談すへしと立寄《たちより》しに不在ゆへ土屋方へ至りしに笹岡《ささおか》も甫山も居り其事申出しに、甫山ハ今より見舞《みまう》へしとの事ゆへ同道《どうどう》ニて辞し、同人宅へ至りしに、甫山申《もうす》ハ、さそ〳〵篤雲窮すへし、予、今金弐朱の外《ほか》なし、今より行《ゆき》て是《これ》を与へんと欲する也《なり》といふ。其心《そのこころ》さし誠ニ感すへし。義《ぎ》を見て勇《いさ》むと古人の詞《ことば》もあり、予《よ》、及不所《およばざるところ》にあらす。彼人《あのひと》もさそかしよろこふへしとて辞《じ》し出《いで》しか。（以下略）」

急な重い病に臥せってしまったのは和術稽古の指南をしていた篤雲和尚である。彼はずっと以前から独り暮らしをし、その生活にも困っていた。石城はそのことの相談で龍源寺を訪ねるが、そこには猷道和尚と越中屋政二郎、それに近くの遍照院の和尚もいた。その和尚がいうには、篤雲にはしかと定まった弟子がいないとのこと。そして美濃屋と越中屋が町の世話人に頼んだところ、剃髪《ていはつ》して出家した身なれば世話はできかねるといわれたという。そのような藩の規則と掟《おきて》があったのであろうか。いろいろ探したが、この篤雲はもとより身寄りもなく、世話を頼む人はまったくいないようだ。よって石城と猷道和尚とがさらに話し合って篤雲和尚を龍源寺に引き取ることを決める。龍源寺は石城の自宅の近くであり、彼も看病にも行きやすいからという。その旨を一時《いっとき》も早く伝えるために、龍源寺で餅を食した後、長徳寺の篤雲和尚のもとへ駆けつけた。その途中に、お金もないので医者にかかっていないだろうと医者の遠藤執庵の家に行くも不在であったので、そのまま長徳寺に行く。

重い病に臥せっている篤雲和尚は苦痛がつづいていた。どうしたのか和尚、日頃の元気

図156　篤雲和尚の病

はどこへ行ったのかと励ましつつ、龍源寺に引き取って猷道和尚と自分とで世話をするから安心して何でもいってくれというと、和尚は大いに喜んで、後々のことも話しながら速やかにその意向に従うとのべる。そしてほくちゃという店に立ち寄り、寺の古道具をその店に預ける旨を伝え、また医者の執庵に書状を出して診察を依頼する。

その帰りに土屋宅に立ち寄るが、そこに岡村もおり、そのことを聞いた彼は今からすぐに見舞いに行くというので、石城といっしょに一旦岡村宅に戻る。そこで岡村は、篤雲和尚は病気ゆえさぞかし貧窮しているだろうと、有《あ》り金《がね》弐朱すべてを篤雲に差し出すという。石城はこれに関心して「義《ぎ》を見て勇《いさ》む」のことばを記し、自分は今、持ち合わせがないのでそうはできないが、岡村のその志《こころざし》に篤雲和尚はさぞかし喜ぶであろうと記す。

図156は、石城が駆けつけたときの風景である。篤雲和尚は寝床から必死になって起き、その姿は石城のことばに安心しているようにも見える。石城はほくちゃに預ける古道具の一覧を書いているのであろう。それにしても身寄りもなく、窮している独り暮らしの和尚に、石城たち武士仲間、それにほかの寺の和尚たち、そして町人たちが温かい手を差しのべ奔走するこの風景はまさに利他《りた》の情の心といえよう。

篤雲和尚はその後、どうなったのか。幸いにも回復し、龍源寺には行かずにすんだようだ。そのことを二日後の絵日記につぎのように記す。

「正月二十八日。（前略）土屋また参《まい》りて、先判《せんぱん》、篤雲方を見舞候所《そうろうのところ》、昨日《きのう》、執庵参り療治《りょうち》ニ及ひ候処、大《おお》に気分もよろしく元気つきて聞く。此分《このぶん》にてハ龍源寺へ参り候《そうろう》ニも及《およば》ましく、先々《さきざき》御安心下《くだ》され度趣《たくおもむき》申候まゝ早速《さっそく》御しらせ申候との事也。予も大《おお》に安心せり。あゝ人々の厚意《こうい》、篤雲もさぞかし歓《よろこ》ひ成《なる》へし。夕粥《ゆうがゆ》を煮《に》、油揚《あぶらあげ》三まい求め食す。和尚常々独居《どっきょ》にてハ甚困《はなはだこまり》せりと申《もう》せしか、予、終日爰《ここ》におりてさそかしと思ひぬ。来る人ハ小野田《おのだ》小十郎《こじゅうろう》、土屋、小山外《こやまほか》ニ、政二郎、直太郎《なおたろう》、忠二郎《ちゅうじろう》、お信《しん》、美濃や、お富《とみ》なれとも其内飯《そのうちめし》をかしき（炊《た》き）、夫《それ》ニ用事あり」

土屋仁右衛門がきて申すには、昨日執庵が治療にこられ、大分よくなりつつあるとのこと、この分では龍源寺に行くには及ばず、ご安心下されという。石城はそれを聞いて大いに喜び、この度の人々の厚情に篤雲和尚もさぞかし喜んでいるだろうと記す。彼はそのことに気を取られて昼飯を食べていなかったらしく、さっそく粥《かゆ》を煮て、おかずに油揚三枚を買い求めて食事をする。

石城はこの日の早朝、龍源寺の和尚に頼まれて寺の留守番をしていた。このことは寺の風景のところでのべたが、その午後に自宅に帰ってそのまま夜までをすごす。しかし夜遅くになって小野田、土屋などの大勢の友人たちがやってくるが、そのうち飯を炊いて皆に食事を出す。そのとき彼は思う。篤雲和尚は独り身で暮らし、貧窮しているが、自分は妹夫婦や大勢の友人たちに囲まれて暮らしている。そのことの幸せをしみじみと感じるのであった。

## 時代の激動

このような石城たちの暮らしがつづく中で時代は大きく激動していた。絵日記が記され始めた八年前には、すでにペリーの率いる黒船が浦賀《うらが》に来航し（嘉永《かえい》六年・一八五三）、翌年にも横浜に上陸している。そして二年前には安政《あんせい》の大獄（安政五年・一八五八～安政六年）があり、橋本左内《はしもとさない》、吉田松陰《よしだしょういん》らが処刑される。また昨年は桜田《さくらだ》門外で井伊直弼《いいなおすけ》が暗殺された。時代の波はこの静かな地方城下町にも押し寄せつつあった。この絵日記にもそのような出来事と事件がすこしずつ記されている。それは出来事からかなり経ってからのものもあるが、大事件は数日のうちに伝わっている。

天保《てんぽう》の大飢饉《ききん》などは前者であり、前にみた正月二六日につぎのような記述がある。

「昨夜、龍源寺客僧物語りに、天保八年飢饉の節、京にありしか六波羅《ろくはら》か、南無地蔵と申す有《あり》。広野《ひろの》にて此処《ここ》に千人塚ありて、七本の塔婆《とうば》今に是《これ》あり。七千人餓死なり。其頃《そのころ》中夜《ちゅうや》（夜半）に至れハ、ひたるし（ひもじい）〳〵と申声《もうすこえ》、啾《しゅう》（すすり泣く）ヽと聞《きこ》ゆるを現にしれりと申ス」

天保八年（一八三七）といえば、絵日記より二四年も前のことである。それが全国を行脚する修行僧によって、その惨状が今なお語り伝えられて行く。それにしても京都において七千人もの人びとが飢餓で死んだとは驚きである。広野の墓にはたった七本の塔婆が残っているだけであり、夜が更《ふ》けると、ひもじいとすすり泣く声が今も聞こえるという。客僧の多少の妖気な表現もあるが、餓死者の人数は案外真実をついているのかもしれない。史料にみる幕府に届けた被害者の数字は、上を気にして少なく見積もる傾向にあったからである。

近年の出来事もやはり行脚僧によって伝えられる。それは前にみた寺の風景のところ、八月六日の清善寺《せいぜんじ》での集まりに納所《なっしょ》の普明《ふめい》がいたが、彼もまた天草《あまくさ》出身の旅する僧であった。その内容はつぎのようである。

「納所普明主《ぬし》ハ天草の者なり。同人はなしに、天草へハ、夷人《いじん》乱入いたし、美女を掠取《かすめとり》、塩噌《えんそ》（塩と味噌）を奪ひ甚《はなはだ》し、細川侯と境《さかい》を構《かまえ》し居《い》れとも、熊本の方へハ一切《いっさい》足をいれす、熊本より囲《かこみ》の人数七百人ほとも出居候由《でいそうろうのよし》」

その夷人とはどの国で、またいつごろのことかはわからないが、ペリー来航前後のことであろうか。このようなことは尾ひれがついて話しが拡大しやすいので、真相とはにわかに信じられないが、天草に外国人が上陸したのは事実であろう。やはりこの時代、いろいろな国から侵入されつつあったようだ。その点、ペリー来航は紳士的であったのかもしれない。ただし夷人とは未開人、野蛮人などという蔑視《べっし》用語である。よって攘夷《じょうい》とは、開国を阻止してそのような野蛮な外敵を打ち払うことを意味する。

開国を押し進める老中の安藤信正《あんどうのぶまさ》が水戸の浪士に襲撃された坂下門外《さかしたもんがい》の変はちょうど絵日記の最中に起こっている。それは文久《ぶんきゅう》二年（一八六二）の一月一五日のことであった。そのことはまもなくしてこの城下にも伝わる。九日後の二四日には、安藤が幕府に出した襲撃事件の届け出（書付）の写しが土屋から石城の手元に渡り、それを絵日記にまるごと写している。そのような幕府にしかわからない重要な書付が、江戸から一五里も離れたこの地方城下町に、それもふつうの武士たちの手元に写しとして出回っていたとは驚きである。幕府の誰かがそれを外部に流したのであろう。最初のたった一部の書付があっという間に何枚にも写し取られて全国の城下に流布し、それがさらに拡大する。江戸時代において、すでに迅速な情報伝達の早さとその広がりがあったようだ。それをつぎにみよう。

「正月二十四日。夙《つと》に起《おき》、拝畢《はいひつ》。昨夜土屋か借し書付
今朝《けさ》登城掛《かけ》坂下御門下馬ニ而《て》、狼藉者鉄砲を打掛《うちかけ》、七八人程抜刀《ばっとう》を以《もって》、左右より駕籠《かご》江切込候付《きりこみそうろうにつき》、供方之者《ともがたのもの》防戦致し、狼藉者六人討留《うちとどめ》、其余之者《そのあまりのもの》ハ逃去《にげさり》申候、拙者儀《せっしゃのぎ》指揮之義指揮之内、少々敷《しょうしょうしき》（わずかの）怪我《けが》候付《そうろうにつき》、坂下御門御番所ニ而《て》手当致し候得共《そうらえども》、出血等《など》も有之《これあり》候付、一ト《ひと》先致帰宅《まずきたくいたし》、御供方初手《はって》負之者共《おいのものども》も有之《これあり》候由、相記追而《あいきおって》御届可《おとどけもう》

申達候《したつすべく》、以上。正月十五日。安藤対馬守《つしまのかみ》」

さらに二八日の絵日記には、この事件の風説が石城にも伝わり、それをつぎのように記している。先にみた書付の内容は安藤側からみたものであって、つぎのはちがう角度からみている。

「正月二十八日。（前略）先日安藤侯、登城の節、訴訟《そしょう》の体《てい》ニて一人駕籠《かご》脇《わき》へ躙寄《ふみより》しに倶《とも》の者ともあやしみしと見て直《ただち》に短筒《たんづつ》を打《うち》かけそのまゝ逃出しけるにそ、すハ（あっ）狼藉者かと二三人追かけ、駕籠脇まはら（疎《まば》ら）に成《なり》し所《ところ》を六人一同に抜込《ぬきこみ》、その隙《すき》に安藤ハ逃出《にげだ》しを長柄《ながえ》持《もち》の者《もの》かけ（物陰《ものかげ》）へたてし、浪士を防《ふせい》て門風（門のよう）にて長柄ひらき益楯《ますだて》（駕籠の戸を開いて楯を増やす）になり、めん倒なりしを長柄こしに突抜《つきぬけ》〱しけるか。安藤侯に当りたり、切口《きりくち》ハ二《ふた》はりほとなれとも突疵《つききず》（傷）ゆへ大切（重傷）にも及ふへきよし風説なり。右の内、惣髪《そうはつ》の者、法体《ほったい》のものも有之《これあり》、いつれも懐《かい》中《ちゅう》脇差《わきざし》一腰《ひとこし》にて□たくよし、各《おのおの》懐中へ一封の書簡を持せしと申ス。先より大橋順庵《おおはしじゅんあん》揚《あげ》屋《や》（牢獄）入仰付《いりおおせつ》けられ候由《そうろうのよし》。右、水戸浪士と内通せしとも、又は和宮《かずのみや》御下向《おんげこう》の事ニ付《つき》、きひしくせしゆへとも申ス」

この二つの文のちがいは、前者の書付では安藤が毅然《きぜん》として狼藉者《ろうぜきもの》に対処したことになっているが、後者の風説では安藤は逃げ出して長柄持（駕籠）の後ろに隠れ、それを浪士たちは長柄越しに安藤を何度も刀で突き刺し、その傷口は深くて重傷とも記す。また浪士は一封の書簡を持って突撃している。そして浪士の中には惣髪《そうはつ》の者すなわち月代《さかやき》を剃《そ》らず頭すべての髪を伸ばし結んだだけのばさばさ髪の者や、法体《ほったい》すなわち僧のような姿をした者もいたという。浪士たちはまさに食うや食わずの窮した浪人生活から決起したのであった。この忍藩《おし》にも尊王攘夷の考えと同じにする人もいたようで、大橋順庵なる者はすでに牢獄に入れられていた。それは水戸浪士と内通したとされ、また昨年の和宮下向警備の一貫であったという。

石城の心に共鳴するのもその姿と純粋さである。まして彼は藩政を批判して禄《ろく》を取上げられ、窮する身でもあったからなおのことであろう。そして水戸浪士の各藩士たちへの呼びかけ文も岡村から石城のもとに届いている。石城が仕える忍藩は親藩の幕府側であったから、水戸の動きには絶えず神経をとがらせ、藩内にも目を光らせていたはずである。にもかかわらず、このような文が石城たちの武士の間に出回っていたことは、やはりそれに共鳴する空気がこの藩の底流にもあったからであろう。それは何も尊王攘夷には賛成せずとも、また彼らの過激な行動に同意できずとも、地方城下町における閉塞《へいそく》した雰囲気を打ち破ることへの一種の期待感にほかならない。その文は「斬奸趣意書《ざんかんしゅいしょ》」という内容である。すなわち汚れた為政者を斬り殺すことへの賛同と決起を乞うものであった。

「二月二十日　**癸酉**《みずのととり》　晴。今日もまた足いたミ強く終日臥ス。夜ニ入《いり》、土屋まで歩《あるき》たりしに主人不在。笹岡、明日江戸へ出立のよし来る。甫山《ほやま》（岡村）宗之助《そうのすけ》会す。斬奸趣意書同人より借用。四ッ（一〇時）過帰る。

斬奸趣意書

申年《さるどし》三月赤心報国之輩《せきしんほうこくのともがら》（仲間）、御大老《ごたいろう》井伊《いい》掃部頭《かもんのかみ》殿を斬殺《ざんさつ》ニ及《および》、毛頭《もうとう》幕府に対し奉《たてまつ》り候而《そうろうて》、異心《ことごころ》（反逆心）を挟《はさみ》候儀は無之《これなく》。掃部頭殿執政《しっせい》に在以来《あるいらい》、自儘《じまま》（好き勝手）の権威而已《のみ》を振《ふり》、天朝《てんちょう》（朝廷）を蔑如《べつじょ》（さげすみ）奉《たてまつ》り、只管《ひたすら》（いちずに）夷狄《いてき》を恐怖致し候心情より、慷慨《こうがい》（憤慨《ふんがい》いたす）忠直《ちゅうちょく》（正義）之戦士を悪《あく》ミ、一己《いっこ》（自己のみ）之威力を示さんか為ニ奸謀《かんぼう》（策謀）を相廻し候体《そうろうのてい》。実ニ神州之罪人ニ御座候故《ゆえ》右之巨奸《きょかん》（巨悪）を倒し候而《て》、自然於《しぜんにおいて》幕府御悔心《ごかいしん》（くい改める心）も出来させられ、向後《こうご》（これから後《のち》）は天朝を尊《たっと》シ、夷狄を悪ミ、国家の安危《あんき》（安全と危険）、人々の向背《こうはい》（成行き）に御心《おこころ》を付《つ》けさせられ候事も可有之《これあるべく》と存込《ぞんじこみ》、身命《しんめい》を抛《なげうち》、及奸殺《およびかんさつ》候処《ところ》、其後《そのご》一向《いっこう》（全く）御悔心之御模様《ごもよう》も相見《あいみ》へ不申《もうさず》。弥《いや》（ますます）御暴政之筋而已《すじのみ》ニ成行《なりゆき》候事ニ而《て》、幕府之御役人一同之罪ニは候得共《そうらえども》、畢竟《ひっきょう》（最終的に）ハ御老中安藤対馬守殿、井伊執政之時より同腹《どうふく》ニ而《て》暴政之手伝ひ致《いたし》。（中略）

皇国《こうこく》之形勢委敷《けいせいくわしく》、彼等ニ相教《あいおし》へ、近頃は品川之御殿山《ごてんやま》を不残《のこらず》彼等達へ貸遣《かしつかわし》候、江戸第一の要地を外夷《がいい》狄共《てきども》へ渡し候類《たぐい》ハ、彼等を導き而《て》我国を取《とら》しめ（占領）候も同然の儀ニ有之《これあり》。其上《そのうえ》、外夷狄応接の之儀は、差向《さしむかえ》ニ而《て》密談数刻《すうこく》ニ及《および》、骨肉同様《こつにくどうよう》ニ親睦致《しんぼくいたし》候而《そうろうて》、国中忠義ニ骨憤《こっふん》（奮《ふる》い立つ）之者共を却而仇敵《かえってきゅうてき》之意へに忌嫌《いみきら》ひ候段《そうろうのだん》、国賊ニも有余事《ありあまること》ニ御座候故《ゆえ》、対馬守殿長々《ながなが》執政致《いたさ》れ候而《て》は、終《つい》ニは天朝（朝廷）を廃し、幕府を制し、自ら謀罰《ぼうばつ》を外夷ニ請《うけ》候様ニ相成《あいなり》候儀明白之事ニ而《て》、言語同《ごんごどう》（道）断不届之至所行《だんふとどきのいたるしょぎょう》と可申《もうすべく》、既《すで》ニ先達而《せんだって》シイホルト申醜夷《もうすひい》ニ対し、日本之政勢ニ携《たずさわ》り呉《くれ》候様相頼《あいたのみ》候風評も有之《これあり》候ニ付《つき》、対馬守殿存命ニ而《て》ハ数年を不出《でず》して、各国神霊之運（道）を廃し、邪蘇邪教《やそやきょう》を奉《ほう》して君臣父子之大倫《くんしんふしのたいりん》（大なる正道）も忘れ、利欲攘奪《じょうだつ》（盗み奪う）之筋而已《のすじのみ》ニ落入《おちい》り、夷狄同様禽獣《きんじゅう》（鳥や獣）之挙《のきょ》ニ相成候事ニ存候由。微臣《びしん》（取るに足らない臣下）共痛哭流《どもつうこくりゅう》涕《てい》（涙を流して泣き叫ぶ）大息《たいそく》（溜め息）之余り無余儀奸邪之小人《よぎなくかんじゃのしょうにん》を令斬戮《ざんりくせしめ》（切り殺せり）、上《かみ》は天朝幕府、下《しも》ハ国中之万民共夷狄と成果《なりはて》候処之禍《わざわい》を防《ふせぎ》候儀ニ御座候。先頃《さきごろ》此《こ》も公辺《こうへん》（公儀）に対し奉《たてまつ》り、異心《ことごころ》（反逆心）を存《ぞんじ》候儀ニは無之候由之肯状而《これなくこれそうろうのよしこうじょうて》申候、此《こ》処《こ》井伊安藤ニ奸之遺轍《かんのいてつ》（これまでの道）を御改革遊《あそば》され、外夷共を攘退《じょうたい》（追い散らす）ニ而《て》叡慮《えいりょ》（天皇のお考え）を慰《なぐさ》め給《たま》ひ万民を御救遊《おすくいあそば》され候而《て》。（中略）何卒《なにとぞ》、此度御勘考《このたびごかんこう》遊され、傲慢無礼之外夷共《ごうまんぶれいのがいいども》を疎割《そかつ》（粉砕）して神州之御国体も幕府之御威光も相立《あいたて》、大小之士民迄も一心合体候而《て》、尊王攘夷之大典《たいてん》（重大なる法）を正し、君臣上下之大倫を明《めいに》して国家と死生を共ニ致《いたし》候様ニ御所置願度《ごしょちねがいたく》、是則臣等身命《これそくしんなどしんめい》を抛而奸《なげうちてかん》邪《じゃ》を殺戮《さつりく》して幕府要路（重要なる藩）之諸司《しょし》（諸氏）へ熟願愁訴《じゅくがんしゅうそ》（嘆き訴える）する所之《ところの》微忠《びちゅう》ニ御座候《ござそうろう》。誠恐謹言《せいきょうきんげん》（心から恐れ謹んで申します）

水戸浪人　内田《うちだ》万之《まんの》助《すけ》」

まさに諸藩の志士にたいしてともに決起することを呼びかけた尊王攘夷の趣意書である。その文の内容は感情的かつ過激であり、またきわめて排外的である。しかしながら、そこには傲慢《ごうまん》に闊歩《かっぽ》する外国人への憤懣《ふんまん》と怒りがあり、いずれ彼らに日本が奪われてしまうのではとの深い憂国の思いがある。よってそのような無礼で野蛮きわまりない外国人を放逐《ほうちく》すべしという攘夷論であった。ともかくも、ペリーたちの来航の本質は、ヨーロッパの列強が中国などアジア諸国をことごとくに侵略し植民地化してきたように、日本もその標的とみなしていたことは確かであり、彼らはその先鞭《せんべん》隊であった。その野望を純粋にかつ敏感に感じ取り、外国人たちの真の狙いを見抜いていたのが水戸浪士であったといえる。そのような疑念に対処できず、外国のいいなりとなって屈辱的開国を進める弱腰の幕政への失望であった。ただそこには、まだ倒幕の気もちはない。朝廷中心の政治に転換して幕府もそれに協力すべきとし、いわば反対する公武合体の匂いすらする。そして幕府の執政を正すところに主眼があった。とくに身命を抛《なげう》って奸邪《かんじゃ》を放逐すべしとの訴えには石城も心を動かされたであろう。その絵日記の終わりには、

「斬奸書をよむ時ハ奮烈《ふんれつ》の気生《きしょう》して、一身ハ天下の為に毛髪より軽し、予、百年の生命を保つにもあらす、この義党ニ組して奸人《かんじん》を一刀なりとも討《うち》はやと、心しきりニいらたつ」

と書いている。

それは尊王攘夷の大義への共鳴もあるが、むしろ彼の藩政への不満、苛立《いらだ》ち、失望と強く重なる。

この尊王攘夷思想の発信地は水戸藩であり、その中核は急進派の天狗党であった。翌々年の元治《げんじ》元年（一八六四）三月、彼らは筑波山《つくばさん》で決起する。ところがしだいに幕府軍に追い詰められ、京都の禁裏《きんり》（御所）御守衛総督の任にあった一橋慶喜《ひとつばしよしのぶ》を頼って西に向かう。

朝廷へ尊王攘夷を訴えるためであった。しかしこの年の一二月、苦難の長い道程を経てやっとたどり着いた越前今庄《えちぜんいまじょう》から急峻《きゅうしゅん》な山頂にある雪深い木の芽《きのめ》峠を越えて敦賀《つるが》の新保《しんぽ》に降りたが、そこで幕府軍に包囲され無念にも降伏する。彼らが頼りとし、いちるの望みであった慶喜は、非情にも天狗党追討を自ら朝廷に願い出て追討軍の総大将になっていた。おそらくそれに心砕け、力尽きてしまったのであろう。総勢八二八名であり、そのうち三五二名が処刑され、しかも水戸にいるその家族縁者たちにも容赦ない処罰が及んだという。その僅《わず》か四年後に明治維新となるが、いつの世も、そのような痛ましい若い命の犠牲の上によくも悪くも時代は変わる。

石城たちが生きた時代はこのような激動の時代であった。それを動かしてきた歴史に残るごく少数の英雄たちがいる。しかしながら歴史とはそのような一部の人によってのみつくられたものではない。石城は藩政を批判して禄を取り上げられ窮乏するが、それでも武士本来の生き方を失わず、下級武士仲間や寺の和尚たち、そして町人たちとの深い友情と絆《きずな》の中で実直に生きた。そのような市井《しせい》に生きる人びとの誠実な暮らしがやがて大きなうねりとなって英雄たちと呼応したのである。その意味で歴史の原点は彼らの生活の中にあると思う。

# 十　ふたたび自宅の風景

## 突然の自宅謹慎

穏やかな日々がつづいていた師走《しわす》の中ごろに、思いがけず自宅謹慎《きんしん》（閉戸《へいこ》）が命ぜられた。二か月前の過酒《かしゅ》による不行《ふぎょう》がその理由であった。そのことをつぎに記す。

「十二月十八日　辛未《かのとひつじ》　晴。二幅対《にふくつい》出来。午後、笹岡来遊《ささおかきてあそ》ふ。同人江全唐紙たのミ。夕より行田《ぎょうだ》へ出て道ニて篤雲《とくうん》にあふ。同人へ歳暮ワたす二朱。夫《それ》より金蔵《きんぞう》方にゆき、爰《ここ》にてさけ出《で》つ、やきつきの事たのむ。かへり土屋《つちや》に遊ふ。今日、波二郎《なみじろう》に二副対表具たのむ。四ツ半（一一時）後かへりしに皆々いまた臥さす、今夕御さし紙到来《とうらい》せしとの事也。奥山名代《おくやまみょうだい》に届《とどけ》しとの由物語《よしものがた》る。九ツ（一二時）過《すぎ》、捨二郎《すてじろう》かへり来る。御書付受取、去《さる》々十月十二日夜、過酒の上、不行跡《ふぎょうせき》の儀有之趣不埒《ぎこれありおもむきふらち》（ふとどきな）の至《いたり》ニ付《つき》、小普請《こぶしん》入閉塞《いりへいそく》（閉戸）被仰付候由《おおせつけられそうろうのよし》なり。身のあやまち（過《あやま》ち）せし事、今更《いまさら》いたし方《かた》なけれとも、不政《ふせい》の咎《とが》めニて洩《も》る々もの（いいたいこと）も少なからぬハ不便の事也。此上《このうえ》ハ家事《かじ》を治め不時《ふじ》（思いがけない時）の貧《ひん》（不充分）なきやう心かくる（掛《が》ける）事、専一《せんいつ》（そのことだけに心しよう）なるへしと申《もう》ス」

午前中にやっと軸物絵を描き上げ、午後から友人に会いに行き、夜遅くに帰ってみると、いつもは寝ているはずの皆がまだ起きていた。理由を聞いてみると、夕方に藩から呼び出しがあり、友人の奥山の養子捨二郎が名代として行っているという。一二時過ぎに捨二郎が帰り、藩からの書状を家族に見せている風景が図157である。

それを受け取り、辛《つら》そうに読むのは義弟の進《すすむ》、妹の邦子《くにこ》は心配そうにして後ろで見てい

図157　自宅謹慎の書付

る。咎めを受ける本人の石城《せきじょう》は大きな櫓《やぐら》こたつに入ってそれを眺めるが、憤懣《ふんまん》やるかたないので読む気にもならなかったのではないか。酒を飲んで当直に登城《とじょう》するのも珍しくない当時において、過酒の上の不行にたいして咎めをおこなうのはいかにも唐突である。その書状には「当秋、中小足軽集会の事に付」と記しているので、おそらく酒の勢いもあって、石城が大勢の下級武士たちに幕政および藩政に関することを喋《しゃべ》ったために、それを洩《も》れ聞いた神経質な重役たちがカチンときたのであろう。

　この咎めを受けた者はかなりの人数に及び、義弟の進も入っているようだ。石城はその咎めは不当であり、いいたいことは山ほどあるが、今は我慢して家事に専念し、それが解けるのをじっと待つのみと自分にいい聞かせる。

図158　餅つきでへこたれず

## 餅つきでへこたれず

昨日の一八日は閉戸を申し渡された辛い日であったが、今日は、それにへこたれず正月のための餅つきを一家でおこなう。前々からの予定であったとみられ、友人の岸左右助《きしそうすけ》も朝早くに手伝いにきてくれた。閉戸とはいっても、咎めを受けた本人とその家族は外へ出られないが、外から家にやってくるのは差し支えなかったらしい。その風景が図158である。台所の土間にある大竈《かまど》では左右助が蒸籠《せいろ》で餅《もち》米《ごめ》を蒸《む》す。その右横の木《き》臼《うす》で餅をつくのは石城、板間では進がつきたての餅をこねているようだ。また邦子は竈に掛けた鍋であんこにする小豆《あずき》でも煮ているのであろうか。それぞれがにこやかに作業をする姿に、昨日の辛いことを跳ね返すような雰囲気がみられ、しかも新しい年に向けての希望がにじみ出ているようだ。閉戸であるから、雨戸も閉めているので家の中は昼間でも真っ暗である。幸い、台所はどの家も格子窓（または板格子を横に開閉する無双窓《むそうまど》）であったから外の光が入り、その明かりで餅つきができたのであろう。

そのことをつぎのように記す。

「**十二月十九日　壬申《みずのえさる》　雨夕晴。**早朝より左右助来り、進三人にてもちつき、午前すむ」

## 大勢の見舞い客

さっそく友人知人たちが閉戸のことを聞きつけ、石城宅へ見舞いに駆けつける。前の絵日記につづいてつぎのように記す。

「午後、長徳寺《ちようとくじ》より内用の事ニ付、左助《さすけ》と申男《もうす》来る。返事遣《つかわ》ス。大龍寺《だいりゆうじ》、川佐《かわさ》、小山、長谷川《はせがわ》見舞。夜、津田《つだ》叔母、塩もの一皿。高垣《たかがき》おいた来る。後、柴田《しばた》より使《つかい》。若林《わかばやし》叔母、永之助《えいのすけ》来る。釜二郎《かまじろう》、お俊《しゆん》来る」

ともかくそれは、実にさまざまな人たちが午後から夜にかけて続々と見舞いにやってきた。二一日にはさらに笹岡、奥山がくる。

「**十二月二十一日　甲戌《きのえいぬ》　晴。**左右助ニたのミて江戸へ状出ス。母等へ歳暮弐朱まいらす。岡実《おかみのる》へ古学大意、初まねひ、鈴屋集外《ほか》ニ一冊〆《しめ》四冊返却。夜、奥山治兵衛《ちへえ》さけ一升、目さし持参ニて見舞。すくにあたゝめてくむ。折から笹岡も来る。餅やきてすゝむ。すへて此度《このたび》の御咎《おとがめ》、甚《はなはだ》不当の趣《おもむき》なり、人心一和《じんしんいちわ》せさるの事、歎《たん》すへし」

図159　友人たちの見舞い

石城は家の外へは出られず、友人の左右助に江戸の母への手紙を出すのを頼む。同時に歳暮として金弐朱《にしゅ》も贈る。前にみた篤雲和尚への歳暮も弐朱であった。当時の歳暮はお金であったようだ。しかし窮乏する石城にとってはすこし大変であろう。

夜になって、奥山治兵衛が酒一升と目ざしを持って見舞いにやってくるが、その目ざしを焼いて皆で酒を飲む。その風景が図159である。後ろにいる妹邦子は長火鉢で酒を温めている様子。そのうち笹岡もきたので餅を焼いて出す。左の奥には櫓こたつがあり、そこに進と赤子のおきぬが寝ている。おきぬは片袖《かたそで》の夜着《よぎ》を掛けられており、その頭に敷いた小さな丸い枕が可愛い。さらに二五日も多くの見舞い客がやってくる。

「十二月二十五日　戊寅《つちのえとら》　晴。終日、林和《はやしかず》清《きよ》の図彩色夕方出来。夜、小弥《こや》太《た》来遊《らいゆう》。高

図160　さらなる見舞い客

垣おいた数の子見舞。柴田後室、おすへ余坊見舞にまめ持参。甫山《ほやま》（岡村《おかむら》）よりねんころの手紙 幷《ならびに》 数の子一皿来る」

今日の見舞い客も多彩な顔ぶれであった。手習いを教えている小弥太、それに友人の高垣半助《はんすけ》の家内おいたである。おいたは一九日もきたが、今日は数の子を持ってきてくれた。そして柴田母におすへである。おすへは子どもまでを連れてきた。義弟の進とお邦、それに赤子のおきぬも加わってのそれはにぎやかな風景であった。それが図160である。そこには咎めを受けた後ろめたさはみじんもなく、明るい雰囲気である。そうこうしている内に親友の岡村からねんごろな手紙と数の子一皿が届く。彼は近くに居るのに手紙である。それは咎めを受けて気落ちしている石城を励まそうとして手紙でしか伝わらないような親切で優しい文を書いたのであろう。また数の子

図161　おきぬの誕生祝い

は何も正月三が日だけに食べるものではなく、年中食べていたようだ。

　このように閉戸の家を訪問することは藩と世間の目もあってはばかられたはずである。しかしこのような時にこそ人として友人としての真価が問われる。石城は一貫して権力におもねず、信念を持って自分の生き方を貫いている。また彼を取り巻く友人たちも同じである。ここには虐《しいた》げられた弱い者への励ましと思いやりの心がある。石城はこの絵日記の中で、その咎《とが》めは甚だ不当であり、人の和を乱すものであると嘆く。

## おきぬの誕生祝い

ところで、妹の邦子の赤子、つまり石城にとっても姪《めい》のきぬ子は一二月二六日で一歳の誕生日となる。その日の絵日記にはつぎのように綴《つづ》られている。

「**十二月二十六日　己卯《つちのとう》　晴。**今日、おきぬ誕生日ニ付《つき》、赤のめしたき、元太郎《げんたろう》よはれ。夕、予《よ》一盃《いっぱい》を独酌《ひとりしゃく》して砕臥《くだけふ》す。早くも一年を迎へぬ。是《これ》につけても予、業《ごう》のすゝまさる歎《たん》すへし〳〵」

図161はそのささやかな祝いの風景である。赤飯を炊き、元太郎も招待して皆でおきぬの

誕生日を祝う。進と妹邦子の間にいるおきぬがとても愛らしい。手を伸ばして父の進に何かをねだっているようだ。それらの様子を石城はにこやかに眺めているように見える。一方で石城は業が進まず、すなわち思い通りにいかないことに嘆くことしきりであった。それは藩からのこれまでの一連の不当な処分のことであろう。

## 貰い湯となさけ

その後、大晦日《おおみそか》にかけてもさらに多くの人たちが見舞いに駆けつける。二七日は川上善《かわかみぜん》四郎《しろう》が食べものを、二八日は大蔵寺《だいぞうじ》和尚が良啓《りょうけい》に託して酒札を、そして柴田母は「したしもの」すなわちおひたしをそれぞれ持ってきてくれた。

また嬉しいのは風呂《ふろ》であった。二七日の夜には、近所に住む長谷川常之助《つねのすけ》から風呂が沸いたのでどうぞ、との知らせが入った。石城と邦子は喜んで貰い湯《もらいゆ》に出かける。それを「夜五ツ（八時）過《すぎ》、長谷川より風呂申来《もうしく》る。邦、予、ゆきて浴ス」と記す。前にのべたように、閉戸とは、咎めを受けた者は外には出られないことになっている。でも、そのような申し出があり、貰い湯に行く。恐らく夜なので人目を忍んでこっそりと裏口から出かけたのであろう。建前は出られないが、その程度のことは大目に見られていたのかもしれない。このような貰い湯は常日頃から互いにし合っていたようだ。それは風呂の水汲みの大変さと燃料の節約のためである。しかし閉戸のときは、その温かい心の有り難さがより一層身に滲《し》みたにちがいない。

そして二九日の絵日記にはつぎのように記す。

「**十二月廿九日　壬午**《みずのえうま》　晴。此日《このひ》、寺しま元太郎、すへての御用をたし候、進よりそり下駄《げた》おくる。予も今日、白足袋《たび》一足求めてあたへぬ。百五十文、なさけは人の為ならす、みたりに飲食についやすへからす」

閉戸の咎めを受けて、進も石城もすこしまいっているはずなのに、元太郎へのお礼を込めて下駄と足袋《たび》のプレゼントをする。進が贈ったそり下駄とは台が幾分反《そ》った下駄のことであろう。また石城は白足袋一足を贈ったが、その値段は百五〇文、すなわち現在の値段に換算すると二四〇〇円ほどであった。

そして「なさけは人の為ならず」と記す。それは古くからの諺であり、その意は、なさけは人のためにするのではなく、やがて巡り回っていずれ自分にもかえってくるからして、自分のためでもあるという。これは仏教の説く慈悲《じひ》と利他《りた》の思想にも由来し、人はさまざまなつながりの中に生きていることを諭す。石城はそのような深い思いを元太郎たちに寄せていたのである。

## 無念の除夜

このところ石城はやり場のない思いが高まっていたようだ。繰り返される自分への不当な藩の仕打ちであるが、それが一挙に吹き出すのは大晦日《おおみそか》の三〇日であった。その日の絵日記は除夜の鐘を聞きながら書いたのであろう。それはつぎのように記す。

「十二月三十日　癸未《みずのとひつじ》　晴。笹岡へ軸物遣ス。右手紙の奥に、重役の人々外見《そとみ》をかさる（飾《かざ》る）を嘆《なげ》して、人目《ひとめ》見《み》ハ直《ちょく》に見せても呉竹《くれたけ》の横にのミ根をはるそかなしき。当冬閉居《へいきょ》のこゝろを埋《うめ》られて、午庚《うまかのえ》まち〳〵とし籠《こも》（年籠）やかて目《め》出《でた》しハきさらき（如月《きさらぎ》）の前」

そこには藩の重役たちへの批判と皮肉も記されている。それは外目《そとめ》ばかりを気にし、人目には直《ちょく》（正しいこと）に見えても、呉竹の横に根を張るように群れてばかりいて、一人では何もできない哀しさよ、と記す。そして、この冬は閉居の咎めに心が埋もれてしまったが、庚午《かのえうま》の月を待ちわびて、年籠《としこも》すなわち大晦日の夜に社寺に参り新しい年を迎えよう、やがてくる目出たい仲春如月（二月）の前、と結ぶ。

図162　除夜の酒

この文の後に図162の挿絵を入れている。その絵はいつもの繊細さとは違って非常に荒っぽい。絵は妹邦子の酌で酒を飲んでいる風景である。彼のやるせない思いがひしひしと伝わってくる。そしてつぎにみる文でこの年の絵日記を締めくくっている。

「荏苒《じんぜん》たる歳《とし》（歳月は長びいて）、行人《こうじん》（旅人）をまたす（待たす）。いつしか年たちて、予《よ》三十四歳の春を迎ふる除夜となりぬ。行年《こうねん》（年取る年数）かくのことくたる偏々《へんぺん》（翻《ひるがえ》れば）行事《こうじ》（行なった事）一点の称すへきなし。志《し》かのミならす、義孫《ぎそん》（我《われ》）また罪かふむりて（被《こうむ》りて）日も呉竹に松たつ（立つ）るわさ（技）もあたわす（能《あた》はず＝できない）。たれ込《こま》せる心くるしさ、さそかし思ひやるへし。予、大丈夫《だいじょうぶ》（一人前のりっぱな男子）の士と生まれてむなしく死すへからす。是《これ》らの笑覧《しょうらん》、物の数ならす。業《ごう》すゝまんしてむなしく成《なり》、この春を迎ふるを咲《さく》するのミ。来陽《らいよう》をまちて、予又噴起《ふんき》（奮《ふる》い立つ）絶《たつ》きせすんハ有《ある》へからすと、もの心を先の御詠《ごえい》（歌い）して禍津日《まがつひ》の神（災厄の神）のにくミ（憎み＝無愛想さ）になやむとも、なやミ事果《ことはて》しまつしを。我《われ》ハ此志《このこころざし》、寔《しょく》（まことに）愓《きょう》（空し）へけんと。文久二年辛酉《かのととり》冬十二月三十日　鴛《おしどり》城新邸の隅邸《ぐうてい》、忍桃冠湖海之士《おしとうかんこかいのし》、尾崎石城、酔《よい》にまかして筆を採《と》る」

右の文の原文も大きな字で書き、非常に荒っぽい。この乱れる思いは、文久元年と書くところを二年と書き間ちがえていることにも表れている。しかしかなり酔ってはいてもその文章は確かである。前半のやるせない思いの文から後半の「大丈夫の士と生まれ」の自覚を持って何くそと奮い立つような思いの文に心救われる。またこの忍《おし》城を鴛《おしどり》城と記し、可愛いおしどりが城の堀と沼にたくさん遊んでいたのであろう。そして最後の「尾崎石城、酔にまかして筆を採る」が実にいい。

### 正月の風景

さて石城と妹家族が暮らす家も新しい新年を迎えた。絵日記には心機一転の気もちが表

図163　元旦の祝い

れている。

壬戌《みずのえいぬ》年春日箚《にっさつ》（書きしるす）

「正月大建　壬寅《みずのえとら》、元日　甲申《きのえさる》　雪竟日《けいひ》（終日）夜霄《みぞれ》。七鼓《しちこ》（四時）にして起出《おきいで》し、盥漱拝畢《かんそうはいひつ》。雑煮《ぞうに》祝ふ、十五切れ。屠蘇《とそ》を喫《きっ》し先《さき》新年を迎えたり、賀《が》すへし〳〵。予《よ》志《こころざし》は所々《ところどころ》に遊《あそ》ふ」

朝から一日中降りつづく雪は夜には霄に変わる。朝は四時に起き、盥《たらい》で口《くち》を漱《すす》いで顔を洗って身を清め、それから雑煮と屠蘇《とそ》での祝いであった。その風景が図163である。

石城と義弟の進が銘々の木具膳で対面して坐り、その横に妹邦子と赤子のおきぬが坐る。皆が手に持つ大きなお椀《わん》の中は雑煮であろう、石城は何と一五切れも食べたと記す。左には蕎麦《そば》を入れた四段の丸い重箱と蕎麦つゆを入れた急須《きゅうす》が置かれている。今は大晦日に年越し蕎麦として食べるが、江戸時代には正月の祝いに食べていた。これが下級武士家族のささやかな元旦の祝いの風景であった。
祝いが終わったころに友人たちが大勢やってきた。つづいて次のように記す。

「寺嶋元太郎、丑六《うしろく》、岸左右助来遊《きてあそ》ふ。川佐、川柳迄かりに来る。則《そく》、墨《すみ》の外《ほか》ニ半紙料八文遣《つかわ》ス。今日、試筆《しひつ》せしやと巳碑《みひ》（一〇時）より筆をとりしに寒甚《かんはなはだ》しく、夕暮に至りていまた畢《おわ》らすゆへに止《や》む。当年ハ元日吉書始《きっしょはじめ》ゆへなり。終日雪かきくらし、寂莫《せきばく》たる事、四隣人《しりんひと》なきかことし」

元太郎と丑六（牛六《うしろく》のこと）の兄弟、そしてお馴染みの岸左右助も元旦早々にやってきた。川佐には墨のほかに半紙を買いに行ってもらった。新年になって初めて筆を取るが、寒さがはなはだしく、手がかじかんでなかなか進まない。家の廻りは昨夜からの雪が積もり、石城はその雪かきに追われた。閉戸なので雨戸と玄関戸を締めているが、そっと開けて庭まで出たのであろう。辺《あた》りは人がいないかのような静寂そのものであった。

正月の四日にも親友の土屋、龍源寺《りゅうげんじ》和尚の猷道《ゆうどう》、そして長徳寺の篤雲和尚が見舞いにやってくる。

「**正月四日**　丁亥《ひのとい》　晴。遊仙窟写《ゆうせんくつうつ》し軌範《きはん》（手本）をよむ。午後、土屋、長徳寺、龍源寺見舞に来る。篤雲たのミに付半切（唐紙半切れ）かく、同人大小持参。龍源寺、酒一壺《いっこ》にまめ持《じ》してけるゆへ夜ニ入《いり》、右をあたゝめ、両人ニて喫す。和尚大ニ酔てかへりぬ。
（以下略）」

午前中は中国唐代の古典的怪奇小説の遊仙窟を買うお金がないので、それを写し取り、

図164　見舞いの和尚たち

そして規範なる書物を読んでいた。午後になって三人が見舞いにくる。部屋はいつもの茶の間であろう。そこで篤雲和尚に頼まれた唐紙に絵を描き、それを障子に掛けて皆に説明しているところが図164である。絵は山水画のようだ。篤雲和尚は和術稽古の指南もし、さらに絵についても造詣《ぞうけい》が深いようで、ふつうの和尚とはどこかちがう。左手の櫓《やぐら》こたつに義弟の進と猷道和尚が仲良く並んで入り、石城の熱心な説明を聞いている。やがて猷道和尚が持ってきた酒を豆を肴《さかな》にして飲み交わす。和尚は大いに酔って、夜遅く寺へ帰って行った。それにしても咎《とが》めを受けたこの閉戸の家での新年の集まりと酒宴はさぞかし賑やかであったにちがいない。そこには不当な咎めをはじき返すようなおおらかさと愉快さがある。

ところで、正月元旦と二日の食事の内容は記していないが、三、四、五日は記しているのでそれをみてみよう。

| | (朝食) | (午飯) | (夕食) |
|---|---|---|---|
| 三日 | ・ぞうに | ・茶つけ | ・貝さし　むきミ　数の子　さけ六合 |
| 四日 | ・茶つけ | ・にまめ | ・目さし　さけ六合 |
| 五日 | ・菜しる | ・目さし | ・茶つけ |

三日はやはりまだすこし豪華である。朝は雑煮、昼は茶漬ですますが、夕食は貝さしが出る。それは恐らく貝の刺し身のことであろう。それに剝《む》き身《み》と数《かず》の子《こ》もある。ところが四日、五日になると、三食ともふだん通りの質素な食事になるようだ。

**自宅謹慎の赦免**

石城一家を苦しめた自宅謹慎（閉戸）は正月の八日にして急遽《きゅうきょ》解かれる。その日の絵日記には不当な咎めではあっても、やっと解放された喜びがにじみ出ている。

「**正月八日　辛卯《かのとう》　晴**。此日《このひ》にして閉戸《へいこ》二十日に及《およ》ひぬ。今日、赦命《しゃめい》せらるや、且此上《かつこのうえ》永慎《えいしん》（ずっと慎む）にも相成《あいなり》やと筮卜《ぜいぼく》（めどきでの占い）をたてしに、予、考る所にてハ、今日、赦ありし後《のち》、災来《わざわいこ》らす。去《さ》るとも共事申出《どものこともうしだ》して、若違《もしちが》へたる時ハ却《かえつ》てよろしからすと口外《こうがい》せす。午後に至りて佐藤孫之進《さとうまごのしん》来り、匿塞《じょくそく》（隠れ閉じる）御免《ごめん》ニ相成候《あいなりそうろう》旨申来る《のむねもうしく》。早速諸方《さっそくしょほう》へしらせ、直々《じきじき》柴田母来る、一宿《いっしゅく》。世間一般永慎たるへきと存《そん》たる所《ところ》ゆへ一同大賀《いちどうたいが》（大変喜ばしい）と謂《いわれ》へし。予、雨戸をくりひらきなから、

戸あくれハおとろきぬへし、呉竹の近き軒端《のきばた》に来居《きい》るうくいす。
皆右衛門《みなえもん》、左右助、弓之助《ゆみのすけ》、岸祖母来る。夜、長谷川より風呂申来《もうしく》る、皆々ゆく。夫より賀酒《がしゅ》をくミて臥《ふ》す。元太郎いろ〳〵使用ニて飯を出す」

石城も妹夫婦も、そして友人たちも一様に閉戸はまだ長くつづくと思っていたので、この突然の赦免は驚きであり、また大きな喜びであった。すでに午前中にその情報を得ていたが、正式な知らせがくるまでは口外しなかった。午後になって、その使いの佐藤孫之進が赦免を申し伝えるためにやってくる。親戚などの藩重役への熱心な赦免嘆願《しゃめんたんがん》がおこなわれていたが、それが功を奏したのかもしれない。石城はすぐに方々へ知らせた。すぐさま柴田母がやってきて赦免の祝いをともにする。その風景が図165である。喜びに溢《あふ》れるような四人の顔が印象的だ。この挿絵を描くときの石城のはずんだ気もちが伝わってくる。

やがて岸左右助ら友人たちも大勢駆けつけ、祝いの酒となる。もちろんその中には、閉戸の間、いろいろと外への用事を頼んでいた元太郎もいたが、石城はその労をねぎらい、また感謝を込めて夕飯をともにする。この赦免に一番喜んだのは元太郎であったかもしれない。そして近くに居る長谷川常之助より風呂《ふろ》が沸いたのでどうぞ、との知らせが入った。昨年の暮れの二七日にも彼から風呂の申し出があって喜んで貰い湯に出かけたが、この日の貰い湯はとくに嬉しかったにちがいない。

図165　赦免の祝い

そして閉戸の間は雨戸を閉め切ったままであったので、それを開けたときの驚きと感動を詩に詠む。雨戸を開けると、呉竹《くれたけ》の近くの軒端に楽しそうに自由に飛びまわるうぐいすたちがいた。それをしばらくじっと見つめて解放の喜びを噛《か》みしめる石城であった。

翌日の絵日記には、「夙《つと》に起《おき》、門外四面《しめん》掃除し、新春を迎えしかのことし」と記す。

## 江戸の母よりの手紙

石城の母は江戸にいる。父は奥州羽前《おうしゅううぜん》の庄《しょう》内《ない》藩江戸詰めの藩士であった。石城は江戸で育ち、そこから一五里ほど離れた忍藩士尾崎家へ養子として入っている。また妹の邦子も江戸から進のもとへ嫁いだのであろう。この歳になってもまだ独り身であり、度重なる咎めを受けた自分の不祥《ふしょう》を詫《わ》び、いつまでも心配をかける母への思いは強い。その母へは度々手紙を出しているようだ。そして生活に窮しながらも僅《わず》かな仕送りもしている。その母から手紙がきた。その全文を二月二〇日の絵日記に記しているが、そこには、いつの世も変わることのない母の子にたいする深い思いと情が込められている。その一部をつぎにみよう。

「江戸表より母の状来る。

前略、左様《さよう》ニ御《ご》さ候《そうら》へハ、進殿ニも正月八日御免《ごめん》に御成《おなり》なされ候《そうろうの》よし、誠ニ御《おん》めて度《たく》難有存候《ありがたくぞんじそうろう》。皆々様ニも嘸々《さぞさぞ》御安心の御事と存候。跡《あと》も何事も無之由《これなくよし》、いか計《ばかり》〱（どれほどどれほど）御悦《ごえつ》申上候。私も誠ニ御安事《ごあんじ》申上《もうしあげ》、後《あと》なから先年より神〱《かみがみ》をいたし居《お》り候所、存《ぞん》の外《ほか》（思いの外）かる〱（軽々《かるがる》）相済《あいすみ》候沙汰《さた》下《くだ》され何寄《なにより》〱大安心いたし候。其儀ハ御酒も御止成《おやめな》され候由、猶《なお》々安心いたし候。此度《このたび》もそもし殿（貴方様《あなた》）、宗七郎《そうしちろう》始《はじめ》、近藤《こんどう》御親類、御ほねおり成され候由、かい（甲斐《かい》）も御《ご》さ候て丁目《ちょうめ》〱（運もよくよく）御めでたく御悦申上候。此上《このうえ》ハとふぞ大事ニ御勤《おつとめ》なされ候様存上候。そもしとの（貴方様）初《はじめ》おくにも嘸《さぞ》々心配と日々《ひび》申《もうし》くらし候。扨又《さてまた》誠ニめつらしきおんしやく（薬）御廻し下され、御添先年《おんそえせんねん》（去年）より承《うけたまわ》り居候《おりそうら》へとも、とゝのへ（調《ととの》え）候も出来不申《もうさず》、とふほしく（乏《とぼ》しく）と存居候所《ぞんじおり》、御《おん》いたいけ（心が痛くなるほど）ニ御《おん》とゝのへ下《くだ》され、さっそく御思《おぼ》し下され、いか計《ばかり》（どれほどか）之《これ》よろしく、さっそく用《もち》ひ申候。御《お》かけ（お蔭《かげ》）ニてさむさ（寒さ）をしのき（凌《しの》ぎ）候御事《おんこと》、有《あり》かたく、代《だい》（お金）まて御思《おぼ》し下《くだ》され、重《じゅう》々うれしく誠ニ御礼の申上尽《つく》しかね候。そもしとのニも何かと不自由かちニ御出成《おでな》され候半《なかば》といか計《ばかり》、御《お》さつし（察《さつ》し）申候。其中《そのなか》ニてもわたくしニ御《おん》いたいけ成《な》され候事、なミた（涙）の出《で》候様《よう》ニうれしく存候。当年ハ朝夕ま事《こと》ニ（まことに）御寒強御座候由《おさむさつよくござそうろうのよし》、別而《べつして》（とくに）有難《ありがた》くたへす用《もち》ひ候。篤司様も御供の節杯《など》ハていほう（重宝《ちょうほう》）いたし候事ニ御さ候。只今ハ、そもしとの其内《そのうち》御見合成《おみあいな》され、御出《おいで》され候やう御待《おまち》申上候。おきぬ事も丈夫《じょうぶ》ニ成人《せいじん》（成長）いたし候由、嘸々《さぞ》あいらしく成《な》り候事と存候。とふか（どうか）そもしとのハ午透《うますくい》（午の透かし紙）の節《せつ》、おきぬ形《かたち》を御《お》うつし（写し）なされ私ニ御見《おみ》せ下《くだ》され度御《たくお》たのミ申候。私もとても近々《ちかぢか》の内《うち》、其御地《そのおんち》へ御参《おまい》られ不申《もうさず》ともはやあきらめの申候由、何とも御《ご》めんとう（面倒）なから、え（絵）になり御《お》めもし（御目文字《おめもじ》＝お目にかかる）いたし度《たく》、御《お》たのミ申上候。扨又《さてまた》、御本家尾崎ニも正月十四日御死去成され候由、御きのとく（気の毒）の事ニ御さ候。そもしとの御友達御大病《おともだちごたいびょう》の由《よし》、となた（何方《どなた》）に御《ご》さ候《そうろう》や、御安事申上候。若林ニ而《て》も又々御縁女《ごえんじょふ》不えんの由《よし》、是又御《これまたお》きのとく（気の毒）の御事《おんこと》ニ御さ候。とかく御縁無之《ごえんこれなく》て御困《おこま》りの御事と存候。此御地《このおんち》ニ而《て》も元日初《はじめ》、いろ〳〵の御事《おんこと》御さ候て、誠ニおたやかならぬ（穏やかならぬ）事に御座候。此節《このせつ》の世からニ而《て》ハ御国《おくに》の方《ほう》しつか（静か）にてよろしくと存候。跡先《あとさき》なから冬ニては歳暮御文《せいぼおふみ》（手紙）下《くだ》され、殊《こと》ニ何寄《なにより》の御品御祝《おしなおいわ》ひ下され、誠に〳〵うれしく、さっそく色々にていほう（重宝）いたし候。（中略）

当年ハ小袖帯《こそでおび》も御座《ござ》なく、いまた（未《いま》だ）御《お》ちちうへ（父上）にも参《まい》り不申《もうさず》。横山より度々参り候由、さっそく御伝言《ごでんごん》申上候。又々よろしく申度《もうしたく》候。当年は鎮坊《ちんぼう》死去いたし、誠にかっかり致し候。此間《このあいだ》、そもしとの御手紙拝見いたし、打寄《うちよせ》三人ニてなミた（涙）にくれ候。かへらぬ御事なから思ひ出し候てハなき（泣き）居《おり》候。御さっし下さるへく候。夫《それ》ニ付けても、そもしとの初丈夫《はじめじょうぶ》ニ御出成《おでな》され候様ニ朝夕夫《それ》のミいのり居《おり》候。私も先々《さきざき》つよき事もなく、丈夫ニ御さ候由、御安事（心配）成されましく候。つね（いつも）へハ相替《あいかわ》らす御出成《おでな》され候や、是又《これまた》いとと（いっそう）御あんし（心配）候。そもしとのニハ御酒はあまり（余り）すき（過ぎ）ぬ様御上り成さるへく候。（中略）進殿へ別々御文不申上《おふみもうさずうえ》よろしく御伝言御たのミ申候。こなた（此方《こなた》）いつれも御しうき（御祝儀）よろしく申上度申出候。まん〳〵年めてたく（万々年めでたく＝いついつまでもめでたい日々がつづきますよう）、以上。

早之助《はやのすけ》との　人々中（皆々さまによろしく）　浅井母」

母は石城と進への閉戸に心を痛め、神々にお祈りをつづけていた。その赦免を知って喜び大いに安心し、これからは気をつけて大事に勤務するようにと記す。そして過酒のことにも気にかけ、彼はこの際に禁酒することを母に告げていたのか、母は尚更《なおさら》安心したという。母には心配かけまいという思いからであろう。しかしながら石城の酒好きは変わらず、友人たちが見舞いにきたときにも酒を飲み、大晦日《おおみそか》の除夜の日には妹邦子の酌で大酔いしてしまう。母はまた、できれば早くお見合いをして身を固めて欲しいと願う。

さらに進が贈った懐炉と薬灰にも非常に喜び、寒い折りでもあり、よく身体が温まると感謝する。邦子の赤子おきぬについても、さぞ愛らしくなったであろうと、先々そちらへ行けそうもないので得意の似顔絵を送って欲しいともいう。長徳寺の篤雲和尚の重病のことも名を伏せて伝えていたのか、そのことにも優しく気遣う。そして江戸はこのごろ騒がしくなり、石城が暮らすところはまだ静かであろうとも記す。

ところでこれまで、石城は上書《じょうしょ》して禄《ろく》を一挙に下げられ、尾崎家を追い出されたのではないかとのべてきたが、この母の手紙には、尾崎本家の人が死去されたのでお気の毒と記している。とすれば、尾崎一門とはまだつき合いがつづいており、若《も》しかすれば、石城の方から尾崎の家を出たのかもしれない。その死去のことは絵日記にはまったく書かれておらず、やはり意地があるのであろうか。

母は浅井家を継いだ兄夫婦と暮らしていたが、たった一人の孫の鎮吉《ちんきち》が正月一六日に突然の病で亡くなってしまった。一一歳になり、出仕見習い《しゅっし》（御近習代り《ごきんしゅうかわ》）となって月々米一斗の扶持《ふち》給にありつき、行く末を楽しみにしていた矢先であった。石城もその知らせに涙する。この母からの手紙の中にも、石城からの慰めの手紙を読んで、「打寄《うちよせ》三人ニてなミたにくれ候」と記している。その文に、母と兄夫婦三人の深い哀しみの様子がうかがえる。

その知らせは一〇日後の二六日に石城の手元に届く。これも絵日記に全文書かれているが、差し出し日は亡くなった二日後の一八日と記す。とすれば、江戸から一五里ほど離れた石城の手元までは八日間もかかったことになる。その手紙もすべて絵日記に写しているが、その中に、

「一字一読まつ涕《なみだ》はふり落《おち》て打臥《うちふ》しぬ」、「鎮吉の事思ひいて々そゝろに涕さし出《で》心たのします」

の文が二か所に出てくる。絵日記を書きながら急に込み上げてきたのであろう。彼にとっても昨年江戸に行っていたので鎮吉のことをよく知っており、よってかなりの衝撃と哀しみであったにちがいない。

父はすでに他界している。当年は小袖帯《こそでおび》がないので父上のお墓参りには行っていないという。小袖帯とは表着《おもてぎ》（外出着）のことであり、当年はそれがないというから、最近までは所持していたものとみられる。しかし何らかの理由でやむなくそれを典《てん》し（質入れ）、そのお金を孫の鎮吉の治療と葬儀などの費用にあてたのかもしれない。とすれば、母の家もかなり窮しているようだ。

石城も九月九日の重陽《ちょうよう》の節句に着る寒服《かんぷく》（袷《あわせ》の着物）がないので、仮病をしてまでも行くのをやめようとした。だが本当に風邪をひいてしまい、それを幸いと思っていたところへ義弟の進が帰り、そのようなことをさせたくないので、粗末だけれどこれを使ってほしいと差し出す。それは進がどこかで調達してきた袷の着物であった。そのことは自宅の風景の中でのべた。

石城は髪結代のたった二八文にも窮することもあり、それを親友の岡村から借りていた。しかし暮れの歳暮には篤雲和尚に弐朱《にしゅ》、母にも弐朱を贈っている。親友の岡村にしても有《あ》り金《がね》弐朱を貧窮する篤雲和尚に差し出していた。このような不安定な下級武士たちの窮す

図166　おきぬと買物

る暮らしではあっても、晴の場所に出るときには身支度を整えてけじめをつけ、そして人へのするべきことはきちんとした。そこに武士の誠実な価値観と生きざまをうかがい知る。

**やすらぎのひととき**

石城は姪《めい》のおきぬをすこぶる可愛がっていた。今日はおきぬを連れて金毘羅《こんぴら》に参り、その後に手遊びを買いに町屋へ出かける。

「二月十日　晴。（前略）朝、おきぬを抱《だい》て金毘羅に賽《さい》し、大黒屋《だいこくや》に至りて手遊ひ求めかへる。いと（大変）あいらし。（以下略）」

その風景が図166である。店には、斜めに置かれた箱の中にいろいろな人形がいっぱい並べられていた。石城はおきぬを左肩に担ぎながら馬の手遊び人形を選び、それを買う。彼にとっては心休まるひとときであった。

図167　妹とちらし寿しをつくる

また妹の邦子と料理の用意をいっしょにすることもある。今日は近くの東照宮《とうしょうぐう》の祝日なので、ちらし寿《ず》しをつくる。それをつぎに記す。

「鎮月《ちんげつ》（四月）十七日　己巳《つちのとみ》　快晴。東照宮の祝日とて、朝より参詣の男女多し。今日、ちらし酢《ずし》製せんとて外《ほか》ニ肴《さかな》もなし。いさゝかの品求め、午後より製す。柴田、長谷川に送る。（以下略）」

邦子といっしょにちらし寿しをつくる風景が図167である。大皿に炊きたてのご飯を盛り、石城は酢を入れてそれを混ぜ、前かけをした邦子が大きな団扇《うちわ》であおっている。その横には、たくさんのご飯に混ぜる酢や具などが用意され、石城がそれをまな板で細かく切っているようだ。それは「八木酢壱升五合、薑《きょう》（しょうが）、鶏卵、割鯣《かつえき》（するめ）、椎茸《しいたけ》、鶏《けい》冠苔《かんのり》（とさかに似た海苔）、蕗《ふき》、藕《ぐう》（れんこ

図168　ひとり酒と近隣の娘たち

ん)、海苔《のり》、干瓢《かんぴょう》、独活《うど》、筍《たけのこ》、鮭」と記し、きわめて多彩な食材であった。それを柴田母と長谷川常之助に持って行く。

　石城の一人酒はたいがい自宅での夕食後であるが、たまには夕暮れ前から飲むこともあった。図168は、ちらし寿しを妹とつくった日の夕方に、自宅の座敷で静かに飲んでいたところへ、近隣の娘たちが遊びにやってきた風景である。

　縁鼻ではしゃいでいるお花は友人の土屋仁《に》右衛《え》門《もん》の娘であり、おいろとおらくは彼女の友達であろう。娘たちは、出された饅頭《まんじゅう》か餅とお茶を前にして、何が可笑《おか》しいのか楽しそうに笑いこけている。石城もそれに合わせて笑っていることから、彼が娘たちに何か面白い話しを投げかけたのかもしれない。すこし騒がしいが、穏やかで心地《ここち》よい夕暮れのひとときである。前の絵日記のつづきにつぎのように記す。

「夕方より独酌《ひとりしゃく》をなして興《きよう》に入《い》りしに、土屋娘外《ほか》ニおいろ、おらく来《き》りて遊《あそ》ふ」

この年の六年後に日本は明治維新となる。石城はその年に藩校培根堂《ばいこんどう》の教頭に任ぜられた。彼の才能がやっと認められたわけである。その後、宮城県にも招かれ大主典《だいしゅてん》となったが、明治七、八年に任地の石巻《いしのまき》で病没したと伝えられる。四六、七歳の生涯であった。義弟の進や妹の邦子たち、それに土屋と岡村などの友人たち、さらに和尚たちの消息は残念ながら知る由《よし》もない。そして石城が毎日のように通った猷道和尚の龍源寺は明治の廃仏毀釈《はいぶつきしゃく》で廃寺となったが、幸い大蔵寺は今も残っている。

# あとがき

この絵日記に出会ったのは、武士の住まいの調査のために全国の城下町を飛び回っていたころである。武士の住まいについてはしだいにわかってきたのであるが、そこでどのような暮らしをしていたかはわからなかった。古老に聞いても、生きた時代は古くとも明治以降であるから江戸時代のことは知らない。しかしこの絵日記からは当時の暮らしの風景を具体的に知ることができた。また彼らがどのような価値観を持って生きていたかもうかがえた。それはつぎのように要約できると思う。

まず一つは、日常生活において下級武士たちのつき合いはきわめて頻繁で密接であった。それは下級と中級武士たちとの間でも同じであり、身分のちがいに関係なく親密な交流をしていた。それぞれの家には常に武士仲間が集まり、食事をしたり、また酒宴もそこで度々催されていた。その集まる場所は茶の間か座敷である。下級武士の勤務は七日に一、二度の少ない登城《とじょう》であったから、ふだんは家に居ることが多い。そしてまた料亭にもよく出かけた。そこで友人たちと酒を飲んで酔い、そのまま登城することもある。そのような暮らしの中で、武士たちは学問と武芸にも精を出していたが、その読書教養の内容はきわめて高いものであった。

二つは、その集まりと酒宴には家族そろって参加していることである。そこには主人たる武士だけでなく、家内や子どもたち、そしてご隠居までいっしょになって楽しんでいる。その中には犬や猫までもいた。まさに家族ぐるみのつき合いがおこなわれていたのである。

三つは、武士も町人も寺の和尚たちも、その身分の垣根を越えて日常的に交流していたことである。石城《せきじょう》は毎日のように寺を訪ね、そこで食事をしたり、また寺の仕事も手伝い、酒宴の後に泊まることも多い。そこには石城だけでなく下級武士仲間も多くやってくる。一方、寺の和尚たちも武士の家を度々訪れる。そこで皆と酒を飲んだり、天下国家や女色を論じるときもあった。また町人たちにしても、武士の家の茶の間に上がってこたつで団らんをしたり、座敷での酒宴に参加することも多い。

四つは、寺の存在である。城下町にはどこでも宗派の異なる寺が多くあり、それらの寺と武士町人のすべてが寺檀《じだん》関係を結んだ。そして寺には多くの武士と町人たちがやってきた。それは男だけでなく女たちもである。ふだんから何かとよく集まり、また酒宴も開かれた。そしてさまざまな催しもおこなわれていた。寺は武士と町人たちが気軽に行ける場所であり、また彼ら彼女らの心の拠《よ》り所のような役割を果たしていたのである。

五つは、中下級武士の住まいである。それはあらゆる方位の道に座敷などの接客空間を面し、その反対側に茶の間、居間などの家族生活空間を設けるという表—裏の空間秩序にもとづくつくり方であった。住まいも道側に広く開口し、道と住まいの関係は開放的であった。方位よりも道を重視していたのである。訪れる客は庭を通って座敷に到る場合も多く、その座敷は主人の書斎でもあったが、友人知人たちもよく集まり、酒宴も度々おこなわれていた。

六つは、食生活である。下級武士のふだんの食事は質素なものであったが、何かの集まりや祝いごとのときには途端に豪華な内容となる。よって一年を通して見た場合、思ったより変化に富んだ多彩な食生活であった。

それらの暮らしにみる下級武士たちの生活は貧しく窮していた。だからといって心貧しいわけではない。その不安定な生活から僅《わず》かの髪結いのお金にも困ることがあるが、一方で料亭に繰り出したり、自宅で友人たちと酒宴をすることも多い。持ち合わせがないときは着物や帯を質入れし、それで酒と肴《さかな》を買って友人をもてなす。そして困っている人がいれば手を差しのべ、皆で支え合い、残り少ない有り金を叩《はた》いてその窮乏を助けたりする。また友人たちの家を訪ねるときは、ささやかな酒か肴を持参し、突然に訪問されても有り合わせの食事で歓待する。そしてまた書物に投ずるお金は惜しまず、常に幅広く文芸を究め、己の教養を高めようとする。このように貧しく窮してはいても、武士として人間としての生きる気品と誇りを失わなかったのである。

そこには利他と情の心がある。この絵日記に登場する人びとの暮らしが、毎日おおらかに生き、豊かにさえ感じるのは、そのような人への思いやりと心の豊かさがあり、人と人との和の絆《きずな》があったからであろうと思う。それは武士の住まいにもいえる。道に広く開かれた住まいは、外からやってくる人びとを大切に迎えるという考えでつくられていたのである。

では貧しい暮らしながらも、なぜにこのような温かい気もちになれるのか。それは過度の欲を持たず、身の回りのささやかな暮らしの中に喜びを見出《みいだ》すという生き方にあり、そのことで心にゆとりが生まれていたからであろうと思う。それは道元《どうげん》が諭す「欲を捨て去り執着を断つ」、また老子のいう「足《た》るを知る」にもつながる。そしてさらに、自分の状況を天命として受け入れる悟《さと》りのようなものもある。それは決して人生の諦《あきら》めではなく、易経《えききょう》のいう「天を楽しみ命《めい》を知る、ゆえに憂《うれ》えず」の思想でもあった。

江戸時代の武士は仏教儒学を学び、また中国や日本の古典をよく読み、町人たちも寺子屋で仏教儒学と論語を必修としていた。よってそのような生き方を幼いころから身につけていたのであろう。とくにこの絵日記にみられる人を気遣う暮らしの風景は、論語の名作のひとつ「人の己《おのれ》を知らざるを憂《うれ》えず、人を知らざるを憂う」に結びつく。それは、他人が自分のことをどう思っているかはどうでもよいことである、それよりも人のことを常に思うことの方が人間として最も大切なことである、の意味であった。

「貧すれども鈍せず」とは、本書単行本初版への作家山本一力《やまもといちりき》氏による書評の一文である。氏は石城たちの暮らしをそのように評した。その意味は何か。貧すれば鈍するとは、貧しければ生活に苦労して人間性まで卑しくなるという諺《ことわざ》であるが、それとは逆の意味である。つまり、たとえ貧しい暮らしであっても、それにへこたれず、むしろはじき返すような闊《かっ》達《たっ》さとおおらかさがあり、人間本来が持つ人への思いやりと人間性を失わない生き方をいう。それがこの絵日記にみる幕末の下級武士たちの暮らしの風景に確かに存在していたのである。今を生きるわれわれは、どのような状況になろうとも、そのことを決して忘れずに暮らしていきたい。

末尾になりましたが、文庫本刊行への道を開いて下さり、そしてその後の難しい編集作業をしていただいた角川学芸出版の竹内祐子氏に感謝いたします。

なお「石城日記・全七巻」は慶応義塾大学文学部古文書室に所蔵されていたものを、その許可を得て用いたことを付記する。

平成二十六年九月

大岡敏昭

本書は『幕末下級武士の絵日記　その暮らしと住まいの風景を読む』（相模書房　二〇〇七年）を修正、加筆して文庫化したものです。

# 武士《ぶし》の絵日記《えにつき》

## 幕末《ばくまつ》の暮《く》らしと住《す》まいの風景《ふうけい》

大岡敏昭《おおおかとしあき》

平成26年 11月25日　初版発行
令和７年 ７月25日　11版発行

発行者●山下直久

発行●株式会社KADOKAWA
〒102-8177　東京都千代田区富士見2-13-3
電話　0570-002-301（ナビダイヤル）

角川文庫 18879

印刷所●株式会社KADOKAWA
製本所●株式会社KADOKAWA

表紙画●和田三造


ISBN978-4-04-409217-7　C0121

# 角川文庫発刊に際して

角川源義

第二次世界大戦の敗北は、軍事力の敗北であった以上に、私たちの若い文化力の敗退であった。私たちの文化が戦争に対して如何に無力であり、単なるあだ花に過ぎなかったかを、私たちは身を以て体験し痛感した。西洋近代文化の摂取にとって、明治以後八十年の歳月は決して短かすぎたとは言えない。にもかかわらず、近代文化の伝統を確立し、自由な批判と柔軟な良識に富む文化層として自らを形成することに私たちは失敗して来た。そしてこれは、各層への文化の普及滲透を任務とする出版人の責任でもあった。

一九四五年以来、私たちは再び振出しに戻り、第一歩から踏み出すことを余儀なくされた。これは大きな不幸ではあるが、反面、これまでの混沌・未熟・歪曲の中にあった我が国の文化に秩序と確たる基礎を齎らすためには絶好の機会でもある。角川書店は、このような祖国の文化的危機にあたり、微力をも顧みず再建の礎石たるべき抱負と決意とをもって出発したが、ここに創立以来の念願を果すべく角川文庫を発刊する。これまで刊行されたあらゆる全集叢書文庫類の長所と短所とを検討し、古今東西の不朽の典籍を、良心的編集のもとに、廉価に、そして書架にふさわしい美本として、多くのひとびとに提供しようとする。しかし私たちは徒らに百科全書的な知識のジレッタントを作ることを目的とせず、あくまで祖国の文化に秩序と再建への道を示し、この文庫を角川書店の栄ある事業として、今後永久に継続発展せしめ、学芸と教養との殿堂として大成せんことを期したい。多くの読書子の愛情ある忠言と支持とによって、この希望と抱負とを完遂せしめられんことを願う。

一九四九年五月三日

# 角川ソフィア文庫ベストセラー

## 福翁百話 現代語訳

福沢諭吉
訳／佐藤きむ

福沢が来客相手に語った談話を、自身で綴った代表作。自然科学、夫婦のあり方、政府と国民の関係、教育、環境衛生など、西洋に通じる新しい考えから快活に持論を展開。思想家福沢のすべてが大観できる。

## 山岡鉄舟の武士道

山岡鉄舟
編／勝部真長

禅によって剣の道を極め、剣によって禅を深める――。鉄舟が求めた剣禅一致の境地とは何か。彼が晩年述べた独特の武士道論に、盟友勝海舟が軽妙洒脱な評論を加えた、日本人の生き方の原点を示す歴史的名著。

## 論語と算盤

渋沢栄一

孔子の教えに従って、道徳に基づく商売をする――。日本実業界の父・渋沢栄一が、後進の企業家を育成するために経営哲学を語った談話集。金儲けと社会貢献の均衡を図る、品格ある経営人のためのバイブル。

## 渋沢百訓 論語・人生・経営

渋沢栄一

日本実業界の父が、論語の精神に基づくビジネスマンの処し方をまとめた談話集『青淵百話』から五七話を精選。『論語と算盤』よりわかりやすく、渋沢の才気と後進育成への熱意にあふれた、現代人必読の書。

## 和食とはなにか 旨みの文化をさぐる

原田信男

世界無形文化遺産「和食」はどのようにかたちづくられたか。素材を活かし、旨みを引き立て、栄養バランスにすぐれた食文化が、いつどんな歴史のもとに生まれたかを探り、その成り立ちの意外な背景を説く。